내아이의
IQ와 EQ를 높이는
PQ 부모 수업

# 내 아이의
# IQ와 EQ를 높이는
# PQ 부모 수업

초판 1쇄 발행 | 2015년 5월 1일

지 은 이 | 조진형
펴 낸 이 | 이성범
펴 낸 곳 | 도서출판 타래
디 자 인 | 김인수
책임편집 | 정경숙
편     집 | 김민영
인     쇄 | 우일프린테크

주     소 | 서울시 마포구 성지3길 29 그레이트빌딩 3층
전     화 | (02)2277-9684~5, 070-7012-4755 / 팩스 | (02)323-9686
전자우편 | taraepub@nate.com
출판등록 | 제2012-000232호

ISBN 978-89-8250-068-8  13370

· 값은 뒤표지에 있습니다.
· 파본은 구입한 서점에서 교환해 드립니다.

# 내 아이의
# IQ와 EQ를 높이는
# PQ 부모 수업

조진형 · 지음

도서출판 **타래**

# 프롤로그

### 어떻게 해야 행복한 부모가 될 수 있을까?

모든 부모들이 자녀와 함께 첫 번째 맞이하는 갈림길에는 두 개의 광고판이 있다. 한쪽 광고판에는 "행복은 성적순입니다!"라고 쓰여 있고, 다른 한쪽 광고판에는 "행복은 성적순이 아닙니다!"라고 쓰여 있다.

나는 큰 아이의 손을 잡고는 "행복은 성적순이 아닙니다!" 쪽으로 걸어갔고, 둘째 아이의 손을 잡고는 "행복은 성적순이다!" 쪽으로 걸어갔다. 다행스럽게도 지금은 둘 다 행복의 나라에 살고 있다. 정말 어느 쪽으로 가든지 상관없이 모두 행복할 수 있을까? 결론부터 얘기하겠다. "부모가 행복하면 자녀도 행복하다." 그렇다면 어떻게 행복한 부모가 될 수 있을까? 지금부터 내가 하고 싶은 얘기가 바로 그것이다.

새끼를 낳고 기르는 것은 모든 생명체의 가장 중요한 임무다. 종족 번식에 관한 것은 따로 배우지 않아도 알 수 있도록 DNA 안에 들어있다. DNA에 들어 있는 종족 번식에 관한 프로그램, 즉 짝을 만나 새끼를 낳고 양육하는 프로그램이 바로 부모지능

(Parental Intelligence)이다. 부모지능은 생명체에 따라 차원이 다를 뿐만 아니라 개체에 따라서도 차이가 난다. 따라서 부모지능지수(PQ, Parental Intelligent Quotient)는 하등동물에서부터 고등동물, 그리고 인간에 이르기까지 천차만별이다. PQ가 낮은 동물은 번식하는 프로그램은 잘 발달되어 있지만 양육 프로그램은 신통치 않고, PQ가 높은 동물은 새끼를 많이 낳지는 못하지만 기르는 프로그램이 잘 발달되어 있다. 바다에 사는 개복치는 PQ가 매우 낮아 새끼를 기를 능력이 전혀 없다. 그래서 한 번에 수억 개의 알을 낳지만 겨우 몇 마리만 살아남게 된다. 인간의 뇌보다 훨씬 더 많은 지식을 갖고 있음에도 불구하고 컴퓨터가 종적 번식을 할 수 없는 이유는 PQ 프로그램이 없기 때문으로, PQ가 가장 높은 인간은 평생 한 두 명의 자식을 낳는 것으로도 충분히 대를 이어갈 수 있다.

**챕터 1은 부모지능(Parental Intelligence)에 관한 얘기다.**
아직까지 부모교육, 혹은 자녀교육의 분야에서 PQ라는 용어를 쓴 사람이 없었다. 다소 생소하게 들릴지 모르지만 IQ를 떠올리면 쉽게 이해가 갈 것이다. 종합하면 PQ(Parental Quotient)란 자녀의 신체적인 성장과 정신적인 IQ, EQ, SQ를 종합 관리하기 위해 부모가 가지고 있는 종합적 지능을 말한다. 챕터 1에서는 식물과 동물의 PQ, 그리고 옛날 조선 왕실과 사대부들의 PQ를 살펴보고, 외국인들의 PQ도 알아보았다. 또한 PQ의 덕목과 부모지능의 법칙과 PQ의 유형을 알아보았다.

**챕터 2는 PQ를 높이는 방법에 관한 얘기다.**
자녀와 함께 이루고 싶은 목표를 설정하는 법, 부모지능의 걸림돌이 되는 화를 다스리는 법, 호흡명상을 비롯하여 여러 가지 명상법과 간단한 훈련을 통하여 행복한 부모지능에 이르는 방법도 소개했다. 동물이 아무리 똑똑해도 인간 세계를 넘볼 수 없는 이유는 그들이 가진 PQ가 인간의 PQ를 능가할 수 없기 때문이다.

**챕터 3은 PQ를 어떻게 활용할 것인가에 관한 얘기다.**
탁월한 삶을 살아가기 위해서 인간은 끊임없이 변화해야만 한다. 그러나 인간의 뇌는 변화를 싫어한다. 자녀를 사회에 잘 적응할 수 있도록 양육하는 것은 PQ의 활용에 달렸는데, 여기서는 변화심리학이라고도 불리는 NLP(신경언어프로그래밍)를 통하여 자녀와 함께 활용할 수 있는 실질적인 방법을 배우게 될 것이다. 특히 자녀와의 라포형성과 언어를 통한 의사소통의 방법, 질문을 통하여 마음 문을 여는 방법 등을 익히게 될 것이다.

**챕터 4는 부모교육과 인성교육에 관한 얘기다.**
국가에서 재정한 인성교육진흥법은 2015년 하반기부터 유치원에서 초·중·고등학교까지 모든 학교에서 의무적으로 인성교육을 실시하도록 했다. 그러나 인간의 두뇌는 대부분 초등학교를 들어가기 전에 완성되므로 인성교육의 출발점은 가정이 되어야 한다. 이미 형성된 아이들의 인성을 학교에서 교정하고 보완하는 데는 한계가 있다. 그렇다면 시급한 것은 학교에서의 인성교육이 아니라 가정에서의 인성교육이다. 따라서 진정한 인성교육의 성패는 태어나서 처음 아이들의 인성을 책임지는 부모의 자질과 능력에 달려 있다. 따라서 인성교육을 위한 교사 양성보다는 인성교육을 위한 부모 양성이 먼저 이루어져야 한다. 적어도 무면허 부모는 없어져야 하지 않겠는가?

미국의 오바마 대통령이 대한민국의 교육을 부러워하고 있다. 혹시 미국 대통령이 대한민국의 교육 실정을 모르고 하는 말은 아닐까? 현대사를 뒤돌아보니 그렇지는 않은 것 같다. 1945년 해방이 되던 해에 한글을 읽을 줄 모르는 문맹자가 78%였다. 지금은 대학 진학률이 82%로 세계 제일이다. 6·25 전쟁이 휴전된 1953년 통계에 의하면 당시 대한민국의 경제규모는 세계 109위였지만 50년 후에는 세계 13위로 뛰어올랐다. 세계 특허 출원 순위가 4위, 국제학업성취도(PISA, Program for International Student Assessment) 평가는 핀란드와 1, 2위를 다툰다. 미국 학생들의 학업성취도는 17위를 기록하고 있으니 오바마 대통령이 한국의 교육을 부러워하지 않을 수 있겠는가? 그뿐만이 아니다. 뉴욕의 산모들이 미역국을 먹고, 애기 엄마들이 포대기로 아이를 업는 방법을 배우며 대한민국 부모들의 독특한 애착 방법을 공부하고 있다.

그렇다고 목에 힘줄 일은 아니다. 모두 지나간 얘깃거리다. 미래는 달라도 한참 달라질 것이다. 30년 전만 해도 자동차의 내비게이션이 음성으로 길을 안내하리라고 상상이나 했었는가? 지금 부모들도 30년 후의 세상이 어떻게 달라질지 모르기는 마찬가지다. 아무도 알 수 없는 미래의 변화 때문에 조급해 할 것도 불안해 할 것도 없다. 인간이 인간다우면 우리의 자녀들은 어떤 미래에도 탁월한 삶을 살 수 있기 때문이다.

교육은 백년지대계(百年之大計)라고 하지 않았는가? 당장 인성 교육의 효과를 보기 위해서 너무 서두르지 말고 기다려야 할 것이다. 정상적으로 부모지능이 회복되고 훌륭한 가정교육이 대를 이어 내려가게 되면 대한민국 국민이 세계를 이끌어갈 수 있는 진정한 인성을 갖게 될 것이다.

교육은 가르치는 것이 아니라 '공부하는 법을 배우는 것'이라고 했다. 그래서 고기 잡는 법을 배우는 것이 진정한 교육이라는 말이 등장했다. 하지만 그것도 옛말이다. 자식에게 풍요로운 삶을 마련해주고 싶으면 '고기 잡는 법'을 가르칠 것이 아니라, '바다로 가고 싶은 설렘'을 갖도록 해야 한다. 한발 더 나가서 미래의 교육은 '행복에 대한 가슴 설렘'이 되어야 할 것이다.

수신제가치국평천하(修身齊家治國平天下)!

이 책이 모든 부모와 예비 부모들에게 수신(修身)의 마중물이 되고 제가(齊家)의 디딤돌이 되기를 희망한다. 탁월한 부모지능으로 미래의 주인공들에게 탁월한 삶, 행복한 삶을 살 수 있는 지혜를 전해 주기를 희망한다.

# 차례

프롤로그: 어떻게 해야 행복한 부모가 될 수 있을까?  4

## Chapter 1  PQ, 부모지능 이해하기  17

### 부모지능(Parental Intelligence)이란 무엇인가?  18
자동차 면허보다 부모 면허가 먼저다  18
효도는 제사상에 있지 않다  25
PQ가 IQ, EQ, SQ를 만든다  31

### 식물과 동물에게도 PQ가 있다?  41
식물과 동물의 부모지능도 진화한다  41
자기 새끼만 살리는 사자는 스파르타를 모른다  45
부모지능이 없는 동물이 있다는 것은 사실일까?  49
동물의 부모지능은 환경에 따라 변한다  53

### 한국과 외국의 부모교육에는 어떤 차이가 있을까?  57
조선 왕실의 부모교육  57
조선시대의 부모교육  60
유태인의 부모교육  66
핀란드인의 부모교육  70
한국 부모들의 PQ 현주소  71

탁월한 PQ 유전자는 없다　72
남성의 PQ는 사실적이다　76
여성의 PQ는 감성적이다　78

## PQ는 덕목을 기르는데서 비롯된다　81
이유 없이 사랑을 선물하라　81
기다림을 가르치고 올바른 행동을 보여라　84
긍정의 피드백을 주시하라　87
은근과 끈기가 밥을 먹여준다　89
자신감이 있어야 방향을 잡는다　91
화를 조절하는 능력을 길러라　95

## 부모지능의 세 가지 법칙　97
PQ의 불생불멸 법칙　97
PQ의 초월 법칙　98
PQ의 가능성 법칙　100

## PQ의 유형을 파악하라　102
부모지능의 유형을 이해하면 문제를 해결할 수 있다　102
생각의 패턴에 따른 플러스 PQ와 마이너스 PQ　104
사고의 주체에 따른 독재형 PQ와 민주형 PQ　107
결정의 근거에 따른 대쪽형 PQ와 갈대형 PQ　109
관찰점의 차이에 따른 망원경 PQ와 현미경 PQ　113
양육방법에 따른 성공형 PQ, 알파맘과 타이거맘　115
양육방법에 따른 행복형 PQ, 베타맘과 스칸디맘　119
양육방법에 따른 코칭형 PQ　121

# Chapter 2 부모와 자녀의 행복지수, PQ를 높이는 방법 127

## 자녀와 함께 이루고 싶은 꿈을 목표로 설정하라 128
자녀에게 꿈과 사명을 확인시켜야 한다 128
꿈은 긍정적이고, 주도적이고, 구체적이어야 한다 130
목표는 기록, 검토, 수정하는 단계를 거쳐야 한다 132

## 부모지능의 걸림돌인 화를 제거하라 135
화내는 부모가 자녀를 망친다 135
매로 아이를 다스리면 안 된다 137
화는 독이자 선물이다 137

## 불안과 두려움을 해소하라 144
불안의 요소를 확인하고, 대비해야 한다 144
두려움이 찾아오면 주위를 환하게 밝혀야 한다 146
두려움에도 해독제가 필요하다 148

## 마음의 상처를 치료하라 150
아이의 마음에 남긴 상처는 부메랑이 되어 돌아온다 150
아이가 좌절하거나 실망하면 이유 있는 격려를 해야 한다 153
자책하지 않고 기준을 바꾸도록 해야 한다 155
물밑감정이 보내는 메시지를 확인하라 160

## 명상으로 PQ를 높여라 163
호흡명상으로 스트레스를 몰아내자 163
호흡은 신체생리를 변화시킨다 165
자신의 숨소리에 귀를 기울이면 명상이 시작된다 167

호흡명상법　170
이완명상법　172
식사명상법　176
조감명상법　179

## 훈련을 통해 행복한 부모지능을 갖다　186

심신상태(Statement) 조절하기　186
마음상태 조절하기　191
생리상태 조절하기　194
행복한 마음상태, 앵커링 만들기　197
앵커 바꾸기　202
감사의 마음과 호기심을 가져라　208
몰입과 열정, 용기가 필요하다　210
생각에 유연성을 두어라　213
자신감도 전염이 된다　215
긍정적인 마음으로 희생하고 봉사하라　216

# Chapter 3　PQ, 어떻게 활용할 것인가　221

## NLP와 PQ를 연결하라　222

NLP에 대한 이해　222
NLP와 PQ의 관계　226
뇌는 변화를 싫어한다　227

## 의식 변화의 6단계를 관찰하라　234

환경(Environment) 적응　235
행동(Action/Behavior) 발달　236
능력(Capability) 개발　237
신념(Value/Belief) 확립　238

정체성(Identity) 찾기  239
영성(Spirituality) 접근  243

## 변화를 위한 행복 명상 수업  245

생각 뒤집기  246
무지개 명상놀이  248
행복한 동굴놀이  250
쉬익 바꾸기  251
삼년고개 프로세스  253
스크루지 프로세스  253
자랑하기 프로세스  255

## 자녀의 마음 읽기  257

마음의 창  257
선행감각체계  258
선행감각 테스트  265
눈동자를 보고 아이의 마음을 읽는 법  270
보디랭귀지  272

## 사람이 좋아지는 데는 이유가 있다  277

사람에 대한 신뢰, 라포를 활용하라  277
라포 형성 기술  280
백트래킹(Backtracking)  283
목소리 흉내내기  284

## 언어의 마술, 행복을 만드는 말을 찾아라  286

언어는 마음을 변화시키는 마법과 같다  286
숨은 말 찾아내기  288
생략된 말 찾아내기  289
일반화된 말 찾아내기  292
왜곡된 말 찾아내기  294

### 해킹 대화법   297
간접 명령   298
전제   299
모호화   301
은유   302

### 질문은 마음의 문을 여는 열쇠다   303
열린 질문을 하라   303
질문에 답이 있다   305
질문으로 심신상태를 바꾼다   307
질문은 망각을 도와준다   308
질문으로 물밑생각을 찾다   310
아침 질문과 저녁 질문   311
문제 해결을 위한 질문   313

##  부모교육은 인성교육이다   315

### 인성교육이란 무엇인가   316
인성교육진흥법에 대한 이해   316
사람의 뇌에는 인성이 들어 있다   320
남을 이해하는 이타주의   321
가정과 사회를 바로잡는 부모 인성교육   323

### 인성교육의 핵심가치와 덕목   326
예(禮)로서 악한 성품을 다스린다   326
효는 인성을 갖춰야 행할 수 있다   333
평생 행복하고 싶다면 정직하라   336
책임은 키우는 것이다   338

존중은 순서를 아는 것에서 비롯된다　339
소통을 원한다면 거울신경세포를 활성화하라　342
작은 협동을 반복하라　343

## 빠르고 효과적인 인성교육 방법　345
함께 먹어라　345
먼저 보여주어라　349
무엇이든 기뻐하라　350
끝까지 기다려라　352

## 부록 PQ 테스트　355

# Chapter 1

# PQ, 부모지능 이해하기

> "
> IQ 혹은 EQ는 자기 자신을 개발하기 위한 지능지수이지만 PQ는 후손을 행복하게 만들기 위한 지능지수다. 부모지능이 회복되면 라포(신뢰관계)를 마음대로 형성할 수 있어 자녀와의 소통이 자유로워진다. 라포가 끊어졌는지 연결되었는지 알 수 있으니 허공에 삽질하던 대화를 더 이상 하지 않아도 된다.
> "

# 부모지능(Parental Intelligence)이란 무엇인가?

## 자동차 면허보다 부모 면허가 먼저다

**부모지능**

멍멍이가 인간보다 더 머리가 좋으면 지구별은 어떤 세상이 될까? 머리 좋은 멍멍이네 집 마당에서 목줄을 맨 채 밥을 얻어먹고 있을 인간을 상상하면 끔찍하지 않은가? 돌고래가 인간보다 IQ가 높다면 우리는 돌고래가 사는 바다 속의 공기를 가득 채운 수족관 비슷한 곳에서 돌고래가 주는 밥을 얻어먹으며 살게 될지도 모른다.

하지만 걱정할 것 없다. 멍멍이 엄마는 더 이상 머리 좋은 강아지를 낳을 수 있는 능력이 없고, 돌고래 엄마 역시 더 이상 머리 좋은 돌고래 새끼를 낳을 능력이 없다. 또한 멍멍이 엄마나 돌고래 엄마에게는 새끼들을 인간보다 더 똑똑하게 길러낼 수 있는 능력이 없다. 어미가 짝짓기를 하여 새끼를 낳고, 그 새끼를 기르

는 능력을 부모지능(Parental Intelligence)이라고 한다. 동물이 갖고 있는 부모지능지수(PQ, Parental Intelligent Quotient)는 인간의 그것에 비할 수가 없을 정도로 낮다. PQ가 낮은 동물은 머리 좋은 새끼를 길러낼 수 없다. 지구별의 주인이 바뀔 수 없는 이유는 바로 모든 생명체 중에서 인간이 가장 높은 PQ를 갖고 있기 때문이다.

　세상의 모든 생명체는 있는 힘을 다하여 자신의 유전자를 후세에 남기기 위해 애쓴다. 조그만 멸치 한 마리가 5천 개나 되는 알을 낳는다. 부모지능이 낮은 탓에 새끼를 제대로 기를 수가 없으니 알이라도 많이 낳아야 하는 것이다. 포유류는 어미가 가진 젖꼭지 숫자보다 많은 새끼를 낳아 기를 수가 없다. 그 대신 PQ가 높은 덕분에 새끼들의 생존율이 매우 높다. 부모지능은 종족 보존을 위한 소프트웨어다. 동물의 경우 부모지능은 본능 속에 숨어 있어 새로 개발하거나 발전시키기가 쉽지 않다. 그러나 인간의 경우에는 부모지능을 얼마든지 개발하고 발전시킬 수 있다. 그래서 PQ, 즉 부모지능지수라고 부르는 것이다. IQ 혹은 EQ는 자기 자신을 개발하기 위한 지능지수이지만 PQ는 후손을 행복하게 만들기 위한 지능지수다.

생명체가 자신의 유전자를 복제하여 종족을 퍼뜨리는 과정을 생식이라고 한다. 생명체가 다 자라서 생식 능력을 갖추게 되면 성체(成體)라고 부르는데, 인간 역시 어느 정도 자라서 생식 능력을 갖추기 시작하는 사춘기를 거쳐서 성체가 된다. 인간의 성체는 특별히 성인 혹은 어른이라고 부른다. 모든 생명체는 태어날 때 어미로부터 복제된 유전자를 가지고 삶을 시작하고, 성체가 된 후에는 복제한 유전자를 세상에 남기는 것으로 삶을 완성한다. 부모로부터 받은 유전자를 다시 복제하여 후손에게 넘겨주는 과정을 효과적으로 관리하는 소프트웨어가 바로 부모지능이다.

## 부모면허

사춘기 아들과 갱년기 엄마가 싸우면 누가 이기고 누가 질까? 아마도 여간해서 승부가 나지 않을 것이다. 우스갯소리지만 사춘기 아들과 갱년기 엄마가 싸우면 곁에 있던 아빠가 진다고 한다.

사춘기는 자식을 낳을 수 없는 미성년이 자식을 낳을 수 있는 성년으로 탈바꿈하는 기간이다. 어른이 된다는 것은 애벌레가 고치로 변했다가 나비로 태어나는 것처럼 전혀 다른 생명체로 다시 태어나는 것과 같다. 사춘기는 올챙이가 개구리로 변신하는 것처럼 어린아이에서 어른의 모습으로 서서히 탈바꿈하는 기간이다. 이와 같이 청소년들은 사춘기를 통해서 커다란 변화를 겪는다. 여자 아이들의 경우 초경이 시작되고 남자아이들의 경우 고환이 발달되면서 몽정을 경험하게 된다. 그 과정에서 목소리가 바뀌고 여드름이 나타나며, 신체적 외형이 완전히 바뀐다.

요즘 사춘기는 1024라고 한다. 10살에 시작해서 24살이 되어야 끝난다는 말이다. 사춘기가 이렇게 길어진 이유는 영양 상태는 매우 좋지만 운동량이 모자라 성호르몬이 제대로 분비되지 않기 때문이다. 또한 신체는 10대에 모두 발달하지만 대학입시 때문에 정신적 사춘기를 대학에 가서야 겪게 된다. 사춘기 이전의 아이들은 당근에 약하고 사춘기 이후의 청년들은 채찍에 약하다. 그런데 사춘기 청소년들은 당근도 채찍도 모두 소용이 없다. 뇌가 정상적으로 완성된 것이 아니라 공사 중이기 때문에 누구의 말도 듣지 않으려 하는데다가 판단력도 완전하지 못하다. 그렇다면 어떤 방법도 통하지 않는 길고 긴 사춘기의 청소년들을 어디로 어떻게 끌고 갈 것인가?

우리나라는 성교육을 유치원에서 고등학교까지 10단계로 나누어 실시하고 있다. 그 내용은 성에 대한 과학적인 사실, 남녀 간의 도덕적 태도, 성적인 현상과 성에 관련된 문화적 행위에 대한 건전한 태도, 성적인 위험과 성병 예방에 대한 지도 등 체계적으로 되어 있다. 그러나 가르치는 선생님은 주로 순결교육에 관심이 집중되어 있고, 배우는 청소년들의 관심은 성행위에 집중되어 있다. 성교육의 궁극적인 목적인 성과 생명, 출산으로 시작되는 부모의 역할에 대한 교육은 소홀하게 다루어지고 있는 것이다.

출산이나 육아도 중요한 일이지만 더 중요한 것은 부모의 자격을 갖추는 일이다. '나는 바담풍 해도 너는 바람풍하라'는 말은 옛날 얘기다. 개천에서 용이 나던 시절도 옛 이야기다. 요즘 세상은 부모가 훌륭해야 자식이 잘 된다. 또한 부모가 행복해야 자녀가 행복하다. 그래서 자녀교육보다 더 우선적으로 실시해야 하는 것이 부모교육이다. 좋은 부모가 되는 지혜는 부모지능에서 나온다. 사춘기 청소년의 신체가 출산을 할 수 있는 여건을 만들어 가는 동안 청소년의 뇌 또한 양육을 담당하는 부모지능이 발달되기 시작한다. 부모교육을 사춘기 청소년 때부터 실시해야 하는 이유가 여기에 있는 것이다.

필자가 평생교육원에서 부모교육을 담당하고 있을 때 경험한 일이다. 부모교육을 수강하러 온 엄마들에게 그날그날 배운 내용을 쉽게 풀어서 아이들에게 전달하라는 숙제를 냈다. 수강자의 자녀들은 조기 부모교육을 받게 된 셈이다. 그런데 아이들에게 놀라운 일이 벌어졌다고 한다. 간접적으로 부모교육을 전달받은 아이들이었지만 마치 자신이 진짜 엄마나 아빠가 된 것처럼 생각하고 행동하더라는 것이다. 부모교육을 받은 청소년들은 말할 수 없이 어른스러워지고 대견해진다.

만일 자동차를 사는 사람에게 운전면허를 거저 주면 어떨까? 교통 대란이 일어날 것이 뻔하다. 아이를 낳는 사람에게 부모면허를 거저 주면 어떨까? 이미 무면허 부모들이 가정교육 대란을 만들어내고 있다. 가정교육에 대란이 일어나고 있는데 학교 교육이 어떻고, 사교육이 어떻고 탁상 논쟁을 해봐야 무슨 소용이 있겠는가? 무면허 부모들이 엉터리 가정교육으로 길러낸 아이들을 학교에서, 사회에서 어쩌란 말인가? 사춘기는 성교육과 함께 부모교육을 시작해야 하는 가장 적절한 시기다. 자동차를 사기 전에 면허를 발급받아야 하듯이 성인이 되기 전에 부모면허를 발급받게 해 주어야 한다.

## 부모지능의 회복

동물원에 있는 낙타 새끼가 어미에게 물었다.

"엄마 우리는 발이 왜 이렇게 커요?"

"응. 사막 모래에 빠지지 않으려면 발이 커야 해."

"발바닥은요? 왜 이렇게 두꺼워요?"

"그건 사막 모래가 뜨거워서 발바닥이 두꺼워야 견딜 수 있기 때문이란다."

"눈썹은 왜 이렇게 길어요?"

"응. 눈썹이 길어야 사막의 모래 바람에서 눈을 보호할 수 있어."

"등에 있는 혹은요?"

"그 혹은 일종의 물주머니야. 사막에는 물이 없지 않니."

"그런데 엄마, 우린 지금 사막이 아니라 동물원에 있잖아요."

"……."

사막의 법칙은 정글의 법칙보다 더 비정할 때가 있다. 낙타가 사막에서 극한 상황을 맞아 새끼를 낳게 되면 때로 새끼를 거들떠보지도 않는 경우가 있다고 한다. 젖을 주는 것은 고사하고 가까이 오려고 하면 발로 새끼를 밀어낸다고 하는데, 환경이 낙타의 부모지능을 파괴해 버린 것이다. 때로는 사막이 아니라 마을에서 새끼를 낳은 낙타가 자신의 새끼를 거부하는 경우도 있다고 하는 것을 보면 부모지능이 파괴되는 원인이 다양함을 알게 된다. 그럴 때 몽고 사람들은 말머리를 닮은 마두금(馬頭琴)이라는 현악기를 타면서 사랑의 노래를 불러준다고 한다. 그러면 낙타가 눈물을 흘리면서 모성애를 되찾게 된다고 하는데, 아름다운 노래가 파괴되었던 낙타의 부모지능을 회복시키는 것이다.

옛날 부모들은 부모지능이란 말을 몰랐어도 자녀를 잘 키웠다.

부모지능이란 말은 새로 만들어낸 말이지만 부모지능은 원래부터 존재하는 것이다. 없는 부모지능을 새로 개발하는 것이 아니라 원래 있던 부모지능을 회복하는 것이 이 책의 목적이다. 그렇다면 부모지능이 회복되면 어떤 좋은 점이 있을까?

부모지능이 회복되면 청소년의 인성교육이 저절로 해결된다. 부모의 인성이 자녀에게 자연스럽게 전해질 수 있기 때문이다.

부모지능이 회복되면 라포(신뢰관계)를 마음대로 형성할 수 있어 자녀와의 소통이 자유로워진다. 라포가 끊어졌는지 연결되었는지 알 수 있으니 허공에 삽질하던 대화를 더 이상 하지 않아도 된다. 자녀를 이해하는 출발점이 바로 올바른 부모지능이다.

부모지능이 회복되면 아이들이 부모를 믿게 된다. 이것은 자녀에게 부모의 긍정적인 영역을 보여줄 수 있기 때문으로, 일방적인 의사전달이 아니라 부모가 전달한 내용들이 제대로 전달이 되었는지 아닌지 확인할 수 있게 된다.

또한 부모지능이 회복되면 동기부여를 할 수 있다. 자녀를 관찰하고 자녀의 의욕을 끌어낼 수 있는 여러 가지 방법을 활용할 수 있게 되는데, 자신과 자녀의 마음 세계를 재구성하여 변화하고자 하는 행동과 방법을 체득할 수 있다. 그리고 무엇보다 부모지능이 회복되면 부모와 자녀가 탁월한 능력을 발휘할 수 있게 되며, 과거의 경험을 피드백하고, 미래의 꿈을 재발견할 수 있으므로 탁월한 삶이 가능해진다. 미래에 이루어질 꿈을 지금 현실에서도 맛볼 수 있게 되는 것이다.

## 효도는 제사상에 있지 않다

옛날에는 아들 못 낳는 여자는 여자가 아니었다. 딸은 아무리 많이 낳아도 소용이 없었다. 아들 못 낳은 여자와 도둑질 한 여자를 똑같이 나쁜 여자로 취급했다. 둘 다 칠거지악(七去之惡)에 해당되어 쫓겨나도 할 말이 없었다. 그렇다고 평소에 부인을 우습게 본 것은 아니었다. 조선의 법은 부인을 이유 없이 내쫓으면 곧장 100대에 처할 만큼 결혼한 여성을 엄격하게 보호했다.

그 당시 아들은 부모에게 생애 최고의 보험이었다. 보험료를 낼 걱정도 할 필요가 없었는데, 유산이라는 이름으로 부모가 죽은 후에 지급하면 되는 후불제 보험료였기 때문이다. 집집마다 유산이 천차만별이었지만 일단 유산을 물려받게 될 맏아들은 부모에게 평생연금보험이고, 의료보험이고, 생명보험이며, 장례보험이었다. 아들은 부모님이 돌아가신 후에도 불효자를 자처하며

부모지능(Parental Intelligence)이란 무엇인가?

3년 동안 상복을 입어야 했고, 효자가 되려면 무덤 근처에 여막을 짓고 길게는 3년, 짧게는 3달 만이라도 시묘를 살아야 했다.

그 시절, 자식은 각자 제 밥그릇을 갖고 태어났다. 게다가 사람의 명은 하늘에 달렸으니 죽는 놈은 명이 짧아 죽으려니 단념했고, 사는 놈이나 잘 살리면 그만이었다. 부모란 거저 자식이라고 낳아 놓기만 하면 효도를 받는 것이 하늘의 이치라고 생각했던 것이다. 먹을 것 입을 것 걱정 안 하고, 살고 죽는 것 하늘에 맡기고, 자녀교육 따로 하지 않아도 모두 다 효자가 되었던 그런 시절이니 자식을 많이 낳지 않을 까닭이 없었다. 누구나 힘닿는 데까지 자식을 낳았다. 지금도 그런 아들이 되어준다면 쓸데없이 출산율 걱정할 필요가 없을 것이다.

이러한 부귀다남(富貴多男)은 6.25 전쟁을 겪은 후, 소위 베이비 붐 시대까지 이어졌다. 그 때까지 이상적인 자녀의 수는 3남 2녀였다. 먹고 살기 힘든 시절, 집집마다 다섯 명의 자식을 키우는 것은 무척 힘든 일이었다. 전쟁을 겪고 나서야 사람들은 자식들이 제 밥그릇을 갖고 태어나지 않는다는 것을 알게 되었고, 보릿고개를 겪으면서 영양실조로 굶어 죽어가는 자식들을 보는 부모들의 마음은 너무도 고통스러웠다. 그 때부터 정부는 강력하게 산아제한 정책을 밀어붙였고, 한국의 부모들은 점점 아들이어야 한다는 환상에서 깨어나기 시작했다.

1960년대 산아제한 표어는 '3자녀를 3년 터울로 35세 이전에 단산하자'였다. 산아제한이 제대로 이루어지지 않자 좀 더 자극적인 '덮어놓고 낳다보면 거지꼴을 못 면한다'는 표어로 바뀌었다. 1970년대에 이르러서는 3명의 자녀가 2명으로 줄었다. '딸 아들 구별 말고 둘만 낳아 잘 기르자'로 변한 것이다. 1980년대에는 극도의 산아제한 정책을 폈다. '한 부모에 한 아이 이웃 간에 오누이', '둘 낳기는 이제 옛날, 일등국민 하나 낳기'로 변했다. 정관수술을 하면 예비군 훈련도 면제하여 줄 정도였다. 그 때만 해도 산아제한의 대성공이 재앙이 되어 돌아올 줄은 아무도 몰랐다.

10년도 못 가서 저 출산이 큰 문제가 되기 시작했고, 결국 현재 출산율은 1.19명까지 떨어지고 말았다. 뒤늦게 여러 가지 출산 장려정책을 펼치고는 있지만 현실적으로 실효성을 거두지 못하고 있다. 아이들은 더 이상 제 밥그릇을 가지고 태어나지 않는다. 효도는 도덕 교과서에나 있는 고리타분한 옛날 얘기로 변했다. 아들은 더 이상 보험이 되지 않으며, 오히려 사위가 더 효자 노릇을 하는 시대가 되어 버렸다. 무자식이 상팔자라는 옛말이 들어맞는 것일까?

공자는 천지에 변하지 않는 것이 부모와 자식의 관계라고 했는데, 그 또한 옛말이 되고 말았다. 힘닿는 대로 자식을 낳았던 부모들이 지금은 둘도 많다고 힘겨워 하는데, 변해도 너무 많이 변한 것이다. 돌아가신 부모를 위해 3년씩 시묘를 살던 자식들이 이제는 추석 차례도 안 지내고 해외여행 길에 오른다. 엄마 뱃속에서 나오는 것은 예나 지금이나 다를 바가 없는데 무엇이 변한 것일까? 무엇이 부모지능을 파괴해버렸을까? 그것은 전쟁에 비할 바가 아니다.

어렸을 적, 충청도 산골의 제삿날은 참 풍성했다. 이웃에 사시는 큰아버지, 작은아버지가 모두 오시고, 대처에 나가 계신 삼촌, 오촌 당숙까지 한 분도 빠짐없이 오셨다. 우리 형제는 물론 사촌, 육촌, 팔촌까지 다 모였으니 방마다 엉덩이 붙일 틈이 없을 정도였다.

밤이 늦도록 준비하는 제사상 차림은 요술이요 예술이었다. 주판알처럼 육각형으로 매끈하게 쳐낸 밤톨이 갈색으로 반짝거리는 제기 위에 차곡차곡 쌓여 있는 모습이 지금도 눈에 선하다. 꼭지와 배꼽을 모두 쳐낸 사과와 배는 피라미드 모양으로 쌓이고, 곶감과 대추는 아래 위를 꼭꼭 눌러 빈틈없는 모양으로 둥글게 쌓아 올린 것이 여지없는 피사의 사탑이었다.

저녁 내내 부엌에서 솔솔 풍기는 기름 냄새에 뱃속에서는 꼬르륵 소리가 끊이지 않았다. 그럴 때 허기진 배를 잊게 해주는 것은 서울에서 온 육촌 형제들이 들려주던 서울 얘기로, 그것도 밤이 깊어 가면 자장가로 변해 결국은 소르르 잠이 들고 말았다. 누군가 흔드는 기척에 선잠에서 깨어나면 할아버지 귀신이라도 나타난 듯 썰렁한 느낌이 들었는데, 사실은 제사를 지내기 전에 방문이란 방문은 모두 열어젖힌 탓이었다.

졸린 눈을 비비며 절을 하던 나는 제사에는 맘이 없었고, 병풍 앞에 차려놓은 제사상에 군침이 넘어갔다. 절하고 밥 올리고, 절하고 국 올리고, 절하고 술잔 올리고, 또 절하고 술잔 올리고…… 그래봐야 몇 번 절하는 것이 고작이었지만 어린 내게는 제사가 무척 길게 느껴졌다.

얼마 전에는 돌아가신 아버지의 제삿날이었는데 이상할 정도로 썰렁하고 쓸쓸했다. 우리집은 부친이 살아계실 때도 이미 제사상을 차리지 않고 추도 예배로 대신했기 때문에 옛날처럼 상다리가 부러지도록 제사 음식을 차리지 않아서만은 아니었다. 제삿날이 쓸쓸했던 것은 할아버지 제사에 손주 녀석들이 한 놈도 참석하지 못했기 때문이다. 결국 우리 내외와 동생 내외, 그리고 어머니까지 다섯이 모여 추모예배를 드렸다. 옛날에는 관혼상제가 모두 더할 것도 없고 덜할 것도 없이 똑같이 인륜의 중요한 큰일이었다. '할아버지 돌아가셨어요.'나 '할아버지 제사예요.'가 똑같이 중요한 큰일이었다. 요즘은 제사에 빠지는 것쯤은 불효로 치지 않는 모양이다.

추모 예배를 마치고 나서 어머니는 뜻밖의 말씀을 하셨다.
"젊은 애들이 얼마나 바쁘면 할아버지 제사에도 못 왔겠니? 제사 음식 차리는 것도 아니고 추도예배 드리는 건데, 내년부터는 생일잔치 날짜 바꾸듯이 일요일 날 추도식을 하면 안 되겠니?
"네, 어머니. 올해 어머니 생신도 그날 못하고 날 잡아서 했잖아요. 추도 예배를 그렇게 하면 손자들도 다 참석할 수 있고, 문제없겠네요."
하긴 미국에서는 국가 기념일을 날짜로 하지 않고 요일로 한다. 대통령의 날, 킹 목사 추모일, 현충일, 콜럼버스의 날, 재향군인의 날 등, 기념일을 모두 날짜가 아니라 요일로 정해서 하는 것이다.
아무래도 하늘나라에 계신 아버지께 이메일을 보내야 할 것 같다.
"아버지! 어제는 손자들 얼굴이 안 보여 섭섭하셨죠? 아직 열심히 일해야 하는 손자들이라 아버지 제삿날도 무지 바쁜대요. 너무 죄송해요. 내년부터는 11월 세 번째 일요일 저녁에 추도예배를 드리도록 하겠습니다. 괜찮으시죠?"
그러면 아버지께서 다음과 같은 이메일 답장을 보내오시지 않을까?
"내가 살아서 늘 말하지 않았느냐. 효도는 제사상에 있는 것이 아니라 승어부(勝於父, 자식이 아버지보다 나음)면 효자라고. 할

아버지보다 아버지가 어리석고, 아버지보다 아들이 어리석으면 어떤 집안이 되겠느냐? 내년에는 손자들이 모두 추도식에 참석할 수 있겠구나. 손자들에게도 잊지 말고 알려 주거라. 효도란 제사상에 있는 것이 아니라, '부모보다 낫게 되는 것'이라고. 그리고 살아계신 할머니 자주 찾아뵈라고."

 최고의 효도는 부모의 말에 박수를 치는 자손이 아니라 부모의 말을 행동으로 실천하는 자손이 되는 것이다.
 오늘날의 인성교육, 오늘날의 효를 마음속에 새겨본다.
 "스승님께는 청어람(靑於藍, 제자가 스승보다 나음)을, 부모님께는 승어부(勝於父)를……."

## PQ가 IQ, EQ, SQ를 만든다

**IQ, 지능지수(Intelligent Quotient)**

1905년 프랑스 심리학자인 알프레드 비네(Alfred Binet)는 정부의 요청으로 인간의 지능을 테스트 할 수 있는 방법을 연구했다. 비네가 고안한 IQ테스트는 학습능력이 없는 정신지체아를 걸러내는데 효과적이었다. 이처럼 IQ는 우수한 인재를 발견하기 위해 연구한 것이 아니라 부적격자를 찾아내기 위해 고안된 것이었다.

한동안 IQ로 측정되는 숫자에 지나치게 중요한 의미를 부여해 왔다. 1차 세계대전이 일어나자 각국은 전쟁 중 작전을 수행할 수 있는 병사인가 아닌가를 선별하기 위해 IQ테스트를 활용했다. 미국에서는 소위 '육군검사'라는 IQ테스트를 통해서 IQ가 100 이하이면 군대에 보내지 않았다. 이를 발전시켜 언어능력 검사인 '육군알파검사'와 동작능력 검사인 '육군베타검사'가 개발되었다. 요즘 학교에서 시행하고 있는 간이 IQ테스트는 바로 이 검사를 수정한 것이다. 머리가 나쁘다는 판정을 받은 것도 속상한데, 그 때문에 군대도 갈 수 없다는 판정을 받은 젊은이들은 너무도 억울하지 않았을까?

군대뿐만이 아니었다. 당시에 IQ검사를 통해 200만 명이나 되는 미국인의 지능이 분류되었는데, 사람을 똑똑한 사람과 똑똑하지 않은 사람으로 나눈 것이다. 그리고 IQ가 높은 사람은 공부를 잘하며, 공부를 잘하면 좋은 대학에 가고, 좋은 대학을 졸업하면 좋은 직장에 취직을 하며, 좋은 직장에 취직하면 결혼을 잘하고, 성공적이고 행복한 삶을 살게 되는 것으로 믿었다. 그러나 그와 같은 믿음은 오래 가지 못했다.

1921년 미국의 심리학자 터먼(Lewis Terman, 1877~1956) 교수는 캘리포니아 주에 거주하는 초등학생들의 IQ검사를 토대로 IQ가 135이상인 학생 1,500명을 선정하여 이들이 정말 공부를 잘 하는지, 행복한 삶을 살아가는지 장기간에 걸쳐서 추적했다. 대상자들의 전 생애를 추적한 결과 이들의 IQ는 학업, 직업, 결혼생활 등에 별 영향을 미치지 않는 것으로 나타났다.

1937년 하버드대학교 2학년 학생 268명이 연구 대상으로 선정되었다. 그들의 일생을 추적하는 연구가 시작된 것인데, 거기에는 미국의 35대 대통령이 된 존 F 케네디도 있었다. 이 연구는 재정 지원을 한 백화점 재벌 그랜트(William T. Grant)의 이름을 따서 그랜트연구(Grant Stugy)라고 불렸으며, 1967년부터 이 연구를 이어받은 하버드 의대 정신과 교수 조지 베일런트(George Vaillant)가 '행복의 비밀'이라는 책에서 밝힌 행복의 요소는 '인간관계'였고, '사랑'이었다. 그는 삶이란 어떤 데이터로도 밝혀낼 수 없는 극적인 주파수를 발산하는 것이며, 과학으로 판단하기에는 너무나 인간적이고, 숫자로 말하기엔 너무나 아름답고, 학술지에만 실리기에는 아까운 영원한 것이라고 했다. 그는 행복의 요소를 고통에 대처하는 능력, 교육, 결혼, 금연, 금주, 운동, 적당한 체중이라고 했으며, 이 중 5가지 이상을 갖춘 사람은 행복하게 살았다. 결국 IQ는 행복한 삶과는 아무런 관계가 없다는 것이 증명된 것이다.

이러한 연구 결과들이 발표되자 IQ가 높은 사람은 모든 영역에서 우수하다는 획일주의적 생각이 도전을 받기 시작했다. IQ로 판단되었던 인간의 능력은 여러 가지 지능 중 하나에 불과하다는 것이 지적되었으며, 하버드대학교의 교육심리학과 교수 하워드

가드너(Howard Gardner)는 인간은 IQ 검사로 판단했던 한 가지 능력 외에도 많은 다중지능을 갖고 있다고 주장했다. 그가 제시한 인간의 다중지능은 언어지능, 논리·수학적 지능, 공간지능, 신체·운동적 지능, 음악지능, 개인 간 지능, 개인 내 지능, 자연주의적 지능, 실존지능 등 모두 9가지 지능이다. 가드너의 다중지능에 따라 각 분야에 많은 천재들이 나타났다. 음악의 천재 모차르트와 베토벤, 신체·운동적 천재인 축구 황제 펠레와 마라도나, 논리·수학적 천재 아인슈타인, 언어 천재 셰익스피어, 과학 천재 에디슨 등 특출한 재능을 지닌 천재들이 계속적으로 등장했다.

　IQ가 어떤 사람의 지적인 능력을 나타내는데 적절하지 않다는 논란이 계속되면서 지능에 대한 여러 자료들이 새롭게 발표되고 있으며, EQ(감성지능), SQ(사회지능), MQ(도덕지능), EnQ(엔터테인먼트지능) 등 인간의 다양한 능력을 측정하는 지능지수들이 소개되고 있다.

## EQ, 감성지능(Emotional Intelligence)

1990년에 미국의 존 메이어(John Mayer) 교수와 피터 샐로비(Peter Salovey) 교수의 논문에 감성지능이란 새로운 말이 등장했다. 5년 후인 1995년에 뉴욕타임스 기자였던 대니얼 골먼(Danial Goleman, 1946~ )이 'EQ 감성지능'이란 책을 출판하면서 지능지수 중 감성지능지수(Emotional Intelligence Quotient)가 인간의 성공을 이끄는 가장 중요한 팩터로 자리매김하게 된다. 이 책은 전 세계 500만 독자를 열광시키기에 충분했으며, Emotional IQ가 EQ로 불리기 시작하면서 'EQ 혁명'이 일어났다. 그 후 10년 동안 EQ에 관한 박사학위 논문만 해도 7백 편이 넘었는데, EQ가 높은 사람은 감성적으로 안정이 되어 머리로만 따지는 것이 아니라 가슴이 따뜻하다. 충동적 행동을 자제할 줄 알고, 변화에 잘 적응할 뿐만 아니라 자기감정은 물론 타인의 감정까지도 잘 파악하여 이해하고 대처한다. 따라서 인간관계에서도 갈등이 적어 타인에게 좋은 영향을 미치며 타인을 리드할 수 있는 능력이 탁월하다.

EQ가 높은 사람은 성공할 뿐만 아니라 행복까지도 보장받지만, EQ가 낮아 정서가 고갈된 사람은 쉽게 화를 내거나 우울해지며, 자신감 부족으로 피해의식을 느끼거나 타인에 대한 적대감을 많이 갖는다. 이들은 매사에 부정적이고 비관적이기 때문에 학교생활, 직장생활, 가정생활 등 어느 것 하나 제대로 주도해 나갈 능력이 되지 않는다.

IQ는 지수를 숫자로 표시한다. 그러나 EQ는 숫자로 표시할 수 없는 개념이다. IQ는 어느 정도 유전적인 부분이 많다고 하지만, EQ는 후천적으로 길러지는 것이 대부분이다. 따라서 노력 여하에 따라서 얼마든지 개발할 수 있는 여지가 있다.

인간의 인성은 대부분 학교에 입학하기 전에 형성된다. 학교생활의 성공 여부는 아이들의 학습능력이 아니라 EQ에 의해 결정되므로, 자신감, 호기심, 기대감, 기다림, 선생님과의 관계, 친구들과의 관계와 같은 감성적, 사회적 능력을 길러주는 것이 중요하다. 학교생활에 문제를 일으키는 아이는 대부분 EQ가 부족하다는 것이 밝혀지고 있다.

유년기의 EQ 학습이란 특별한 것이 아니다. 나를 도와줄 부모가 있다는 안정감을 주면 EQ는 부쩍부쩍 성장하게 되어 있다. '아가야! 사랑해.', '어쩜 이렇게 예쁠까!' '네가 있어 나도 행복해!'라는 말을 들으며 젖을 빠는 아이의 EQ는 부쩍부쩍 자라난다. 그러나 '졸려 죽겠다!' '엄마 바빠. 빨리 좀 먹어라.'와 같은 말을 들으면서 젖을 빠는 아이의 EQ는 제자리걸음을 하게 된다.

자기를 낳아준 부모 밑에서 자라는 것만으로도 평균적인 EQ가 형성된다고 한다. 미국의 경우에는 자기를 낳아준 생모 밑에서 자라나 고등학교를 졸업하는 아이가 25%밖에 되지 않는다고 한다. 20년 전과 비교할 때 미국의 청소년 범죄가 적게는 2배, 많게는 4배까지 증가했고, 자살율도 3배까지 높아졌다. 이는 가정 문제와 EQ 문제가 바로 사회적 문제와 직결되고 있음을 그대로 보여주고 있는 것으로, 우리나라 부부의 이혼율은 OECD 국가 중 9위, 아시아에서는 1위를 차지하고 있다. 이는 50년이라는 기간 동안 13배나 뛰어오른 것으로, 대한민국 가정과 가정교육에 빨간불이 켜진 지 오래다.

가정을 바로잡기 위해서는 부모지능을 회복하여야 하고, 부모지능을 회복하는 것만이 오늘날 일그러진 사회를 바로 세울 수 있는 유일한 비법이다.

## SQ, 사회지능(Social Intelligence)

EQ의 성공에 힘을 입은 대니얼 골먼(Daniel Goleman)은 인간 개체가 아니라 인간관계에 관심을 갖게 되었다. 그는 인간의 뇌가 만들어진 가장 근본적인 목적이 사회성에 있다고 보았다. 그래서 하나의 인간이 아니라 둘 이상의 인간들이 모여 살 때는 IQ나 EQ보다 더 중요한 것이 있을 것이라고 생각했다. 그 과정에서 대니얼 골먼은 1920년대 에드워드 손다이크(Edward Thorndike, 1874~1949)가 공식화했던 사회지능이라는 것을 재발견하고, 곧 'SQ 사회지능'이란 책을 출간했다.

IT의 발달로 인해 언제든 디지털 접속이 가능한 현대인은 언제든지 세상과 접속이 가능하다. TV 앞에 앉아 있는 수백만 명의 사람들이 같은 시간에 같은 개그 프로그램을 보고 배꼽을 잡으며 웃고 있다. 과연 그들은 세상과 제대로 접촉하며 행복하게 살고 있는 것일까?

대학생 차림의 남녀가 커피전문점에 들어섰다. 주문을 위해 길게 늘어선 사람들 뒤에 줄을 선 두 사람 모두 스마트폰 삼매경에 빠져들었는데, 한참 후에 그들 차례가 되어 종업원이 말을 건넸다.

"손님, 주문하시겠습니까?"

"……."

답이 없자, 종업원이 재차 물었다.

"손님, 주문하시겠습니까?"

"……."

뒤에 서 있던 다른 젊은이가 그의 어깨를 툭 치며 종업원을 가리켰다. 그제야 그는 귀에서 이어폰을 빼고 커피를 주문했다.

　인터넷으로 연결된 사람들이 전 세계적으로 30억을 넘는다. 머지않아 40억을 넘는 사람이 서로 연결될 것이라고 하지만, 인간은 점점 더 외로움 속으로 빠져 들어간다. 인터넷이나 TV로는 따뜻한 포옹을 할 수 없기 때문이다.
　인간은 원래 따뜻한 사회생활을 할 수 있는 기능을 갖고 태어났다. 그 하나가 방추상 세포로, 이 세포는 인간이 신속하게 사회적 판단을 내릴 수 있도록 도와주는 세포다. 방추상 세포는 다른 동물에게서는 발견되지 않는 인간만이 가진 세포인데, 이 세포는 초고속 전달을 위해 크기가 다른 세포에 비해 4배 이상 크고, 모양도 고속전달에 알맞게 만들어졌다. 이 방추상 세포 덕분에 인간은 첫인상만으로도 그와 평생을 친구로 지낼 수 있을지 없을지를 판단하는 것이 가능하다.
　인간이 따뜻한 사회생활을 할 수 있도록 하는 또 하나의 기능은 거울신경세포에 있다. 거울신경세포는 서로 말을 하지 않아도 의사소통이 가능한 세포다. 이심전심의 안테나가 바로 거울신경세포에 설치된 안테나다. 엄마가 칼에 손을 벤 것을 보고 어린 딸이 눈물을 흘리는 것 또한 거울신경세포가 작동을 하였기 때문이다.
　인간이 따뜻한 사회생활을 할 수 있도록 하는 또 하나의 놀라운 기능은 신경전달물질에 있다. 남자는 여자의 눈길에 매우 약하다. 매력적인 여인이 남자를 바라보면 남자의 뇌에서는 즐거움을 유도하는 신경전달물질인 도파민이 분비된다. 잠시 후, 여인이 떠나가 버리면 도파민 분비가 곧 중지되고 만다. 물론 그것은 여자의 경우도 마찬가지다.

　SQ가 발달하면 세상을 능수능란하게 살 수 있을 것 같다는 생각이 들겠지만, 그것이 전부는 아니다. 상대방을 이용해서 자신의 욕구를 충족시키는 것은 SQ가 아니며, SQ는 삶에 있어 한 사람의 차원을 두 사람의 차원으로 확장해주는 역할을 하는 것이다. 한 사람의 관점을 두 사람의 관점으로 확장하면 자신의 이익만 챙기겠다는 생각에서 공동의 이익을 고려하는 생각을 하게 된다. 우리는 여기에서 다수의 상대와 공동의 이익을 고려하는 전 단계로, 나와 내 자녀의 공동 관점이 우선하지 않을까 하는 의심을 가져보아야 한다. IQ-EQ-SQ, 즉 개인-가정-사회로 발전하는 인간의 지능에서 뭔가 빠진 것이 있어 보이지 않는가? 바로 사회의 가장 작은 단위인 가정의 문제가 생략되어 있다. 그것이 바로 부모지능, 즉 PQ인 것이다.

### PQ, 부모지능(Parental Intelligence)

눈을 가린 아이가 공을 던지고 있다. 엄마가 바구니를 들고 이리저리 뛰어다니며 공을 받고 있다. 1분이라는 시간 동안 한 엄마는 15개의 공을 받았지만, 다른 엄마는 7개 밖에 받지 못했다. 그 이유는 무엇일까?

　15개의 공을 받은 엄마는 끊임없이 이렇게 외쳤다고 한다.
　"좋아, 잘했어! 여기, 좋아! 위로, 잘했어! 잘했어!"

반면 7개의 공을 받은 엄마는 끊임없이 다음과 같이 외쳤다.

"아니, 그쪽 아니고 반대쪽. 아니, 아래로 던지지 말고. 아니, 뒤로."

15개의 공을 받은 엄마는 계속적으로 '좋아'라는 긍정적인 단어를 사용했고, 7개 받은 엄마는 끊임없이 '아니'라는 부정적 단어를 사용했다. 부모지능이란 이렇게 긍정과 희망으로 아이의 능력을 키워내는 능력이다.

인간은 미완성의 두뇌를 가지고 세상에 태어나며, 세상에 나온 이후에 지속적으로 완성되어 간다. 시각의 경우에는 끊임없는 시각적 자극을 통해 생후 6개월까지 발달하게 되는데, 만일 그 기간 동안 한쪽 눈에 안대를 해서 아기의 눈을 가려 버린다면 아기는 치명적인 손상을 입게 된다. 경험이 없으면 뇌가 발달하지 못하기 때문이다. 부모지능이 높은 부모 밑에서 자란 아이들은 충분한 경험으로 이상적인 뇌를 갖게 되지만, 부모지능이 낮은 부모 밑에서 자란 아이들은 경험 부족으로 빈약한 뇌를 갖게 된다.

인간의 뇌는 다른 동물에 비해 매우 오랜 시간 성숙하여야 완성된다. 감각 영역을 담당하는 뇌는 비교적 일찍 완성되지만, 자기 통제를 위한 절제를 담당하는 뇌는 사춘기가 끝나갈 무렵에야 완성된다. 인간에게 부모의 손길이 오래도록 필요한 이유가 바로 여기에 있으며, 그것을 담당하는 지능이 바로 부모지능이다.

"수신제가치국평천하(修身齊家治國平天下)"

공자가 말하는 성공의 첫 번째 관문은 수신(修身)이고, 두 번째 관문은 제가(齊家)다. 그리고 마지막 관문이 치국(治國)이다. 다니엘 골먼의 이론에 따르면 IQ와 EQ는 개인의 역량에 관한 지능이고, SQ는 사회적 역량에 관한 지능이지만, 아쉽게도 그는 개인과 사회의 징검다리 역할을 하는 가정에서 함양되어야 할 지능에 관한 것을 간과하고 말았다. 수신이 아무리 잘 되어도 가정교육이 제대로 되지 않은 인간은 세상에 나가서 원만한 생활을 할 수 없다. 집에서 새는 바가지는 밖에서도 새기 때문이다. 수신이 안 된 인간이 화목한 가정을 꾸려나갈 수 없는 것과 마찬가지로, 가정이 화목하지 못하면 치국을 제대로 할 수가 없다. PQ가 모자라면 세상에 나가서 제대로 사람 구실을 할 수 없다는 말이다.

부모지능이란 부모로서 자식을 낳고 양육하기 위해 타고난 인간의 지능을 의미한다. 다행스럽게도 PQ 역시 IQ나 EQ와 마찬가지로 타고난 능력 이외에 노력으로 얼마든지 그 지수를 높일 수 있다.

# 식물과 동물에게도 PQ가 있다?

## 식물과 동물의 부모지능도 진화한다

**식물의 부모지능**

나무는 자기 씨앗을 발밑에 떨어뜨리지 않는다. 자신이 떨어뜨린 씨앗끼리 경쟁을 하다가 질식하여 죽게 될 것을 알기 때문이다. 그래서 나무는 새에게 맛있는 과육을 제공하고 씨앗을 멀리 날라달라고 부탁하는 것이다. 새는 모래나 조개껍질도 소화시킬 수 있는 강한 산성의 소화액을 가지고 있다. 하지만 새가 먹은 씨앗은 손상되지 않고 다시 새의 몸을 빠져나와 땅에 떨어져 흙속에 묻힌다.

씨앗 속에는 스스로 땅속에 묻히는 지혜가 들어 있다. 어떤 씨앗은 깃털이 바람에 흔들릴 때마다 조금씩 땅속을 파고들기도 하고, 어떤 씨앗은 용수철 같은 장치가 되어 있어 땅에 떨어지면 나선작용으로 땅속을 파고든다. 땅속으로 파고 들어가는 재주가 없는 씨앗은 물이 없어도 싹을 틔울 수 있는 능력을 갖고 있다. 작디작은 씨앗 하나하나에도 자신의 자손을 퍼뜨리기 위한 부모지능이 들어 있는 것이다.

지구 곳곳에서 이상 기후가 나타나고 있다고 난리다. 이제는 오히려 그러한 이상 기후가 당연한 정상 기후로 여겨지고 있는데, 지구 어느 곳도 예전의 평균적인 기상조건을 보이는 곳은 없다. 평균에 비해 너무 덥거나, 춥거나, 비나 눈이 많이 내리거나, 혹은 건조한 현상이 지속되는 일이 흔해졌다. 재미있는 현상은 아무리 가물어도, 아무리 한파가 밀려오더라도 지구상의 모든 식물이 다 말라 죽거나 얼어 죽는 일은 없었다. 극한 상황에서 살아남는 생존율은 인간이 관리하는 농작물보다는 야생 식물에서 현저히 높게 나타난다.

벼나 보리는 일제히 함께 생장하므로 가꾸기는 쉽지만, 이상 환경이 발생하면 전멸하기 쉽다. 하지만 도꼬마리 씨는 몇 개월 혹은 몇 년에 걸쳐 일부분씩 싹이 나오기 때문에 종족이 전멸할 염려가 없다.

우리나라 교육은 한꺼번에 씨를 뿌리고 거두는 벼농사 같아서 안타깝다. 말로는 창의력 교육, 특성화 교육이라고 하지만, 실제로는 점점 하향평준화 되어가고 있는 게 현실이다. 게다가 이제는 대학 정원보다 고등학교 졸업생 수가 적어지기 시작했으니 더 큰 문제다. 청소년들을 온실 속의 특용작물처럼 기르겠다는 것은 아닌지 염려되며, 선진국에서 불어오는 경제 황사현상이 생기면 모두 질식사하게 되는 것은 아닌지 심히 걱정이 된다.

국제학업성취도(PISA, Programme for International Student Assessment)에서 1위를 하고 있는 핀란드의 교육을 세계인들이

부러워하고 있지만, 평준화가 잘 이루어진 교육 덕분에 영재교육이 안 되는 특성이 있다. 낙제생을 없애는 것은 좋은데, 우수한 학생을 더 우수하게 만드는 교육이 불가능하다는 것이 단점으로, 결국 핀란드 교육도 백점짜리는 아니다.

## 동물의 부모지능

동물들이 목숨처럼 귀하게 여기는 것에는 두 가지가 있다. 하나는 먹을 것이고 또 하나는 제 새끼다. 동물은 생존본능과 부모지능이 다 함께 DNA 속에 본능으로 프로그래밍 되어 있다. 아프리카 코끼리나 인도 코끼리는 사는 곳이 다르고 생김새가 조금 다를 뿐이지 새끼를 낳고 기르는 방법은 동일하다. 종이 같은 동물에게는 같은 부모지능이 프로그래밍 되어 있는 것이다.

동물 중에서는 물고기의 PQ가 가장 낮다. 암컷 물고기가 하는 일은 알을 낳아 놓는 일이 전부이고, 수컷 물고기가 하는 일은 암컷이 낳아 놓은 알에다 정액을 쏟아 붓는 일이 전부다. 새끼를 기르는 책임은 물론 없고 부화의 책임도 지지 않는 것이 물고기의 부모지능이다. 물고기의 알은 부모의 보살핌 없이 스스로 부화해야 하고, 혼자 힘으로 자라나야 하기 때문에 암컷은 아주 많은 알을 낳는다. 수컷 역시 아주 많은 양의 정자를 뿌려 둔다. 그래야 큰 물고기의 밥이 되기도 하고, 인간의 식탁 위에 알탕이 되어 오르더라도 멸종되는 일이 없을 테니 말이다.

물고기의 PQ보다 조금 높은 것이 개구리의 PQ로, 개구리는 그냥 알을 낳는 것이 아니라 체내에서 수정란을 만들어 내보낸다. 개구리의 알은 물고기의 알처럼 수정도 되어보지 못한 채 죽어버리는 일이 없이 대부분 올챙이가 된다. 하지만 개구리는 올챙이

적 생각도 못하는데 알을 낳아준 부모를 기억이나 하겠는가? 올챙이의 PQ 역시 아주 낮을 수밖에 없다.

그에 비해 새들은 제법 높은 PQ를 갖고 태어난다. 새들의 PQ는 배우자 선택에서부터 시작된다. 굳이 장끼와 까투리의 예를 들지 않더라도 대부분의 새들은 암컷에 비해 수컷이 아름답고 매력적으로 태어난다는 사실을 모두 알고 있을 것이다. 수컷은 아름다운 모습으로 암컷을 유혹하고, 암컷은 그 중에서 맘에 드는 수컷을 선택한다. 이렇게 짝짓기가 이루어지면 암컷이 수정된 알을 낳고 암수가 함께 도와가며 그 알들을 부화시킨다. 새끼가 태어난 후에도 암수가 함께 먹이를 물어다가 새끼를 키운다. 사람들은 그런 새들을 보고 금슬이 좋다고 매우 부러워한다.

새보다 높은 PQ를 타고 난 동물이 포유동물이다. 포유동물의 PQ 역시 배우자 구하기에서부터 시작된다. 포유류의 수컷 역시 아름답고 매력적인 모습으로 태어나지만, 그것만으로 쉽게 암컷을 차지할 수 있는 것은 아니다. 수컷끼리 싸워서 이겨야 한다. 암컷은 수컷들이 싸우는 모습을 지켜보다가 최후의 승자를 선택하기만 하면 된다.

PQ가 낮은 동물의 새끼는 어미가 새끼를 보살필 수 있는 능력이 없으므로 새끼 스스로 살 길을 찾아 나설 수밖에 없다. 그러나 PQ가 높은 동물의 어미는 새끼를 적극적으로 보호하고 가르친다. 포유동물은 부모의 보호가 없으면 살아남을 수 없다. 따라서 포유동물의 PQ는 대단히 높을 수밖에 없다. 포유동물은 새끼가 태어나면 새끼의 몸을 핥아 준다. 몸에 묻은 양수를 혀로 닦아내고 피부를 건조시켜 체온을 유지시킨다. 이때 새끼의 몸에 묻은 어미의 침은 금방 마르지만 어미의 냄새는 그대로 남아 페로

몬(Pheromone) 역할을 한다. 어미의 침 속에 있던 페로몬은 의사전달의 수단으로 활용되어 어미가 자신의 새끼를 구분할 수 있게 도와준다. 부모지능의 역할 중에 새끼를 먹이는 일 만큼이나 중요한 것이 새끼를 보호하는 기능이다. 새끼가 불안하다고 생각되면 입으로 물거나 발을 이용하여 새끼들을 안전한 장소로 옮기기도 하고, 때로는 침입자와 사생결단으로 싸운다.

포유동물은 새끼를 안전하게 키우는 것도 중요하지만 새끼가 성장하여 혼자 독립하여 살 수 있도록 많은 것을 가르쳐야 한다. 먹을 수 있는 것과 못 먹는 것을 구별하는 법, 사냥하는 법, 집 짓는 법, 천적 피하는 법 등 생존에 꼭 필요한 기술이나 방법 등, 가르칠 것이 한두 가지가 아니다. 교육 기간은 동물에 따라 천차만별이지만 교육 방법은 생각보다 체계적으로 이루어지고 있다. 어떤 동물들은 석 달이면 교육이 끝나 독립을 하지만, PQ가 높은 침팬지 같은 동물은 몇 년씩 교육을 시키기도 한다. 교육이 끝나고 나면 부모 곁을 떠나 스스로 경험을 통해 완전한 생존 방법을 습득한다.

## 자기 새끼만 살리는 사자는 스파르타를 모른다

**사자의 살생**

"요새 애들은 하나같이 약해 빠져서 원."
"도대체 애들이 운동은 고사하고 쉴 새가 있어야지요."
"그러기에 내가 한두 번 말했어? 애 좀 그만 잡고 놀리라고."
"당신 말이 옳은 건 아는데, 그래 가지고 애가 대학 근처에나

가보겠어요?"

"사자처럼 강하게 길러야지. 따라오는 놈은 따라오고 못 따라오는 놈은 처지는 거지 뭐."

"아이고, 옛날 고리짝 얘기하시네요. 애가 몇 명이나 돼요? 하나밖에 없는 애가 처지면 그 담에 하나 더 낳자고요?"

내 자식을 사자처럼 기르면 백수의 왕으로 살 수 있을까?

옛날이나 지금이나 자기 자식을 사자처럼 만들고 싶은 것이 인간의 욕망이다. 사자 가족은 멋진 갈기를 휘날리는 수사자 한 마리와 몇 마리의 암사자, 그리고 그들이 낳은 여러 마리의 새끼가 더해진다. 수사자는 가장으로서 가족을 지키는 일을 하지만 사냥은 하지 않는다. 새끼를 낳아 기르는 일과 함께 사냥도 암사자의 몫이다.

19세기 초, 독일의 한 탐험가가 아프리카 초원을 돌아다니다가 수사자가 절벽에서 새끼를 떨어뜨리는 장면을 목격했다. 절벽에서 떨어진 새끼 중 두 마리는 죽어버렸고, 한 마리는 생명을 구했는데 암사자가 살아 있는 새끼 사자를 데리고 사라지는 장면을 보았다. 이 탐험가는 아프리카에서 돌아와 '사자에게 배우자!'라는 글을 썼다. 히틀러는 그 글을 읽고 무릎을 쳤다. 그는 강한 독일을 만드는 길은 스파르타식 교육으로 독일의 젊은이들을 사자처럼 강하게 교육시키는 것이라고 확신했다. 전쟁을 수행하고 있던 독일이었기에 사자처럼 강한 청년들을 길러낼 수 있다는 스파르타식 교육은 사회적인 호응을 얻기에 충분했다.

1940년, 영국의 동물학자 클라크 박사 부부는 아프리카에서 사자의 생태를 조사하다가 새로운 사실을 발견했다. 수사자가 새끼들을 물어 죽이는 장면을 목격한 것이다. 자세히 관찰해 보았더니 수사자가 자신의 새끼를 길들이는 것이 아니라, 전임 우두머리의 새끼를 죽이고 있었다. 새롭게 무리의 우두머리가 된 수사자가 전임 우두머리 수사자의 새끼들을 물어 죽이면 젖먹이 새끼가 없어진 암사자는 젖이 마르고, 다시 임신할 수 있는 채비를 차리게 된다. 새끼를 잃은 암사자는 슬퍼할 겨를도 없이 신임 우두머리인 수사자의 새끼를 임신하는 것이다. 결국 독일의 탐험가가 목격했던 절벽에서 새끼 사자를 떨어뜨리는 장면은 스파르타식 교육 장면이 아니라 의붓자식을 살해하는 장면이었던 것이다.

마음씨 나쁜 수사자는 의붓자식을 죽이고, 마음씨 착한 수사자는 의붓자식을 살려두는 것이 아니다. 모든 생명체는 같은 종이면 같은 방법으로 종족을 퍼뜨리도록 프로그래밍 되어 있기 때문에 나중에 우두머리가 된 모든 수사자들이 전 우두머리의 새끼를 물어 죽이는 것이다. 사자의 부모지능은 마치 봉숭아나 제비꽃의 열매가 건조해지면 껍질이 저절로 비틀려 터지게 되고, 그 결과 씨앗이 주위에 퍼져 종족을 이어가는 것과 다를 바가 없는 통일된 부모지능일 뿐이다. 만물의 영장이 가진 IQ와 사자의 IQ를 비교할 수 없듯이 인간의 PQ와 사자의 PQ를 어찌 비교할 수 있겠는가?

## 스파르타와 아테네

스파르타식 교육은 이미 고대 그리스에서 충분히 적용을 해 보았던 고전적 교육법이다. 스파르타의 모든 교육은 아이의 출생에서부터 사망에 이르기까지 국가가 직접 통제했다. 신생아가 태어나면 일단 검사를 해서 합격이 되면 부모에게 맡겨졌고, 건강하지 못해서 불합격한 아이는 살해되었다. 부모가 7살까지 양육한 후, 남자 아이는 국가가 지정하는 아고게라고 하는 교육기관에 들어가 엄격한 훈련을 받았다. 그들은 18살에 교육이 끝나면 2년간 어린 아이들을 지도하는 일을 한 후 30살까지 군복무를 했는데, 30살이 되어 군복무가 끝나면 시민권을 부여받아 자유롭게 결혼도 할 수 있었다.

스파르타식 교육의 목적은 인내로 고통과 결핍을 견디며 강한 체력을 길러 애국심이 충만한 훌륭한 군인을 만들어 내는데 있다. 물론 읽고, 쓰고, 계산하는 법도 약간은 가르쳤다. 여자 아이들 역시 엄격한 교육을 통해 건강한 아들을 출산, 양육할 수 있도록 훈련을 받아야 했다.

BC 490년, 당시 세계 최강을 자랑하던 페르시아의 다리우스 왕은 보병 20만, 기병 1만으로 그리스를 침공했다. 페르시아 전쟁 혹은 펠로폰네소스 전쟁이라고 불리는 이 전쟁에서 아테네는 스

파르타에게 지원을 요청했지만 스파르타는 핑계를 대고 지원병을 보내지 않았다. 아테네는 겨우 1만 명의 군사와 다른 도시에서 파병한 1천명의 지원병으로 마라톤 평야에서 전쟁을 치렀다. 아테네는 온 힘을 다해 기적적으로 페르시아 군대를 물리쳤다. 그날 마라톤에서 아테네까지 달려갔던 병사가 승전보를 전하고 쓰러져 죽었다는 전설이 오늘날의 마라톤 경기의 유래라고 하는데, 어쨌든 10년 후, 페르시아의 다리우스왕이 죽고 그 아들 크세르크세스가 다시 그리스 원정에 나선다. 이때 육지에서는 스파르타가 지휘권을 맡았고, 바다에서는 아테네가 지휘권을 맡아 페르시아에 맞섰는데, 스파르타는 테르모필레의 협로에 군사를 배치하고 페르시아의 7천 군사와 대적했으나 전멸하고 말았다. 용감하기로 이름난 스파르타 군이 전멸한 것이다.

한편 스파르타가 패전한 후에 아테네의 해군은 살라미스에서 페르시아 왕 크세르크세스가 이끄는 해군을 전멸시킨다. 결국 살라미스 해전을 승리로 이끈 아테네 덕분에 페르시아 전쟁은 그리스의 승리로 끝나고, 아테네는 이후 그리스의 맹주가 된다.

이 전쟁을 통해 우리는 스파르타식으로 교육받은 군사와 전인교육, 외유내강의 아테네식 교육을 받은 군사의 차이를 느껴볼 수 있다.

## 부모지능이 없는 동물이 있다는 것은 사실일까?

### 구피와 후투티

동물의 부모지능은 그야말로 천차만별이다. 자신이 금방 낳은 새끼를 못 알아보고 먹이로 착각하여 자기 새끼를 잡아먹는 구피의 PQ로부터 새끼들이 자신의 몸을 뜯어 먹고 살도록 자신을 희생하는 큰가시고기의 PQ까지 각양각색이다. 새끼에게 잡아먹힌다는 살모사의 PQ는 진실일까? 늙어서 새끼에게 효도를 받는다고 하는 반포지효(反哺之孝)의 주인공 까마귀의 PQ는 어느 정도일까? 새들은 왜 일부일처제를 고집하며, 포유류는 왜 일부다처제로 살아가는 것일까? 흥미로운 동물의 부모지능을 한번 살펴보자.

피라미도 예쁘지만 부처같이 널따란 천연색 꼬리를 흔들고 헤엄쳐 다니는 꼬마 피라미 구피는 정말 화려하고 멋지다. 생명력도 강해서 산소 발생기도 필요 없이 그냥 어항 속에 넣어두고 가끔 먹이만 주면 잘 자란다. 더욱 신기한 것은 물고기답지 않게 알을 낳는 것이 아니라 새끼를 낳아서 우리를 놀라게 한다.

집에서 기르는 구피가 어느 날 아랫배가 통통하게 부풀어 오르며 생식기가 까맣게 변하더니 드디어 저녁 무렵에 새끼를 12마리나 낳았다. 다음날 아침에 먹이를 주려고 들여다보니 새끼가 일곱 마리밖에 보이질 않는다. 말로만 듣고 설마 했는데 정말 구피가 자기 새끼를 알아보지 못하고 먹어치운 모양이었다. 자세히 관찰해보니 어미 구피는 여전히 새끼 구피를 잡아먹으려고 끈질기게 쫓아다니고 있었다. 아무리 미물이지만 어떻게 자기 새끼를 잡아먹을 수 있을까? 부랴부랴 살아남은 새끼 구피를 건져 다른 어항으로 옮겨주었다. 멀쩡한 엄마 구피가 제 새끼를 몰라보고 잡아먹다니, 구피가 그 정도의 PQ 밖에 갖지 못하고 태어난 것이 무척이나 안타까웠다.

구피는 제 새끼를 못 알아보고 잡아먹는다지만 제 새끼인 줄 뻔히 알면서도 제 새끼를 죽여 버리는 비정한 새도 있다. 그 새는 여름철에 우리나라를 찾아오는 후투티라는 철새다. 후투티는 발육이 늦거나 건강하지 못한 새끼가 보이면 새끼를 부리로 쪼아 죽여 버린다. 먹이가 모자라 모든 새끼를 다 먹여 살릴 수 없는 후투티는 건강한 새끼라도 제대로 키우려고 일찌감치 약한 새끼를 제거해 버리는 것이다. 논리적으로는 틀림없이 맞는 얘기지만 인간의 눈으로 보면 정말 해서는 안 될 짓을 하는 잔인한 부모지능을 가진 새가 후투티다.

## 가시고기와 살모사와 까마귀

제 새끼를 잡아먹는 구피나 제 새끼를 쪼아 죽여 버리는 후투티와는 달리 자기희생으로 새끼를 살리는 물고기도 있다. 가시고기 수컷은 산란기가 되면 물 맑은 곳에 조그만 산란 둥지를 만들고 암컷 가시고기들을 모셔온다. 둥지를 찾아온 가시고기 암컷들은 그곳에 알을 낳고는 생을 마감한다. 수컷 가시고기는 어미 없는 알들이 부화될 수 있도록 지느러미를 흔들어 끊임없이 맑은 물을 공급한다. 새끼가 부화될 때까지 둥지를 떠나지 못하고 맑은 물을 공급하던 수컷 가시고기는 새끼가 태어날 때가 가까워 오면 죽을 만큼 힘들고 지치게 된다. 새끼들이 태어나면 탈진한 수컷 가시고기는 일생을 마감하게 되는데, 알에서 깨어난 새끼 가시고기들은 영문도 모르고 탈진하여 죽은 수컷 가시고기를 뜯어먹으며 성장한다.

    뱀들은 보통 한꺼번에 열 개 남짓 알을 낳아 그 알을 품어 부화시킨다. 보름쯤 알을 품다가 알에서 새끼가 나올 기미가 보이면 어미 뱀은 알을 떠난다. 아주 멀리 가는 것은 아니고 그리 멀지 않은 곳에 있다가 새끼가 알에서 나오는 모습을 본 후에 아주 새끼의 곁을 떠난다. 뱀의 PQ가 작동하는 유효기간은 거기까지다.

  살모사는 다른 뱀과 달리 알을 품어서 부화시키는 것이 아니라 체내에서 부화시켜 새끼가 된 후에 세상으로 내보낸다. 알을 낳지 않으니 난생이라고 할 수도 없고, 포유동물처럼 탯줄이 있는 것이 아니라 태생이라고 할 수도 없어 난태생이라고 한다. 한꺼번에 대여섯 마리의 새끼가 태어나는데 달걀의 흰자처럼 끈적거리는 액체에 둘러싸여 어미 몸을 빠져 나온다. 별로 힘들이지 않고 끈끈이 속에서 빠져나온 새끼들은 잠시 어미 곁에 머물며 세상 구경을 한다. 이 때 온 힘을 다하여 새끼를 낳은 어미는 홀쭉해진 몸으로 기진하여 새끼들과 함께 축 늘어져 있게 된다. 그 광경을 본 사람들이 살모사 새끼들이 어미를 잡아먹는 줄 알고 그 이름조차 어미를 잡아먹는다는 살모사(殺母蛇)라고 지은 것이다.

  인간의 착각이 어디 그뿐이겠는가? 어미를 잡아먹는 것이 아니라 반대로 어미에게 효도를 한다는 까마귀 얘기도 사실은 잘못되었다. 자식 까마귀가 늙은 어미 까마귀에게 먹이를 물어다 주며 효도를 한다는 것에서 나온 말이 반포지효(反哺之孝)인데, 사실을 확인해보면 먹이가 좋으면 새끼 까마귀가 워낙 빨리 자라서 어미 까마귀보다 몸집이 커지는 경우도 있다고 한다. 결국 몸집이 작은 까마귀가 어미이고 몸집이 큰 까마귀가 새끼인 것을 모르는 사람들이 새끼가 어미에게 먹을 것을 물어온다고 착각해서 반포지효(反哺之孝)라는 말을 만든 것이다.

## 동물의 부모지능은 환경에 따라 변한다

### 원앙의 금슬

원앙은 정말 금슬이 좋은 새일까?

 천만의 말씀이다. 이는 엄청난 오해로, 암컷이 수컷을 내치지 않는 이유는 사랑 때문이 아니며, 수컷이 암컷을 떠나지 않는 이유 역시 사랑 때문이 아니다. 원앙의 금슬이 좋은 이유는 바로 새끼를 사랑하기 때문으로, 새끼가 태어났을 때 암컷 또는 수컷이 혼자 새끼들의 먹이를 물어다 댈 수가 없기 때문에 함께 사는 것이다. 한 번 맺은 일부일처 계약이 평생 유지되는 것도 아니다. 함께 낳은 새끼를 키울 때까지만 일부일처 계약이 유효할 뿐으로, 결국 원앙의 일부일처는 1년짜리 계약이다.

 암컷 원앙은 겨울이 다가오면 많은 수컷들 중에서 마음에 드는 원앙을 하나 택하여 결혼을 한다. 봄이 되면 알을 낳고 그 알을 품어 새끼를 깐다. 새끼가 나오면 원앙 부부는 열심히 먹이를 잡아다 먹이며 새끼를 기르지만, 그 새끼들이 다 자라서 둥지를 떠나가 버리면 원앙 부부는 이혼을 하고 각자 자유로워진다. 겨울이 되면 다시 암컷은 또 다른 수컷을 골라 결혼을 하며, 매년 번식기가 될 때마다 남편감을 새로 고른다.

 결혼한 후 수컷이 암컷을 졸졸 따라다니는 이유 역시 사랑해서가 아니라, 혹시 암컷이 바람을 피워 다른 수컷의 알을 낳지 않을까 의심하기 때문이다. 그러면서도 수컷들은 암컷 몰래 슬쩍슬쩍 바람을 피운다. 모든 수컷이 똑같이 호시탐탐 바람피울 기회를 노리다보니 아무리 붙어 다녀도 완벽하게 암컷을 지킬 수가 없다. 수컷이 자신의 자식이 아닌 혼외 자식을 키우게 되는 확률이 20%

나 된다고 하니 참으로 어처구니없지 않은가.

처마 밑에 있는 제비집에서 제비 새끼가 노란 입을 벌리고 엄마 아빠가 교대로 물고 오는 먹이를 받아먹는 장면을 보았을 것이다. 암수가 힘을 합해 2~3분에 한 번씩 먹이를 물어오지 않으면 새끼들이 굶어죽게 된다. 새끼들의 몸집이 커질수록 엄마 제비와 아빠 제비는 더욱 바빠질 수밖에 없는데, 이런 여건 속에서 수컷도 없이 어떻게 암컷 혼자서 새끼를 키울 수 있겠는가? 새들의 일부일처제 속에는 이런 비밀이 들어 있다.

### 바람둥이 개개비사촌

새끼들의 먹이 때문에 일부일처제를 유지할 수밖에 없다고 하는데, 새끼들의 먹이가 충분하면 어떻게 될까? 과연 먹이 걱정이 없으면 일부일처제가 필요 없을까? 정말 그렇다. 암컷이 혼자서 먹이를 잡아다 새끼를 키울 수 있으면 굳이 남편 새를 잡아 놓을 필요가 없다.

강가의 무성한 갈대밭에 가보면 개개비사촌이라는 참새보다 작은 새가 산다. 개개비사촌이야말로 일부일처와 거리가 먼 대표적인 바람둥이 새다. 암컷이 알을 낳으면 새끼가 나오기도 전에 수컷은 다른 암컷을 찾아 나선다. 개개비사촌이 사는 강가 갈대밭에는 메뚜기처럼 커다란 먹잇감이 널려 있다. 새끼에게 메뚜기 한 마리만 잡아다 먹여도 한 나절을 지낼 수 있으니 치사하게 수컷의 힘을 빌릴 필요가 없는 것이다. 수컷 역시 다른 암컷을 만나서 더 많은 씨를 뿌릴 수 있게 해준 암컷에게 고마울 뿐이다.

모든 생물은 자신의 유전자를 가장 많이 번식할 수 있는 방법으로 생식의 방법이 프로그래밍 되어 있다. 동물들에게 가족이란 종족의 번식을 위해 형성된 협력집단이다. 동물들에게는 자신의 능력과 환경에 따라 어떻게 가족을 형성하고 어떻게 낳은 자식을 보호하며 어떻게 먹이를 주고 기르는지가 동일하게 프로그램 되어 있다. 동물이 가진 부모지능의 유효기간은 매우 짧다. 새끼들은 홀로 독립하여 생존할 수 있는 최소한의 능력만 갖추게 되면 부모를 떠나게 되고 그 때가 되면 동물의 부모지능은 유효기간이 끝난다.

부부의 힘으로 새끼를 키울 수 없는 꾀꼬리는 새끼를 키우기 위해 형제들까지 동원한다. 꾀꼬리는 성장한 새끼가 어미를 도와 동생들을 돌보게 하는 경우도 있다. 지난 해 태어난 꾀꼬리는 동생들을 노리는 침입자가 나타나는 경우 마구 소리를 질러 침입자를 놀라게 하고 엄마 아빠를 도와 어린 동생들에게 먹이를 물어다 먹이기도 한다. 아직 부모가 되기 이른 한 살 박이 꾀꼬리는 동생을 키우면서 부모지능을 높이는 훈련을 받는 것이다. 두 살짜리 꾀꼬리는 1년 동안 PQ 훈련을 더 받은 후, 그 다음해가 되면 독립하여 번식하게 되는데, 그때서야 제대로 새끼를 돌볼 수 있는 능력을 갖추게 된다.

새들은 알에서 깬 새끼들에게 벌레를 잡아다 먹인다. 그러나 비둘기나 홍학과 같은 새들은 우유를 만들어 먹이기도 하는데, 비둘기가 만드는 젖은 포유류의 젖과 성분이 비슷하다. 비둘기는 암컷과 수컷이 함께 알을 품으며, 이때 자신의 모이주머니가 발달되어 새끼를 키우는 동안에 모이주머니에서 피존 밀크가 분비된다. 피존 밀크를 먹은 새끼 비둘기는 다른 새보다 초기 성장이 매우 빠르다.

홍학 중에도 밀크를 만들어 새끼를 키우는 것들이 있다. 홍학의 먹이는 식물성 플랑크톤이므로 이것을 멀리 새끼가 있는 곳까지 날라다 먹이기가 쉽지 않다. 그래서 자신들 나름대로 밀크를 만들어 새끼에게 공급하게 된 것이다. 이 없으면 잇몸으로 산다는 말대로 자신의 주어진 서식 환경에 고도로 적응한 결과이다.

# 한국과 외국의 부모교육에는 어떤 차이가 있을까?

## 조선 왕실의 부모교육

**임신 전 태교**

옛날에는 부인이 아이를 임신하면 옆으로 누워 자지 않고, 비스듬히 앉지도 않으며, 한쪽 발로 서지 않고, 맛이 야릇한 음식을 먹지 않았다.

음란한 소리를 듣지 않으며, 밤이 되면 장님에게 시를 외우고 바른 일을 말하게 하였다.

— 성학집요(聖學輯要)

조선 시대 양가집의 부모지능은 태교에서부터 실행되었지만 왕실의 부모지능은 잉태 이전부터 준비되었다. 경복궁에 가면 왕이 잠을 자는 강녕전이 있고, 왕비가 잠을 자는 교태전이 따로 있다. 창덕궁에 있는 왕의 침전은 희정전이고, 왕비의 침전은 대조전이다. 덕수궁에 있는 함녕전은 왕과 왕비가 함께 잠을 자는 곳이지만 침실이 따로 있어 각각 다른 방에서 잠을 잤다. 어느 궁이든 왕비의 침전에는 용마루가 없는데, 이는 왕은 곧 용인데 용을 생산하는 침전에 또 다른 용이 지붕 꼭대기에서 왕자의 탄생을 눌러대면 안 된다고 생각했기 때문이다.

왕의 침전과 왕비의 침전이 따로 있는 이유는 아무 때나 함께 잠을 자서는 안 되기 때문이었다. 왕은 길일에만 왕비의 침전에 들어가 합궁을 할 수 있었고, 사(巳)자가 들어가는 뱀날, 인(寅)자가 들어가는 호랑이날, 초하루, 그믐, 보름은 모두 합궁이 불가한 날이었다. 또한 천둥번개가 치는 날, 안개가 짙은 날, 강풍이 부는 날에도 합궁이 불가했다. 이것저것 빼고 나면 왕과 왕비가 만날 수 있는 날은 고작 한 달에 한 두 번 정도밖에 되지 않았다.

왕자를 잉태한 왕비는 태교를 위해 옥판에 새긴 성현들의 글을 소리 내어 읽었다. 옥의 은은한 색깔, 글 외우는 소리, 옥의 깔끔한 느낌 등은 모두 태교에 좋은 것들로, 왕비는 색깔이 고운 장신구들을 착용했고, 궁중 악사들이 연주하는 태교 음악을 들으며 태아에게 좋은 음식을 가려 먹었다.

왕비는 또한 출산을 석 달 정도 앞두고 산실청에 들어가 출산을 준비했는데 이 기간 동안에는 전국에서 사형을 집행하지 않았다. 새로운 생명의 탄생을 기다리는 동안에 다른 생명을 죽이는 일이 있어서는 안 된다고 생각한 것이다. 왕세자의 교육은 왕비만의 몫이 아니라 나라 전체가 담당했는데, 그것은 위로는 선왕들의 왕업을 계승하고, 아래로는 신하와 백성의 안위를 책임질 뿐만 아니라 국가의 흥망이 모두 왕세자에게 달려 있다고 보았기 때문이다.

## 봉보부인

막상 왕자가 태어난 후에는 왕비의 역할이 별로 없었다. 왕비의 역할은 왕자를 낳는 것까지이고, 태어난 왕자가 보양청으로 들어가면 그곳에서 유모가 젖을 먹여 길렀다. 유모는 사대부 집안의 아녀자나 첩 중에 젖먹이 아이가 있는 여인 중에서 선발하려고 했지만 어느 사대부집 여인이 자신의 젖먹이 아기를 두고 남의 아이를 기른다고 선뜻 나서겠는가? 그러다 보니 대개는 천민 중에서 유모를 선발할 수밖에 없었다. 하지만 어린 왕자에게 가장 영향을 많이 끼치는 유모의 선발은 매우 신중했다. 유모의 조건을 보면 너그럽고 인자해야 하며, 따뜻하고 공손하며, 예의를 차리고 말을 적게 하는 여인을 골라야 한다고 했으니 이야말로 덕이 있는 군자의 모습인데 이런 여인을 구하기가 쉬운 일이 아니었다. 그렇지만 나름대로 최고의 부모지능을 가진 여인을 선발하였음은 틀림없다. 천민 출신 중에서 선발된 유모는 바로 천민을 면하여 양민이 되었고, 왕자의 유모로서 손색이 없도록 대우해 주었다.

훗날 유모가 돌본 왕세자가 국왕이 되는 경우에는 유모의 직급이 종1품으로 올라갔은데, 그 직급의 이름을 '봉보부인(奉保夫人)'이라고 칭하였다. 봉보부인이란 정경부인과 같은 대단히 높은 위계였다.

조선 왕실 교육에서 가장 중요하게 생각한 것은 환경이었다. 그 중에서도 인적인 환경을 대단히 중요하게 생각했다. 유모, 내관, 스승 그리고 함께 공부할 배동(陪童)까지 신경을 썼으며, 지식에 치우치지 않고 덕성을 중시하였다.

왕자에게 영향을 주는 또 다른 사람 중의 하나가 내관으로, 그들은 고위직은 아니지만 왕자의 음식습관이나 생활태도, 언어습관 등에 직접적인 영향을 주기 때문에 내관의 선발에도 각별히 신경을 썼다. 또한 스승은 학문보다도 덕망을 겸비한 관리 중에서 선발했는데, 스승은 왕자에게 학문을 가르치는 것도 중요하지만, 그보다는 덕성, 몸가짐, 말씨, 마음씨를 가르치는 것에 더 신경을 썼다. 그리고 함께 공부할 동료인 배동을 선발하는 데 있어서도 신중에 신중을 더하였다.

왕가에서 중요시 했던 것들은 그것이 당시 사회 여건에서 최고의 부모지능을 겸비한 사람들을 택하여 위탁하였던 교육법이라고 할 수 있는 것들이다.

## 조선시대의 부모교육

### 가문의 영광

"호랑이는 죽어서 가죽을 남기고, 사람은 죽어서 이름을 남긴다." 조선의 사대부 집안에서 추구하는 삶의 본질은 살아서는 물론 죽은 후까지 세상에 명예를 떨치는 것이었다. 당연히 교육의 목표는 가문의 영광을 위한 인간교육이었다. 그 내용은 첫째 몸가짐에 관한 것, 둘째 대인관계, 셋째 인생관으로 나눌 수 있다. 물론 이러한 교육은 아들을 위한 것이었다. 여자는 가문을 이을 사람이 아니었으니 딸에 대한 교육은 관심도 없었고 대부분은 글조차 가르치지 않았다. 소수의 특별한 집안에서 딸에게 교육을 시키기는 했지만 고작해야 출가했을 때 알아야 할 예절과 편지를 주고받을 정도의 글공부를 시키는 것이 고작이었다.

조선시대 사대부의 PQ는 자녀들에게 책 읽히는 것에 집중되었다. 병인양요 때 조선을 침략했던 프랑스 군인 앙리 쥐베르가 쓴 '조선 원정기(1873)'에는 "이곳에서 감탄스럽기도 하고 자존심을 상하게 하는 것은 아무리 가난한 집일지라도 어디든지 책이 있다는 사실이다."라고 쓰여 있다. 하멜표류기로 잘 알려진 하멜(1668)은 "한국 아이들은 밤이고 낮이고 책상머리에 앉아 책을 읽는다. 아이들이 책을 이해하는 것이 얼마나 뛰어난지 그 모습이 경탄스럽다."고 했는데, 그렇게 책을 읽고 익혀서 과거에 급제하는 것이 출세의 지름길이었던 시절의 얘기다.

사대부의 PQ에는 역시 태교가 중요하게 자리 잡고 있었다. 포은 정몽주의 어머니가 쓴 '태중훈문(胎中訓文)'을 보면 "선철(先哲)의 지나간 행적을 더듬고, 그에 관한 책을 독서하며, 나도 그와 같은 위인을 낳았으면 좋겠다는 마음으로 보통 인간이 행하기 힘든 행동을 해야 한다."라고 되어 있다.

조선 영조 때 발간된 태교에 관한 기록을 보면 사대부 집안에서는 아버지의 태교 역시 중요하게 생각했음을 알 수 있다. 그 기록에는 "잉태 시 부친의 청결한 마음가짐은 모친의 10개월에 못지않게 중요하다. 날마다 공경으로 서로 대하고 예의를 잃거나 흐트러짐이 없어야 하며, 몸에 병이 있거나 근심해야 할 일이 있으면 그 기간은 금하고 음양이 고르지 않고 하늘 기운이 예사롭지 않거나 헛된 욕망이나 요사하고 간악한 기운이 몸에 붙지 않게 하는 것이 자식을 갖는 부친의 도리다."라고 되어 있다.

## 퇴계 이황과 율곡 이이

퇴계 이황이 증손자를 보았을 때의 일이다. 맏손자 안도(安道)가 성균관 유학생활 중에 아들 창양을 얻었다. 퇴계가 증손자를 본 것인데, 장손이 첫 아들을 낳았으니 얼마나 기뻤겠는가? 그러나 좋은 일이 있으면 나쁜 일이 뒤따르는 법. 증손자 창양이 태어난 지 6개월 만에 아기 엄마가 또 임신을 하게 되었다. 임신한 것이 문제가 아니라 임신함으로써 젖이 끊어졌으니 문제가 되었다. 요즘 같으면 우유가 있으니 걱정할 일도 아니지만 당시에는 밥물로 젖을 대신해야 하는데 그것으로 충분할 리가 없었다. 창양이 영양실조로 병을 앓기 시작하자 별 수 없이 유모를 구하는 중에 마침 아기 엄마의 친정에 아기를 낳은 여종이 있었다. 퇴계의 며느리는 친정에 있는 여종을 불러 퇴계의 증손인 창양의 유모 노릇을 하도록 했는데, 그 일을 퇴계에게는 비밀로 했지만 퇴계가 오래지 않아 알게 되었다. 퇴계는 내 자식을 키우기 위해 남의 자식을 죽일 수는 없다고 하여 여종을 돌려보냈고, 별 수 없이 증손자 창양은 계속 밥물로 배고픔을 달래면서 겨울을 넘겼지만 결국은 죽고 말았다. 그 때 퇴계의 마음이 얼마나 아팠겠는가? 퇴계는 가족들에게 전혀 내색을 하지 않고, 때때로 친구들에게만 아픈 마음을 털어놓았다고 한다.

사람 취급도 하지 않던 여종의 딸을 생각하는 퇴계의 마음이 느껴지는가. 퇴계는 신분이나 나이를 초월하여 인간을 모두 동등한 인격체로 여겼으며, 그것을 몸소 실천해서 보여주었다. 역사 속의 인물이 된 퇴계를 지금까지도 존경하고 그의 사상을 연구하는 사람이 많은 이유가 바로 여기에 있지 않을까?

율곡 이이의 어머니 신사임당의 이름은 신인선으로, 신사임당은 조선 최고의 PQ를 지닌 분이다. 신사임당의 아버지 신명화는 아들이 없이 딸만 넷을 두었는데, 그는 둘째 딸인 인선을 각별하게 아끼고 학문을 가르쳤다. 인선은 그가 얼마나 애지중지하던 딸이었는지 사위를 19년이나 잡아두고 처가살이를 시켰고, 그 때 태어난 손자가 율곡이다. 신명화는 딸이 중국 주나라 문왕의 어머니 태임을 닮기를 바랐다. 그래서 아호를 사임(師任)이라고 지어주었으며, 신사임당은 아들 율곡이 닮아야 할 인물로 주나라 주공을 꼽았다. 주공은 주나라 무왕의 동생으로 무왕을 도와 태평성대를 이루었고, 조카 성왕이 어려 주렴청정으로 섭정을 하면서도 왕위를 찬탈할 꿈조차 꾸지 않았다.

퇴계와 율곡은 조선시대의 대표적인 선비로 후세에 이름을 남긴 분들이다. 퇴계는 모친의 당부에 따라 중앙 관직을 사양하고 지방 관리로 지내가다 마지막 벼슬을 풍기현감으로 마감했지만, 죽은 후에 영의정으로 추증되었다. 퇴계를 평생 스승으로 모셨던 율곡은 퇴계가 세상을 떠나자 3년간 상복을 입고 예의를 갖추었다고 한다. 퇴계와 율곡을 낳아 기른 박씨와 신사임당의 PQ가 어떠했는지 짐작할 수 있는 일이다.

### 격대교육

대가족 제도에서 첫 번째 태어난 아기는 온 가족의 축복과 관심을 한 몸에 받게 된다. 3대 혹은 4대가 한 울타리 안에 사는 대가족 제도에서 태어난 아이는 엄마 혼자 기르는 것이 아니다. 할머니 할아버지가 지극한 사랑으로 돌보아 주고, 삼촌과 고모까지 힘을 합쳐 아기를 키운다. 덕분에 맏이는 모자람이 없이 넉넉한 성격을 갖게 되고, 남들을 배려할 줄 아는 사회성 높은 성격이 되는 것이다. 아기를 기르면서 온 가족의 배려 속에서 배운 양육 기술 덕분에 엄마의 PQ는 날로 발전하여 둘째가 태어날 때는 이미 노련한 엄마로 변하기 마련이다. 그러나 불행하게도 핵가족 제도 속의 요즘 엄마들은 맏이를 기를 때 아직 덜 개발된 PQ를 보충할 방법이 별로 없다.

　예로부터 우리나라의 가정교육은 격대교육(隔代敎育)을 근간으로 이루어져 왔다. 격대교육이란 한 세대를 건너 뛰어 교육시킨다는 말이니, 할아버지나 할머니가 부모를 대신하여 손자 손녀의 교육을 담당하는 것을 말한다. 우리나라의 옛날 가옥구조를 보면 안채는 여성들의 근거지이고 사랑채는 남자들의 근거지다. 남녀칠세부동석이라고 남자아이는 7살이 되면 엄마와 함께 지내던 안채에서 떨어져 나와 사랑채로 이사를 하게 된다. 그리고 할

아버지와 함께 기거를 하며 할아버지로부터 생활에 필요한 지식을 비롯하여 모든 교육을 전수받았다. 아버지는 한창 바쁠 때라 시간도 없을 뿐더러 혈기왕성한지라 참고 기다리며 보살피는 교육보다는 감정을 앞세운 직설적인 교육을 하기 쉽다. 격대교육의 결과 아이들은 할아버지 혹은 할머니로부터 집안의 전통을 자연스럽게 이어받을 수가 있었고, 한창 바쁜 부모의 손을 덜어줄 수 있었다. 요즘도 여전히 격대교육의 필요성을 느끼고 있으니 할 수만 있다면 격대교육을 권장하고 싶지만 핵가족 상황에서는 현실적으로 매우 어려운 일이다. 그렇다고 그냥 손 놓고 보고만 있을 수는 없지 않겠는가?

손자를 귀여워하면 할아버지 수염이 남아나질 않는다는 말이 있긴 하지만 할아버지의 교육은 엄격했다. 16세기에 기록된 이문건의 양아록(養兒錄)은 손자를 기르면서 쓴 육아일기로, 이 기록을 살펴보면 이문건은 손자에게 피울음을 삼키며 매질까지 했다. 손자를 때린 날 밤 그가 쓴 일기를 살펴보면 다음과 같다.

"아이가 공부를 하지 않아 앞에 앉혀놓고 나무라는데 딴청을 피웠다. 잠시 후 일어나 다른 아이들과 어울려 동문 밖으로 나가길래 즉시 종을 보내어 불러오게 했는데 돌아온 후 사립문 밖에서 머뭇거리고 들어오지 않았다. 화난 목소리로 불렀으나 여전히 그곳에 서 있었다. 야단맞을 것이 두려웠던 것이다. 내려가서 불손함을 꾸짖으며 친히 데리고 들어왔다. 들어오면서 뒤통수를 손바닥으로 다섯 번 때렸다. 데리고 들어와 창 쪽으로 서 있게 하고 엉덩이를 손바닥으로 때렸다. 때리는 걸 멈추자 손자가 한참을 엎드려서 우는데, 늙은이의 마음도 울고 싶을 뿐이라."

예나 이제나 자식 교육은 어려운 일인가보다.

## 유태인의 부모교육

**치맛바람**

석기시대에도 치맛바람이 있었을까?

성경에도 치맛바람을 날리던 유태인 엄마가 있었던 것을 보면 자식을 위한 부모의 마음은 석기시대에도 마찬가지였을 것 같다.

예수님이 십자가에 못 박히러 올라갈 때 '세배대의 아들'의 어머니가 치맛바람을 날리며 자신의 두 아들을 데리고 예수님을 찾아가서 "이 나의 두 아들을 주의 나라에서 하나는 주의 우편에, 하나는 주의 좌편에 앉게 명하소서(마태복음 20장)."라고 하며, 예수님께 자신의 두 아들 요한과 야고보를 부탁했다고 한다.

성인의 반열에 올려놓을 수도 있는 인물들인 예수님의 12 제자에 속하는 요한과 야고보도 엄마가 보기에는 철없는 어린아이였다. 그러한 유태인 엄마들은 2천 년 동안 나라도 없이 지구 이쪽저쪽에서 떠돌았지만, 유태인을 다시 한 나라에 모이도록 만드는 부모지능을 갖고 있었다. 그리고 현재 그 민족을 세계 최강으로 만들어가고 있다. 대한민국 엄마의 PQ와 유태인 엄마의 PQ 중 어느 쪽이 더 높을까? 대한민국 엄마의 PQ 역시 만만치 않다. 전쟁의 폐허 속에서 세계 최빈국이 되어버린 대한민국을 단숨에 세계 10위까지 올려놓은 저력을 발휘한 것이 대한민국 엄마들의 PQ다. 그야말로 서로 난형난제의 형국이다. 대한민국 엄마들이 유태인 엄마의 PQ를 타산지석으로 받아들이게 된다면 단연 세계 최강이 되지 않겠는가?

유태인들의 사회는 엄격한 부권사회이고 장자 우선 사회다. 구약 성경의 인구 통계를 보면 아예 여자와 아이들은 언급조차 없다. 그럼에도 불구하고 유태인의 혈통을 따질 때는 모계가 중심이 된다. 엄마가 유태인이면 아빠가 누구든 상관없이 유태인이 된다. 그러나 아빠가 유태인이고 엄마가 유태인이 아닌 경우에는 자동적으로 유태인이 될 수 없으며, 또 다른 조건을 만족시켜야지만 유태인으로 인정을 받을 수 있다. 그것은 아기가 누구의 뱃속에서 태어났는지 확실히 알 수 있으니 엄마가 유태인이면 말할 것도 없이 유태인이겠지만, 정자를 제공한 남자가 누구인지는 불분명하기 때문일 것이다. 그러나 그보다 더 큰 이유는 양육을 책임지고 있는 사람이 엄마이기 때문이다. 유태인들이 유독 IQ가 높은 것이 아니라, 유태인 엄마들의 PQ가 아이들의 IQ가 높아지도록 키우는 것이다.

## 유태인의 PQ

세계 인구의 0.2%를 차지하는 유태인이 노벨상 수상자의 22%를 차지하고 있으며, 미국 인구의 2%에 불과한 유태인이 아이비리그 대학생의 23%를 차지하고 있다. 그 뿐만 아니라 미국의 억만장자는 40%가 유태인이다. 그렇다면 이들을 길러낸 유태인 엄마의 PQ는 얼마나 될까?

필자는 오래 전에 뉴욕에 살고 있던 러시아계 유태인, 소린 라자로비치 씨 집을 방문했던 적이 있다. 그는 할아버지 때에 러시아에서 미국으로 건너온 유태인으로, 미국에 살고 있는 600여만 명의 유태인 중 한 사람이었고, 뉴욕에 살고 있는 200만 명의 유태인 중 한 사람이었다. 그의 아파트를 들어서면서 올망졸망한 아이들이 있는 것을 보고 이웃집 아이들이 놀러온 줄 알았지만, 6

명의 아이들이 모두 라자로비치 씨의 아이들이라고 했다. 큰 아이가 12살이었고 막내가 2살이 되었다고 했는데, 당시 우리나라에서는 둘만 낳아 잘 기르자는 가족계획 캠페인을 벌였던 때인지라 선진국 사람들은 당연히 아이를 둘만 낳는 줄 알았다. 그러나 유태인들의 사전에는 가족계획 혹은 산아제한이라는 말이 없었다. 물론 지금도 유태인 엄마들은 힘자라는 데까지 아이를 낳는다고 하는데, 그것은 자식이야말로 신이 내려준 최대의 선물이기 때문이라고 한다. 낳는 것은 그렇다고 치고 유태인 엄마들은 그 많은 아이들을 어떻게 그렇게 잘 키우는 것일까?

　유태인 엄마의 첫 번째 덕목은 관심이다. 엄마가 하는 일은 가르치고 닦달하는 것이 아니라 관심을 갖고 지켜보는 것이다. "선생님 말씀 잘 들어!" 이것은 대한민국 엄마가 초등학교 일학년이 된 아이에게 하는 말이다. 착한 아이가 되라는 말이다. 유태인 엄마는 "모르는 게 있으면 선생님께 물어봐!"라고 한다. 호기심을 키우라는 말이다. 착한 아이들이 자라서 받는 상이 노벨상이 아니라 호기심 많은 아이들이 자라서 받는 상이 노벨상이다. 유태인 엄마들의 보살핌은 함께 먹기, 함께 놀기, 함께 얘기하기, 책 읽어주기 등으로 나타난다. 특히 잠자기 전에 책을 읽어주는 엄마의 목소리는 잠든 후에도 아이들의 뇌리에 머물러 엄마와 아이의 관계가 수면 속에서도 지속된다고 한다. 더욱 놀라운 일은 낮잠을 자야 하는 유아들에게는 낮잠 자기 전에도 책을 읽어준다는 것으로, 유태인 엄마들은 아이들과 함께 TV를 보는 일이 없다. TV를 보는 일은 얼핏 함께 하는 일 같지만 사실은 각자 보는 것이기 때문이다. 모든 아이들이 TV를 보지 않으므로 TV 내용을 모른다고 학교에서 따돌림 당할 일이 없다.

유태인 엄마의 두 번째 덕목은 기다림이다. 씨를 뿌리는 일은 농부가 하는 일이지만 싹이 터서 자라고 열매 맺는 데까지는 시간이 필요하다. 자식 농사도 마찬가지다. 이제 막 씨를 뿌렸는데 열매를 재촉하면 어떻게 되겠는가? 아이들과 대화를 한다고 하지만 얼마나 의사소통이 되겠는가? 여느 아이들과 마찬가지로 유태인 아이들도 시끄럽고 말이 많을 뿐만 아니라 버릇없기는 마찬가지다. 말대답 잘하는 아이들을 윽박지르거나 야단치는 대신 동등한 인격체로 대하면서 그들의 불손함에 대하여 기다릴 줄 안다. 또한 완벽하지 않은 아이들이기에 사고치는 일이 비일비재하지만 한 번도 야단을 치거나 큰 소리를 지르는 일이 없다. 아이들은 툭하면 싸우고, 시키는 일은 거꾸로 하는 청개구리라는 것을 알고 있으면서 야단을 치는 것은 어리석은 행동임을 그들은 알고 있다. 가능하면 하고 싶은 대로 하도록 내버려두되, 해서는 안 될 일을 하려고 할 때는 끝까지 설득하는 인내심을 발휘하는 것이다.

## 핀란드인의 부모교육

'아이는 아이답게…….' 이것이 핀란드 교육의 콘셉트다. 아이가 제일 좋아하는 것은 노는 것으로, 핀란드에서는 수업시간 사이사이에 아이들을 밖으로 내보내 놀이터에서 뛰어 놀게 한다. 뿐만 아니라 학교는 아이들에게 노는 시간을 충분히 주기 위해 일찍 마치지만, 일찍 집에 돌아온 아이들과 놀아주기 위해 항상 부모가 기다리고 있는 것은 아니다.

핀란드의 부모들 또한 자녀들과의 시간에 있어 난감하기는 마찬가지로, 자녀 양육에 있어 교사들에게 많이 의지한다. 그들은 교사를 매우 존경받는 직업으로 만들고, 대우도 남부럽지 않게 해주고 있다. 핀란드에서 교사가 되려면 일단 석사 학위 이상의 학력을 소지해야 교사 후보가 될 수 있으며, 교사 후보가 되면 5년 동안 교사 양성 프로그램을 이수하며 존경받는 스승으로서의 자질을 연마해야 한다. 그들이 가르치는 것은 지식이 아니라 공부하는 법이다. 이러한 교육 시스템 덕분에 핀란드는 국제학업성취도평가(PISA, Programme for International Student Assessment)에서 우리나라와 함께 1, 2위를 다투고 있다.

핀란드에서는 중학교까지 석차가 매겨지지 않는다. 그러나 고등학생이 되면 대학을 들어가기 위한 치열한 경쟁이 시작된다. 고등학교는 대부분 무학년제다. 뛰어난 학생들은 일찌감치 고급과정을 마치고 원하는 대학에 들어갈 수 있지만, 그렇지 못하면 서너 번씩 입시를 치러야 한다. 개인 과외가 성행할 여지가 있는 등 핀란드의 교육에서도 문제점이 발견되는데, 평등한 교육 덕분에 영재를 키우는 일이 어려워지고, 우등생을 더 우수하게 만드는 기회가 잘 주어지지 않는다. 세계가 부러워하는 교육시스템을 갖고 있는 나라이긴 하지만 세계적인 인물이 나오지 않는다고 걱정하는 그들을 보면서 우리 교육의 현주소를 다시 한 번 되돌아본다.

## 한국 부모들의 PQ 현주소

부산 태종대는 신라 태종 무열왕이 해안의 절경에 심취하여 활을 쏘며 즐기던 곳이라 태종대라는 이름을 붙였다고 한다. 그런데 그곳에 자살바위가 있었다. 지금은 신선바위라고 부르는 곳으로, 먹고 살기 힘들었던 시절에는 그곳에서 자살하는 사람이 한 해에 적어도 30명쯤 되었다고 한다. 그러던 1979년, 그곳에 아이 둘을 안고 앉아 있는 모자상이 세워졌는데, 신기하게도 그 이후에는 그곳에서 자살하는 사람이 사라졌다고 하니 우리들의 어머니가 어떤 역할을 해왔는지 짐작할 수 있지 않은가?

예전 우리나라 농촌에서는 소에 대한 사랑이 각별한 정도가 아니라 아예 식구나 다름없었다. 내가 어릴 때만 해도 집집마다 쇠죽을 끓이는 커다란 가마솥이 걸려 있었고, 겨울이면 따뜻한 쇠죽을 쑤어 소에게 먹였다. 봄이 되면 집집마다 그런 소를 팔아 서울 가서 공부하는 자녀의 등록금으로 보냈는데, 그 때문에 상아탑이라고 불리던 대학을 비아냥거리며 우골탑(牛骨塔)이라고 불렀다. 그 우골탑이 높은 한국인의 PQ를 말해주며, 인사청문회의 단골손님으로 등장하는 위장전입 또한 PQ가 주범이다. 위장전입의 이유 중 하나는 부동산 투기 목적이었고, 또 하나는 좋은 학군에 있는 학교에 입학시키기 위한 것이었다. 현대판 맹모삼천지교(孟母

三遷之敎)로, 대한민국에 맹모가 어디 한두 사람뿐이겠는가?

　기러기 아빠들 또한 한국인의 PQ를 말할 때 빼놓을 수 없는 얘기다. 엄마는 유학간 아이들의 뒷바라지를 위해 외국으로 나가고, 아빠는 한국에 남아서 열심히 학비를 벌어 송금해야 했다. 아이들 교육을 위해서는 이산가족도 마다하지 않는 대한민국 부모들의 PQ가 눈물겹지 않은가?

　그렇게 해서 전쟁의 잿더미에 싸여있던 이 나라를 세계의 선진국들과 어깨를 나란히 할 수 있게 만들었으니 대한민국 부모들에게 박수를 보낼 수밖에 없지만, 그 정도에서 그쳐야 한다. 이제는 PQ의 점수만 따질 것이 아니라 그 내용을 돌이켜 볼 때가 되었다.

## 탁월한 PQ 유전자는 없다

부모지능은 일일이 간섭하고 지시하지 않아도 자식에게 전달이 된다. 일부는 DNA로 전달이 되고 또 일부는 가문과 집안 내력 그리고 보이지 않는 손에 의해 전해진다. 부모지능은 전해 받는 것이지 전해 주는 것이 아니다.

### 바흐

음악의 아버지라고 불리는 요한 세바스찬 바흐의 고조할아버지인 파이트 씨는 빵 제조업자였다. 그가 아들을 음악가로 키운 덕분에 5대를 지나면서 200년에 걸쳐 50여 명의 음악가가 배출되었다. 빵을 만들던 할아버지로부터 어떻게 음악가의 유전자가 만들어진 것일까? 그것은 유전에 의한 것이 아니라, 음악에 대한 열망이 높은 부모지능을 갖게 했고, 그로 인해 바흐와 같은 음악 천재가 탄생한 것이다.

## 타이거우즈

골프 황제라고 일컫는 타이거 우즈(Tiger Woods)의 아버지 얼 우즈(Earl Woods)는 흑인과 인디언의 혼혈이었다. 그는 베트남전쟁에 그린베레로 참전했을 때 용감했던 전우의 이름을 따서 아들 이름을 '타이거'라고 지었다. 얼 우즈가 태국에 있을 때 만난 타이거 우즈의 어머니 쿨티다(Kultida Punsawad)는 중국, 태국, 코카서스인의 혼혈이다. 그러니까 타이거 우즈는 코카서스인(Causcasian), 흑인(Black), 인디언(Indian) 그리고 아시안(Asian)의 혼혈이 되는 셈이다. 타이거 우즈는 그 머리글자를 따서 자신을 '캐블리네이시언(Cablinasian)'이라고 불렀다. 그는 자신의 복잡한 혈통을 부끄러워하기는커녕 그런 과거가 없었다면 자신이 존재하지 않았을 것이라고 자랑스러워했다.

## 오바마

"아버지가 없는 가운데서도 나를 지탱해 주었고, 순탄치 않았던 청년기에 희망을 주었으며, 언제나 옳은 길로 인도해 주었다."
버락 오바마 대통령이 자서전에서 직접 언급한 자신의 어머니에 대한 얘기다. 캔사스 출신의 백인 어머니는 아프리카의 케냐 출신인 흑인 아버지와 캠퍼스 커플로 결혼했다. 그녀는 오바마가 2살 때 이혼하여 혼자 오바마를 키우다가 인도네시아인과 재혼해서 딸을 낳았다. 그리고 또다시 이혼하자, 사람들은 그녀를 '자유로운 영혼의 방랑자'라고 불렀다. 그녀는 항상 유연하고 개방적인 세계관을 가지고 있었다.

　자식에 대한 교육열도 대단했지만 평생 자신의 일을 하면서 자녀들에게는 자율적인 삶을 살아가도록 주문했다. 오바마의 어머니는 아이들을 간섭하거나 통제하기보다는 지켜보고 기다리는 부모지능을 갖고 있었다. 그 결과 오바마 역시 특별한 일이 아니면 부모 도움을 청하지 않았으며 용돈은 넉넉한 적이 없었다.

　오바마는 그러한 어머니 덕분에 이혼, 재혼, 인종차별의 갈등 속에서 살았지만 혼혈과 검은 피부라는 차별을 부끄러워하지 않았다. 그는 일찍이 아버지의 고향 케냐를 다녀와서 자신의 뿌리를 알았으며, 아버지 나라의 사람들처럼 가난한 사람들을 위해 살기로 결심했다고 한다. 자신의 혈통을 부끄러워하지 않고 노력했기에 흑인으로서 인권변호사가 되었으며, 상원 의원을 지냈고, 대통령이 될 수 있었다.

## 마태복음

마태복음의 첫머리에는 예수님의 족보가 소개되어 있다. 예수님의 족보 역시 자랑스러운 조상만 나오는 것이 아니다. 야곱의 아들 유다는 아들이 죽자 며느리, 다말과의 사이에서 베레스를 낳았으며, 살몬은 기생 라합에게서 보아스를 낳는다. 우리가 잘 알고 있는 다윗은 자신을 위해 충성하던 부하 우리아의 아내 벳세바를 빼앗아 자기 부인을 삼는다. 그 사이에서 낳은 아들이 다윗의 뒤를 이어 지혜의 왕이 되었던 솔로몬이 아닌가? 이렇게 부끄러운 족보를 감추지 않고 만천하에 드러내는 까닭은 무엇일까? 믿음 때문이다. 그들은 믿음으로 결국 자손에게서 메시아를 볼 수 있는 영광을 누리게 되었고, 부끄러운 삶을 살았지만 부끄럽지 않은 조상이 될 수 있었던 것이다.

## 사르코지, 메르켈

프랑스의 대통령, 니콜라 사르코지의 혈통을 살펴보면 그는 순수한 프랑스인이 아니다. 아버지는 헝가리인이었고, 어머니는 그리스계 유대인이었다. 그런 부모가 프랑스로 이민을 가서 낳은 아들이 니콜라 사르코지다. 그의 부인 또한 프랑스인이 아니라 이탈리아인이었다. 우리나라에서 아버지가 대만 사람이고 어머니는 필리핀 사람인 남자가 일본 여자와 결혼을 해서 한국의 대통령이 될 수 있을까? 그가 만약 우리나라에 태어났다면 지방의회 의원으로도 뽑히기 힘들었을 것이다.

　독일의 앙겔라 메르켈은 동독출신이다. 우리나라에서도 북한출신 여성이 대통령이 되는 꿈을 꾸어볼 수 있을까?

　과거는 결코 영광스러운 장면만 있는 것이 아니다. 더럽고, 치욕적인 장면도 수없이 많다. 영광스러운 과거가 현재의 대들보라면 치욕적인 과거 역시 현재를 받쳐주는 주춧돌이다. 어떤 주춧돌이냐를 떠나서 하나를 빼어버리면 현재라는 건물이 제대로 서 있지 못한다. 과거는 무조건 감사해야 하는 것이고, 미래는 누구나 꿈꾸어야 하는 것이다. 자녀들에게 그것을 일깨워주고 끝없이 변화, 발전하게 하는 것이 인간의 부모지능이다.

## 남성의 PQ는 사실적이다

○○ 엄마는 고등학교 다니는 아들을 불러 앉혔다. 그녀는 옆구리를 찔러서라도 생일선물을 받는 것이 가정교육이라는 생각을 하며 아들에게 물었다.

"○○아! 넌 언제쯤 엄마 생일선물을 챙길 거냐?"

"아빠가 좋은 선물하시잖아요?"

"아빠는 아빠고 넌 너지."

"뭐 필요한 거 있어요?"

"아들! 올해는 그냥 넘어 가지 말고 화분이라도 하나 선물해 주면 좋겠다."

교육의 효과는 바로 나타났다.

"엄마! 생일선물……"

"어? 그런데 이게 뭐야?"

"엄마가 화분 받고 싶다고 했잖아."

"그랬지. 그런데 꽃은 어디가고?"

"웬 꽃? 엄마가 화분이라고 했지. 꽃 얘기는 안 했잖아."
"그래서 화분만 사왔단 말이야?"
"한 개는 좀 빈약한 것 같아서 두 개 사왔어."
"……."

○○ 엄마는 아들이 빈 화분을 선물하리라고는 상상조차 못했을 것이다. ○○ 엄마는 입으로는 화분이라고 말했지만 머리로는 화초나 꽃나무를 심어 놓은 화분을 생각했기 때문이다. 그러나 아들에게는 화분이라는 말에서 꽃을 떠올릴 만한 능력이 없다. 꽃을 원하면 '무슨 꽃 화분'이라고 정확히 말해야 알아듣는 것이 남자들의 문법이다. ○○이가 딸이었다면 화분이라는 말을 듣는 순간 당연히 꽃을 피운 화분을 상상했을 것이다.

옛날 옛적에 남자와 여자는 서로 다른 직업을 갖고 있었다. 남자는 동굴 밖에 나가 사냥을 해야 했고, 여자는 동굴 안에서 양육을 담당했다. 남자는 토끼라도 한 마리 들고 들어가야 가족이 굶지 않았으므로 남자의 말은 늘 '결론이 뭔데?'일 수밖에 없었고, 여자가 담당한 자녀 양육은 결코 하루아침에 이루어 그 결과를 볼 수 있는 일이 아니므로, 결국 여자의 말은 늘 '결론을 미루어둔 수다'에 그칠 수밖에 없었다. 그 시절에 생존은 힘들었지만 남녀 관계는 결코 어려운 일이 아니었다. 남자는 사냥을 열심히 하면 되었고, 여자는 아이를 열심히 기르면 되었으니까.

현대로 접어들면서 그런 남자와 여자의 직업이 뒤섞이기 시작했고, 금과옥조로 여기던 남녀관계의 규칙은 헌신짝처럼 버려졌다. 여자가 동굴 밖으로 나와 남자와 함께 뛰어 다니며 사냥을 하게 된 것이다. 수만 년 동안 동굴 안에만 있었던 여자는 지리에 어두웠고, 지도는 더욱 볼 줄 몰랐다. 그런 여자를 보고 남자들은 남자가 여자보다 훨씬 머리가 좋은 동물이라고 믿었다.

여자가 사냥을 나가고 남자 혼자 집을 지키는 일이 많아졌다. 혼자 집에 있는 남자는 요리를 할 줄 몰랐다. 지금도 라면조차 끓일 줄 모르는 남자가 의외로 많다. 여자는 그런 남자를 보며 여자가 남자보다 훨씬 진화된 동물이라고 믿었다.

남녀관계의 오래된 규칙이 버려지고 남녀평등의 물결이 거세게 일기 시작하면서 대가족 제도가 사라졌다. 핵가족을 이룬 부부 사이에는 평등함(Equal)과 동일함(Identical)이 혼동되면서 심각한 가정불화, 가정파괴가 나타났고 이혼율이 급상승했는데, 우리는 어떻게 현명하게 대처해야 할까?

## 여성의 PQ는 감성적이다

여자 아이는 태어난 지 열흘이면 엄마의 목소리를 알아낸다. 그러나 남자 아이는 그렇지 못하다. 여자 아이는 엄마가 아픈 시늉을 하면 함께 아파하고, 엄마가 울면 같이 울음을 터뜨린다. 그러나 남자 아이는 엄마와 함께 아파해봐야 엄마의 아픔이 줄어들지 않는다는 사실을 알고 외면한다. 그렇게 자라서 엄마가 된 여자는 갓난아이의 몸짓만 보고도 배고픈지, 피곤한지, 어디가 아픈지 금방 알아차리지만, 아빠들의 90%는 갓난아이의 몸짓이 무엇을 뜻하는지 알지 못한다.

이처럼 여자의 PQ와 남자의 PQ는 그 뿌리가 사뭇 다르다. 양육의 DNA를 가진 여자와 사냥의 DNA를 가진 남자가 어떻게 똑같은 부모지능을 가질 수 있겠는가? 엄마의 PQ와 아빠의 PQ가 다르기 때문에 부모가 협력하여 양육을 하게 되면 부모의 PQ는 부의 PQ와 모의 PQ를 합친 것보다 커진다. 둘의 관계가 유기적 관계를 가지고 상승효과를 가져오는 것이다. 따라서 가장 이상적인 양육은 부모가 협력하여 이루는 것이다. 그러나 그동안 대한민국의 교육은 엄마들이 전담해왔고, 아빠들은 다른 집단으로부터 발생되는 위험에서 자녀를 방어하고 보호하는 일을 한다고 생각했다. 자녀들은 아빠와 가깝게 있으면서 아빠의 보호에 따라 안전함을 느끼게 되지만, 대부분의 아빠들이 돈을 벌기 위해 일에 몰두하느라 그동안의 가정교육은 절름발이일 수밖에 없었다.

엄마의 PQ는 가슴속에 있고, 아빠의 PQ는 머릿속에 있다. 엄마는 가슴으로 아이를 키우고, 아빠는 머리로 아이를 키워야 한다.

내 어머니의 가슴은 늘 따뜻했다. 나는 초등학교 1학년 때 들었던 어머니의 말을 아직도 기억하고 있다.

"이 팔찌 예쁘지?"

"응, 엄마."

"이거 엄마가 차고 다니다가 네가 대학에 들어가면 팔아서 입학금 할 거야."

"그걸 팔아서 내 대학교 입학금을 할 거라고?"

"그래. 너는 나중에 꼭 대학을 가게 될 테니까."

어머니가 황금 팔찌보다 나를 좋아한다는 사실만으로도 내 마음속은 충격과 기쁨이 뒤범벅이 되었다. 나는 그런 어머니를 기쁘게 해 드리기 위해 꼭 대학에 가야겠다고 다짐을 했다.

황금팔찌는 우리 형제들에게 알라딘의 램프보다 더 요술 같은 요술을 부렸다. 소백산 골짜기의 몰락한 양반 가문에 시집 온 어머니는 어렵지 않게 우리를 서울대학교에 입학시켰다.

# PQ는 덕목을 기르는데서 비롯된다

### 이유 없이 사랑을 선물하라

사랑은 주고받는 것이라고 착각하지 말라. 주고받는 것은 사랑이 아니라 선물이다. '나는 당신을 사랑합니다.'라는 말은 '나는 당신이 있어 행복합니다.'와 같은 말이다. 부모의 사랑이란 이유 없이 주는 것이다. "나는 네가 있어 행복하단다." 그것이면 충분하다. 신이 너무도 바빠서 어머니를 만들었다고 한다. 어머니의 사랑은 곧 신의 사랑이고 무조건적 사랑이란 얘기다. 아이들은 신을 대신한 어머니의 사랑으로 완성된다.

갓 태어난 아이는 무슨 짓을 하더라도 예쁘다. 갓난아이에게 기대하는 것이 아무 것도 없기 때문이다. 그래서 미워할 일이 없다. 갓난아기에게 대소변을 가릴 것을 기대하는 부모는 없다. 그래서 기저귀를 갈아주면서도 귀엽고 예쁘다. 네 살 된 아이가 오줌을 싸면 야단을 치고 미워한다. 네 살 된 아이에게는 오줌 가릴 것을 기대하기 때문이다. 자라나면서 아이들에게 점점 많은 것을 기대하며 미움이 조금씩 덧씌워진다. 예전에는 미운 일곱 살이라고 하더니 요즘은 미운 네 살이라고 한다. 바라는 것 없이 아이와 사랑에 빠져보라.

'나는 내 아이에게 무엇을 기대하고 있는가?'

바라는 것이 아무 것도 없이 사랑을 줄 수 있을 때 비로소 부모지능은 만점을 기록할 수 있다.

아이들은 눈사람과 같다. 눈사람은 눈으로 만든 사람인데, 눈사람이 녹으면 눈 녹은 물은 눈사람의 10분의 1밖에 안 된다. 눈사람의 주원료는 눈에 보이지 않는 공기다. 아이들을 만드는 것은 피와 살만이 아니다. 교육으로 완성되는 것도 아니다. 아이들은 어머니의 사랑으로 완성된다. 사랑은 하얀 눈사람 속에 숨어 있는 공기와 같은 것이고, 반달의 보이지 않는 반쪽이다. 우리는 보이지 않는 사랑이 있기에 행복한 삶을 완성할 수 있는 것이다.

물도 사랑 받는 것을 좋아한다. 일본의 에모토 마사루는 8년 동안 물의 결정을 촬영하여 '물은 답을 알고 있다'라는 책을 출간했다. 그는 영하 20℃ 이하에서 3시간 정도 얼린 여러 종류의 물을 현미경으로 관찰하면서 촬영했는데, 물에게 사랑한다는 말을 들려준 다음에 그 물을 얼렸더니 물이 눈꽃처럼 아름다운 육각의 결정체 모양으로 얼었다. 그러나 물에게 미움과 저주의 말을 했더니 제대로 결정체가 생기지 않고 사나운 모양으로 얼어붙었다. 물에게 음악을 들려주었을 때도 마찬가지 현상이 나타났다. 하드락 음악을 들은 얼음 결정과 모차르트의 교향곡을 들은 얼음의 결정 모양이 달랐다. 음악에 담긴 인간의 감정이 물에게 전달되었다는 것이다. 더욱 놀라운 일은 미국이 이라크를 공격하던 날

도쿄의 수돗물에는 인체에 유해한 수은, 납, 알루미늄 등의 파동치가 이상하리만큼 높게 나타났다는 것이다.

누구나 쉽게 할 수 있는 실험이 있다. 사랑한다는 말을 해준 물에 키운 양파와 미워한다는 말을 해준 물에 키운 양파를 관찰해 보는 것이다. 한쪽 양파에게는 매일 아침 사랑한다는 말을 해주고, 다른 양파에게는 욕을 퍼부어 보라. 2~3주일이 지나고 나면 양파가 자라나는 모습이 현격히 달라지는 것을 발견하게 될 것이다. 컵에 있는 물도 양파 속에 있는 물도 모두 사랑과 미움의 말을 알아듣는다. 그뿐만이 아니다. 밥을 두 그릇 퍼놓고 때때로 한쪽에는 사랑한다는 말을 들려주고, 한쪽에는 짜증난다는 말을 해 보라. 한 달이 지나면 사랑한다는 말을 들은 밥은 하얗고 예쁜 모양으로 남아 있지만, 짜증의 말을 들은 밥에는 시커먼 곰팡이가 피는 것을 보게 될 것이다.

그렇다면 우리의 몸은 어떨까? 피의 83%가 물이고, 뇌의 80%, 근육의 75%가 물이라고 한다. 몸이 갈증을 느끼지 않도록 해주는 것도 중요하지만, 몸속의 물을 사랑하는 것이 더욱 중요하다. 나의 세포 속에 들어 있는 물은 애써서 입으로 말을 하지 않고 단지 생각만 하더라도 내 말을 잘 알아듣는다. 내가 나를 사랑하는 일이 얼마나 중요한지 느껴보기 바란다. 사랑의 말을 하고 사랑의 말을 듣는 아이들은 사랑스러운 사람이 될 것이고, 미운 말을 하고 미운 말을 듣는 아이들은 미운 사람이 될 것이다.

## 기다림을 가르치고 올바른 행동을 보여라

**자기조절능력**

1966년 미셸 박사가 네 살이 된 아이들을 모아놓고 달콤한 마시멜로를 가지고 실험을 했다.

"얘들아! 마시멜로 좋아하니?"

"네. 좋아해요. 주세요."

"그래 줄게. 지금 한 사람 앞에 한 개씩 나눠줄게. 그런데 선생님 말 잘 들어! 지금 먹어버리는 아이는 한 개 먹고 그만이야. 그런데 선생님이 돌아올 때까지 먹지 않고 기다리는 아이는 선생님이 마시멜로를 하나 더 줄 거야. 지금 먹을지 이따 먹을지는 잘 생각해봐."

아이들의 삼분의 일은 선생님이 나가자마자 마시멜로를 먹어버렸다. 삼분의 일은 참다 참다 결국 마시멜로를 먹어버렸다. 그리고 삼분의 일은 선생님이 올 때까지 마시멜로를 먹지 않고 기다렸다. 미셸 박사는 그 이후 아이들을 15년 동안 관찰해보았더니 참고 기다릴 줄 아는 아이들이 훨씬 현명하게 사회생활을 하고 건강한 삶을 살았다고 한다.

요즘 수업시간에 아예 처음부터 엎드려서 자는 아이들이 많다. 나중에 받게 될 마시멜로 두 개는 안중에 없고, 지금 손 안에 있는 마시멜로 하나만 눈에 들어오는 아이들이다. 소위 만족지연능력이 빵점인 아이들이 요즘 너무도 많다. 요즘 아이들은 왜 이렇게 기다릴 줄을 모를까? 남을 탓 할 일이 아니다. 아이들은 부모를 보고 따라하는 것이다.

부모지능의 덕목 중 가장 중요한 것이 바로 기다림이고, 만족지연능력이고, 자기조절능력이다.

## 부모의 등

로마의 철학자이며 정치가인 키케로(BC 106~BC 43)는 당대 최고의 웅변가였다. 그의 명연설을 들은 시민들은 그 자리를 떠날 줄 모르고 우레와 같은 박수를 보냈다.

그리스의 정치가 데모스테네스(BC 384~BC 322)는 키케로와 비교할 수 없는 최고의 웅변가였다. 한번은 그의 명연설을 들은 시민들이 박수칠 새도 없이 일어서서 마케도니아 왕 필립스를 치러가자고 외치며 바로 행진을 시작했다. 그는 웅변가이기 전에 존경받는 행동가였다.

최고의 부모지능은 키케로처럼 웅변으로 박수를 받는 일이 아니라, 데모스테네스처럼 행동으로 자녀를 움직일 수 있는 힘이 있어야 한다. 최고의 부모지능은 말이 아니라 행동이다. 자녀는 부모의 말을 듣고 자라는 것이 아니라 부모의 등을 보고 자란다.

"의사가 하는 말은 따라하되 의사가 하는 짓은 따라하지 말라!"고 한다. 의사들은 이구동성으로 담배가 건강에 나쁘다고 말한다. 그러나 담배 피우는 의사가 어디 한둘인가? 자녀들은 거꾸로다. 부모가 하는 말은 안 들어도 부모가 하는 짓은 따라한다.

"어린 아들이 불쌍해!"
아주 옛날 동네 아낙네들이 술주정뱅이 송 씨의 불쌍한 아들을 두고 하던 말이었다. 아들 송 씨는 툭하면 술 취한 아버지에게 두들겨 맞았다.

"어쩌면 저리도 못 된 것만 지 애비를 닮았을까?"
30년이 지난 요즘 아들 송 씨를 두고 동네 할머니들이 수근거리는 소리다. 어렸을 적에 술주정뱅이 아버지에게 사흘이 멀다하고 얻어맞았던 아들 송 씨는 어른이 되면 죽어도 술을 안 마실 거라고 다짐했다. 그러던 송 씨가 제 아버지를 빼닮은 주정뱅이가 되어 버린 것이다.

자녀는 부모의 등을 보고 자란다는 것을 반드시 기억하기 바란다.

### 도토리 속의 떡갈나무

미켈란젤로가 태어나기 전부터 거대한 대리석이 성당 작업실에 있었다. 누군가 손을 댄 흔적도 있었지만 그 때까지 본적이 없는 거대한 대리석이었다. 미켈란젤로는 그 대리석 속에서 거대한 모습의 다비드를 볼 수 있을 때까지 기다렸다. 마음의 눈으로 대리석 안에 숨어 있는 다비드상을 볼 수 있게 되자 미켈란젤로는 다비드의 모양만 그대로 두고 나머지 대리석을 깨내기 시작했다. 그렇게 해서 골리앗에 맞서 끊임없이 돌팔매질을 하고 있는 다비드상이 완성되었다.

도토리 속에는 떡갈나무가 숨어 있다. 도토리는 하늘에서 내려오는 햇빛과 기름진 땅의 도움으로 시간을 먹고 자란다. 기다림이 없으면 도토리 속에 들어 있는 떡갈나무를 볼 수 없다. 부모지능에는 도토리에서 거대한 떡갈나무를 키워내는 기다림이 있어야 한다. 부모지능에는 적어도 20년 후의 자녀 모습을 그려낼 수 있는 마음의 눈이 있어야 한다.

## 긍정의 피드백을 주시하라

**얼간이 접착제**

소금을 조금 쳐서 반쯤 절이는 것을 '얼간'이라고 한다. 반찬 '얼간이'는 짜지도 않고 싱겁지도 않아 몸에 좋지만, 사람 '얼간이'는 됨됨이가 좀 모자라는 사람을 가리킨다.

세계적인 종합문구회사 3M의 중앙연구소에 근무하던 스펜서 실버라는 사람이 있었다. 그는 접착제 연구를 하다가 실패해서 '얼간이 접착제'를 만들고 말았다. 접착제를 발라도 완전하게 달라붙지 못하고 쉽게 떨어지는 실패작. 그는 '얼간이 접착제'를 버리기에는 좀 아까워서 창고에 처박아두었다. 1974년 어느 일요일,

3M 회사 테이프 사업부에 근무하던 아서 프라이어는 예배 중에 찬송가 사이에 끼워두었던 메모지들이 우르르 떨어지는 바람에 애를 먹었다. 순간 그의 머릿속에는 스펜서 실버가 만든 실패작 '얼간이 접착제'가 번개같이 스쳐 지나갔다. 그는 그 순간에 접착제는 절대 떨어져서는 안 된다는 고정관념에서 깨어났다. 5년 동안 창고에서 잠을 자던 '얼간이 접착제'가 '포스트잇'으로 다시 태어나는 순간이었다. 그 후 세계 각지에서 3M이 '포스트잇'으로 벌어들인 돈은 얼마나 될까?

## 단일 시행 학습 능력

"삐익 하는 소리가 나고 1초 후에 눈에다가 센 바람을 불겠습니다."

이런 말을 들려준 후 곧 삐익 소리를 들려주고 1초 후에 눈에다 바람을 세게 분다. 누구나 잽싸게 눈을 감을 것이다. 이번에는 아무 말 없이 삐익 소리를 내어 보라. 조금 전 센 바람을 경험한 사람은 즉시 눈을 감게 될 것이다. 한 번의 경험으로 이치를 깨닫게 되는 것을 단일 시행 학습(one-trial learning) 능력이라고 한다.

동물에게는 이러한 능력이 없다. 토끼에게 삐익 소리를 들려주고 1초 후에 눈에 센 바람을 분다. 한 살이 안 된 젊은 토끼는 200번 정도 되풀이 하면 그때서야 삐익 소리만 듣고도 눈을 감는다. 2살이 넘은 늙은 토끼는 800번이 넘어야 학습 효과가 나타난다.

산부인과에서 아이가 태어날 때 물고 나온 부모면허를 가지고서도 그럭저럭 양육을 해갈 수 있는 이유가 단일 시행 학습 능력 덕분이다. 단 한 번의 시행착오로도 피드백이 가능한 것이 부모지능이다.


## 은근과 끈기가 밥을 먹여준다

콩이나 팥 혹은 수수 같은 곡식을 도리깨로 두드려 타작하는 일을 바심이라고 한다. 콩바심이나 팥바심을 할 때는 타작하는 대로 알곡이 쉽게 모아지니 크게 걱정할 일이 없다. 그러나 조바심이나 들깨바심을 할 때는 추수한 양도 적으려니와 알갱이가 작다보니 도리깨가 아니라 방망이로 두드려 조심조심 바심을 한다.

그 중에서도 가장 까다로운 것이 조바심이다. 조바심에는 조를 터는 데도 시간이 많이 걸리지만 껍질을 벗기는 데도 시간이 많이 걸려 조급하게 했다가는 낭패를 당하기 십상이다. 그렇듯 끈기가 필요한 것이 조바심이다. 아예 시간이 없을 때는 조바심을 내서는 안 된다. 은근과 끈기가 필요한 자녀교육에 있어서도 조바심은 금물이다.

어렸을 적, 밥상머리에서 아버지께서 들려주신 이야기가 있다.

"숭늉 속에 있는 눌은밥은 숟가락을 아주 천천히 움직여야 떠먹을 수 있단다."

지금도 숭늉 속에서 눌은밥을 건져 올릴 때마다 아버지 말씀이 생각난다. 그 때는 숭늉 그릇 속에만 눌은밥이 있는 줄 알았다. 세월이 한참 흐른 후에야 나는 사는 일이 온통 천천히 건져 올려야 하는 눌은밥과 같은 것이라는 사실을 알아챘다.

어느 날, 밥을 먹다가 중학생이 된 딸에게 할아버지 이야기를 전해주었다.

"숭늉 속에 있는 눌은밥은 숟가락을 아주 천천히 움직여야 떠먹을 수 있단다."

딸아이는 그런 건 이미 다 알고 있다는 표정을 지었다. 웃음 띤 얼굴로 나를 빤히 쳐다보며 숭늉을 빈 그릇에 졸졸 따라내고는 오롯이 남은 눌은밥 한 숟가락을 아무렇지도 않게 퍼 먹었다. 눌은밥을 오물거리는 딸아이의 볼따구니가 얄밉게 느껴졌다.

얼마 전, 딸네 집에 가서 저녁을 먹을 때였다. 유치원 다니는 외손자가 곰탕 국물에 말은 밥을 연신 퍼 올리고 있었다. 밥알을 못 건져 올리는 아이에게 딸아이가 말했다.

"국물 속에 있는 밥을 건질 때는 숟가락을 천천히 움직여야 떠먹을 수 있어. 봐! 이렇게……."

부모지능이란 이렇게 알게 모르게 전해지는 세상을 살아가는 지혜의 다발이다. 이렇듯 부모지능은 유전자 밖에서도 전해 내려오는 내력이 된다.

## 자신감이 있어야 방향을 잡는다

**넘어지지 않는 자전거**

내 아버지의 머릿속은 언제나 논리 정연했다. 그래서 그런지 언제나 대하기 어려운 분이셨다. 초등학교 3학년 때였다. 그런 아버지가 내게 자전거를 가르쳐 주신다고 했다.

"내가 절대 넘어지지 않게 잡아 줄 테니 열심히 페달만 밟아!"

나는 아버지의 말을 믿고 있는 힘을 다해 페달을 밟았다. 자전거는 생각보다 잘 나갔다. 운동장을 몇 바퀴를 돌고 나서 아버지께 말씀드렸다.

"아버지, 힘드세요? 조금만 더 붙잡아 주시면 혼자서도 탈 수 있겠어요."

"……."

운동장을 반 바퀴쯤 더 돌았을 때 나는 반대편에서 숨을 고르며 서 계신 아버지를 보았다. 아버지가 내 자전거를 놓아버렸다는 것을 발견한 순간 나는 자전거와 함께 뒹굴었다. 그동안 자전거를 달릴 수 있게 한 것은 아버지에 대한 믿음이었고, 자신감이었다.

그렇게 몇 번 넘어지고 난 후, 한나절이 지나자 운동장에서는 얼마든지 혼자서 자전거를 탈 수 있는 자신감이 생겼다. 그런데 이상한 일이 벌어졌다. 운동장 가에 있는 축구 골대를 지날 때마다 여지없이 내 자전거는 축구 골대를 들이받고 쓰러지는 것이었다. 축구 골대 쪽으로 가지 않으려고 아무리 애를 써도 핸들이 말을 듣지 않았다. 자전거 핸들을 다른 쪽으로 돌리면 쓰러질 것 같아 안 쓰러지려고 핸들을 조작하다 보면 나도 모르게 어느 새에 축구 골대를 들이받게 되는 것이었다. 자꾸만 축구 골대를 받고 쓰러지자 아버지가 말씀하셨다.

"축구 골대 근처에 오면 골대만 보이지?"

"네."

"그럴 때는 골대를 보면 안 돼!"

"골대를 안 보고 어떻게 피해 가요?"

"사람은 눈이 가는대로 간단다. 골대를 보면 골대로 가는 거야."

"그럼 어떻게 해야 돼요?"

"골대를 들이받지 않으려면 저쪽에 있는 나무를 봐. 골대를 보지 말고."

나는 골대를 지날 때마다 운동장 가에 있는 아카시아 나무를 보았다. 신기하게도 자전거는 아카시아 나무쪽으로 가고 있었다. 내가 30년을 넘게 자동차 운전을 하면서 접촉 사고 한 번 없었던 비결은 바로 '자동차는 운전자 눈 가는대로 따라 간다.'를 잊지 않은 덕분이다.

### 긍정의 뇌

인간의 뇌는 부정을 이해하지 못한다. 그래서 긍정문을 만든 다음에 그 앞에 빼기 부호를 붙인다. 예를 들어 선생님이 '지각하지 마라!'라고 말하면 학생의 뇌는 '지각하다'를 생각한 후에 그 앞에 마이너스 부호를 붙여 부정문을 만든다. '늦잠 자지 마라!'라고 하면 '늦잠 자다'를 생각한 후에 그 앞에 마이너스 부호를 붙여 생각을 만든다. 그러니까 아이에게 '일찍 일어나라!'라고 말하는 부모가 훌륭한 부모지능을 가진 부모다.

부정에 관한 연습이 안 되어 있는 유아기의 자녀가 어릴수록 부정적 어휘가 더욱 크게 영향력을 행사한다는 것을 기억하기 바란다.

### 비단 짜는 부모지능

인간의 삶이란 유전자라는 씨줄과 교육이라는 날줄로 짜내려가는 비단이다. 부모지능은 유전자와 교육으로 인생이라는 비단을 짤 수 있게 해주는 베틀이다. PQ가 높은 부모 밑에서 자란 자녀는 넓은 폭의 아름다운 비단을 짜게 될 것이고, PQ가 낮은 부모에게서 자란 자녀들은 폭이 좁은 거친 비단을 짜게 되는 것이 당연한 이치다. 자녀의 삶을 만들어가는 힘이 부모지능이고 그러한 부모지능의 지수를 나타내는 것을 부모지능지수, 곧 PQ라고 한다.

항구에 매어두려고 만든 배는 없다. 하물며 세상에 필요 없는 존재로 태어난 인간이 어디에 있겠는가? 인간은 누구나 무한한 능력을 갖고 세상에 태어났다.

### 콜럼버스의 나침반

2천 년 전 중국에는 나침반이 있어 남북의 방향을 알 수 있었다. 바다도 있었고, 배를 만드는 기술도 있었다. 그러나 나침반을 들고 대양으로 나갈 사람이 없었다. 나침반은 기껏 지관들이 묏자리나 잡는데 쓰였다. 13세기에 이 나침반이 서양에 전해졌다. 나침반을 얻은 서양인들은 나침반을 들고 넓은 바다로 나갔으며, 아프리카를 탐험하기 시작했고, 희망봉을 돌아 인도양까지 진출했다. 그들은 아메리카 대륙까지 찾아냈는데, 바스코 다 가마, 콜럼버스, 마젤란으로 이어지는 대탐험은 나침반이 없었으면 불가능했다. 그러나 나침반이 있었던 중국에는 콜럼버스와 마젤란이 없었다.

부모의 능력은 무한하다. 다만 그것을 깨닫지 못해 활용하지 못할 뿐이다.

'아는 만큼 보인다.'는 말은 흔히 여행자들에게 주는 충고의 말로 쓰인다. 인생 여정에서도 인간은 아는 만큼 보면서 살아간다. 그리고 각자 언제나 주어진 여건 아래서 최선의 선택을 한다. 훌륭한 부모가 해야 하는 일은 스스로는 부모지능의 무한능력을 깨닫고, 자녀들에게는 누구나 무한능력을 갖고 있다는 사실을 깨닫게 해주는 것이다.

## 화를 조절하는 능력을 길러라

동물이 새끼를 양육하는 것은 본능적인 행위다. 인간에게도 양육은 본능적인 것이고, 거기에 더하여 가능하면 훌륭한 자녀를 만들기 위해 온갖 노력을 기울인다. 그럼에도 불구하고 양육과정에서 받는 스트레스와 화는 상상을 초월한다.

부모의 양육 스트레스와 그로 인한 화는 어디에서 발생하는 것일까?

인간이 즉각적인 화를 나타내는 때는 하고 싶은 것을 제지당했을 때다. 양육 활동은 시작도 없고 끝도 없이 지속적으로 일어나며, 부모가 된다는 것은 기본적으로 자신이 하고 싶은 일의 일부 혹은 전부를 유예하여야 한다. 그러므로 언제든지 화를 낼 수 있는 여건이 형성되어 있는 상황인 것이다. 화가 나는 또 다른 이유는 내가 하는 일을 상대방이 우습게 여겼을 때다. 애 본 공 없고, 새 본 공 없다고 했다. 자식 키우는 일은 잘해야 본전이라고 하지 않는가? 스스로 생각할 때 양육에 들어가는 자신의 노력이 과소평가 받고 있다고 생각하는 것이다. 또 하나의 양육 분노는 끝도 안 보이고 뾰족한 해결책도 없이 지속되는 스트레스에 의한 것이다. 자녀교육은 종점이 없다. 그러므로 지속적인 스트레스가 때때로 화의 방아쇠 노릇을 하게 된다.

건강하게 표현되는 화는 의사소통 과정에서 자기보호 기능을 담당하는 유익한 감정이다. 그러나 부적절하게 표현되는 화는 난폭한 언어나 행동으로 표출되어 관계를 파괴하게 된다. 특히 스트레스 상황에서 화의 조절이 불가능하게 되면 예측할 수 없는 결과를 초래하는 경우도 비일비재하다.

부모가 받는 양육 스트레스와 화의 분출은 부모의 역할을 수행할 때 나타나는 피할 수 없는 일상적인 것이다. 따라서 스트레스 자체보다는 스트레스 대처 능력이 중요하고, 화의 절세보나는 화의 조절 능력이 더 중요하다. 화와 함께 일어나는 변형된 화의 감정에 대해서도 관심을 가져야 할 것이다.

# 부모지능의 세 가지 법칙

## PQ의 불생불멸 법칙

PQ는 새로 만드는 것도 아니요 없어지는 것도 아니다. PQ는 원래 있는 것을 찾아 갈고 닦는 것이다. 거울에 묻은 먼지를 닦아내야 거울이 제 역할을 할 수 있는 것처럼, PQ 위에 묻어 있는 욕심이라는 먼지를 닦아 내야 본래의 기능을 다할 수 있다.

 밤새 캠프파이어를 하며 한 짐의 장작을 태워 모닥불을 지폈는데 새벽에 보니 한줌의 재밖에 남은 것이 없다. 그걸 보고 우리는 '인생은 연기처럼 재만 남기고 말없이 사라지는 모닥불 같은 것'이라고 허무한 마음을 노래한다. 정말 나무가 없어진 것일까? 눈앞에 보이던 것이 안 보인다고 결코 없어진 것은 아니다. 나무가 없어진 것이 아니라 변화한 것이다. 이 세상에서는 어떤 물질이 새로 생겨날 수도 없고, 영원히 사라질 수도 없다. 이것이 물리학의 기본법칙인 불생불멸(不生不滅)의 기본법칙이다. 부모지능 역시 새로 생겨나는 것도 아니요 없어지는 것도 아니다. 영원부터 영원까지 저절로 존재하는 것이 부모지능이다. 다만 인간이 바라보는 시간과 장소에 따라 변화하는 것일 뿐이다.

깃발이 날리는 것은 바람 때문인가 아니면 깃발 때문인가? 선승들은 깃발을 움직이는 것은 바람도 깃발도 아닌 마음이라고 한다. 실제 깃발은 거시적인 세계의 존재이므로 바람에 의해 날리거나 날리지 않거나 둘 중 하나이다. 그러나 원자 이하의 미시적 세계에서는 논리적으로 관찰자가 관찰을 해야 깃발이 움직이거나 혹은 움직이지 않거나가 결정된다. 부모지능은 때로는 미시적 세계의 깃발이고, 때로는 거시적 세계의 깃발이다. 때로 '이것이다'라고 해도 맞았다고 하고, '저것이다'라고 해도 맞았다고 한다. 반대로 '이것이다'라고 해도 틀렸다고 하고, '저것이다'라고 해도 틀렸다고 한다.

PQ는 어린이에게도 있고 어른에게도 있는 것이며, 옛날에도 있었고 미래에도 존재하는 것이다. 우리가 해야 할 일은 그것을 찾아내어 거울처럼 갈고 닦는 일이다.

## PQ의 초월 법칙

시간이란 아득한 과거에서부터 미래를 향하여 끝없이 흘러가고 있는 것이다. 그리고 누구에게나 똑같이 흘러가는 것이라고 믿고 있다. 내가 한국에서 책을 읽고 있는 순간 미국에 유학 간 아이는 무얼 하고 있을까? 이런 생각이 우스꽝스럽다고 느끼는 사람은 없다. 시간이라는 것은 나와 내 아들과 내 친구들에게 모두 똑같다고 정의하고 있기 때문이다. 시간만 그런 것이 아니다. 공간도 모두에게 똑같이 적용된다. 내가 인지한 100m는 다른 사람에게도 똑같은 100m인 것으로, 누구에게나 똑같다고 생각하는 시공간의 개념을 우리는 절대시공간이라고 부른다.

아인슈타인은 이러한 생각에 반기를 들었다. 시간이나 공간이 모두 텅 비어 있는 상태가 아니라 형체도 있고 물질과 서로 영향을 주고받는다는 것이다. 물질처럼 그 모습이 변화하기도 하고 사라져 보이지 않을 수도 있는 것은 물론, 관찰자의 운동 상태에 따라 시간의 길이와 공간의 길이가 달라질 수 있다는 상대성이론을 제기했다.

자동차 경기장의 출발점을 상상해보자. 출발 신호가 떨어졌을 때 열 대의 자동차가 동시에 출발했을까? 아니면 어느 쪽이 먼저 출발했을까? 출발신호를 보낸 사람의 입장에서 보면 모든 자동차의 출발 시간은 동일하다고 볼 수 있다. 그러나 1번 자동차 쪽에서 10번 자동차가 있는 쪽으로 빠르게 움직이는 사람이 보았다면 1번 자동차가 먼저 출발하고 10번 자동차가 나중에 출발했다고 볼 수 있을 것이다. 그 반대로 움직이는 사람이 있다면 10번 자동차가 1번 자동차보다 먼저 출발했다고 볼 수 있다. 이렇게 한 가지 사건에 대하여 3가지 해석이 모두 옳다고 보는 것이 상대성이론의 출발점이 된다.

절대 시공간의 세계에서는 아무리 갑작스럽게 변화하는 것처럼 보이는 물리 현상일지라도 그렇게 변화하는 데는 시간이 짧았을 뿐이지 중간단계를 거친다고 생각한다. 정지된 자동차가 시속 100km로 달릴 때까지는 시속 10km, 30km, 50km를 거쳤다고 보는 것이 상식이다. 그러나 상대 시공간을 인정하는 현대 물리학자들은 어떤 입자가 가진 에너지가 1에서 중간 값을 거치지 않고 바로 100의 상태로 변화하는 것을 발견했다. 이것을 양자 도약이라고 한다.

PQ는 장소와 시간을 초월하여 나타날 수 있는 무한한 힘이다. 그것을 'PQ의 초월 법칙'이라고 부른다.

## PQ의 가능성 법칙

지구의 자전축이 조금 더 기울어진다면? 태양이 조금만 더 지구에 가까워진다면?

뉴턴이 발견한 법칙에 따르면 그런 걱정은 할 필요가 없다. 자연은 뉴턴의 법칙에 의해 질서정연하고 일사불란하게 움직이는 것이기 때문이다. 뉴턴은 만유인력의 법칙에 따라 움직이는 달과 별을 보고 우주의 법칙을 확신했고, 언제나 직진하는 빛을 진리라고 믿었다.

그러나 20세기에 들어서면서 천지가 개벽하는 일이 벌어졌다. 아인슈타인은 빛이 항상 직진하는 것은 아니라고 상대성원리를 주장했다. 양자역학은 입자의 속성과 파동의 속성을 동시에 갖추었다고 추정되는 양자를 관측하게 되었다. 절대 불변이라고 믿었던 빛의 직진이 허물어졌고, 미시 세계의 움직임이 관찰자의 시각에 따라 변화한다는 것이 증명되었으니 천지개벽이 아니고 무엇인가.

상대성이론이나 양자역학은 모든 물리 현상을 설명할 때 어떤 물리 현상을 관찰하는 관찰자와 그 물리 현상을 분리시켜 생각할 수 없는 것이라고 설명한다. 모든 것은 내가 만드는 것이고 모든 자연현상은 관찰자에 따라 변화하며 다르게 나타난다. 그러니까 시간과 공간도 고정된 것이 아니다. 뉴턴이 주장했던 절대 시간과 절대 공간 개념은 깨어진 지 오래다. 사람의 마음은 물리적 상태와 비슷하다. 무엇인가 결정하여 행동에 옮기기 전까지는 모든 가능성을 열어놓고 있다. 부모지능 역시 모양도 없고 크기도 없으며, 볼 수도 없고 잡을 수도 없지만, 물리적 현상의 개념과 다를 바가 없다.

뉴턴의 법칙에 따르면 인간의 운명은 인간의 의지와 상관없이 일정한 법칙에 의해 흘러가게 되어 있고, 국외자인 인간은 단지 그 운명에 순응하면서 관찰할 뿐이었다. 그러나 양자역학에 따르면 관찰자인 인간이 자신의 운명을 어떻게 보느냐에 따라 달라질 수 있다는 것이다. 빛은 원래 직진하도록 되어 있는 것이 아니라 수많은 가능성 중에서 수많은 선택의 과정을 거쳐 결과상 직진하는 것으로 나타날 뿐이라는 것이다. 그 증거로 중력이 엄청나게 강한 행성을 지나는 빛이 휘어지는 것을 볼 수 있다.

인간의 운명도 원래 정해진 것이 아니라 수많은 가능성 중에서 수많은 선택의 과정을 하나하나 거쳐 만들어진 자취이다. PQ의 무한한 가능성은 바로 운명이 관찰자의 생각에 따라 달라진다는 말이다. PQ란 사랑, 슬픔, 기쁨, 화냄과 같은 감정보다 훨씬 더 추상적인 개념으로 존재하는 것이라고 상상하면 된다.

"말이 씨가 된다"고 하지 않는가? 상상하는 것, 말하는 것이 그대로 이루어지는 것이 PQ의 세계이다. 우리가 믿고 생각한 것은 마음 속 깊은 공간에 기록되어 PQ로 존재하며 말한 대로 이루어진다. 이러한 것을 우리는 'PQ의 가능성 법칙'이라고 한다.

# PQ의 유형을 파악하라

## 부모지능의 유형을 이해하면 문제를 해결할 수 있다

"누군가 성공했다면 나도 성공할 수 있다."
틀림없이 맞는 말이다.

"성공한 사람을 똑같이 따라 하면 나도 성공할 수 있다."
이것도 맞는 말일까? 당연히 맞는 말일 것 같지만 실제로 그런 일은 일어나지 않는다.

히든싱어라는 TV 예능프로그램이 있다. 유명 가수 한 명과 모창 도전자 5명이 블라인드 뒤에서 유명 가수의 노래를 한 소절씩 이어가며 노래를 부른다. 100명의 청중 평가단이 원조 가수와 모창 가수의 노래를 듣고 원조 가수를 찾아내는 프로그램이다. 도전자들의 음색이 워낙 원조 가수와 구별하기 힘든 데다 집중 연습을 많이 했기 때문에 가끔 원조 가수가 탈락하는 이변이 생기기도 한다. 그러나 원조 가수를 제치고 우승을 했다고 유명 가수가 되는 것은 아니다. 가수가 되려면 모창을 넘어서 내 노래를 부를 수 있어야 한다.

맹모삼천지교(孟母三遷之敎)라는 말을 믿고 맹자의 어머니를 모방하는 강남 엄마들이 많이 있다. 이런 엄마들은 모두 맹자 엄마의 흉내를 내지만, 자신의 아이를 맹자처럼 훌륭한 사람으로 만들지 못한다. TV에 방영되는 성공한 부모의 얘기는 핵폭탄을 능가한다. TV 방송을 보고 0.01퍼센트의 가능성으로 성공한 부모들의 얘기를 99.9퍼센트의 부모들이 따라 한다. 아무리 똑같이 흉내를 잘 내더라도 성공은 하늘의 별따기다. 게다가 그것은 자녀가 성공한 얘기지 부모가 성공한 얘기가 아니다.

부모는 일인 다역의 배우다. 기본적으로는 아이의 부모지만, 친구이자 선생님이며 도우미다. 때로는 이러한 역할을 수행하는 중에 서로 갈등을 빚는다. 사람을 만들어내는 일이 얼마나 어려운 일인데 그 정도의 갈등이 없겠는가. 부모들이 자녀교육의 어려움을 호소하는 것은 당연한 일이다. 자녀교육의 어려움 중 80%는 부모 자신에게 문제가 있다는 점을 인식하면 해결이 되며, 나머지 20%는 부모 스스로가 변화하면 해결되는 것들이다. 나에게 어떤 문제가 있으며 어떻게 변화해야 하는지 알기 위해서는 자신이 가진 부모지능의 유형을 알아야 한다.

왜 같은 잔을 보고 어떤 사람은 반이나 비었다고 하고, 어떤 사람은 반이나 남았다고 하는 것일까? 그것은 사람마다 생각의 메타프로그램, 즉 물밑 생각이 다르기 때문이다. 사람마다 지문이 다르듯 부모지능 역시 천차만별이다. 아빠의 부모지능과 엄마의 부모지능이 다르고, 조선시대의 부모지능과 현대의 부모지능이 다르며, 미국인의 부모지능과 중국인의 부모지능이 다르다. 붉은 장미를 붉은 등불 아래서 보는 것과 푸른 등불 아래서 보는 것이 다르다. 따라서 자신의 부모지능이 어떤 물밑 생각 위에 있는지 알아보는 것은 매우 중요하다.

## 생각의 패턴에 따른 플러스 PQ와 마이너스 PQ

"손주 보시는 일이 재미있으세요?"
"그럼요. 꼬맹이 하고 놀면 얼마나 재미있는데요."
이런 할머니는 손주 보는 일이 놀이다. 이런 사람은 즐거운 일만 찾아다녀도 시간이 모자란다. 항상 기쁨과 희열을 느끼면서 사는 사람들을 플러스 PQ라고 한다. 플러스 PQ의 부모는 아이들을 바라보기만 해도 즐겁다. 아이들과 함께 있으면 순간순간 뛰어 노는 모습이 즐겁고 하루하루 커가는 모습이 즐겁다.

"손자 보신다면서요? 어떠세요?"
"애본 공과 새본 공은 없다고 하잖아요."
"그게 무슨 말씀이세요?"
"하루 종일 새를 잘 쫒았는데 잠깐 화장실 간 사이에 새떼가 날아와 나락 다 까먹어버리면 헛일이잖아요. 하루 종일 잘 놀던 애가 기침이라도 해봐요. 며느리 눈길이 곱질 않아요."
"힘드시군요."

"나중에 한 번 당해보세요."

이런 할머니는 손자 보는 일이 노동이다. 음식이 맛있어서 먹는 것이 아니라 병에 걸리지 않으려고 먹는 사람이다. 고통을 피하기 위해 세상을 살아가는 마이너스 PQ인 사람은 사는 게 힘들고 괴롭다. 이런 사람은 책을 읽어도 무식하다는 소리를 듣기 싫어서 읽는 것이고, 영화를 보아도 교양 없는 사람이라고 손가락질 받을까봐 본다고 한다. 마이너스 PQ의 부모는 자식 걱정에 편할 날이 없다. 보이면 잔소리, 안 보이면 끌탕하는 부모다.

나는 어떤 부모지능을 갖고 있을까?
A는 플러스 PQ, B는 마이너스 PQ에 해당된다.

### 1. 아이가 놀 때
A : 아이와 함께 어울려 놀이를 한다.
B : 아이가 노는 것을 보살펴준다.

### 2. 학부모 모임이 있을 때
A : 적극적으로 참가하고, 끝날 때까지 함께 한다.
B : 참가는 하지만 대개 도중에 먼저 나온다.

### 3. 아이와 함께 시간을 보낼 때
A : 가능하면 밖에 나가 체험 교육을 시킨다.
B : 집안에서 음식을 만들어 주거나 함께 TV나 비디오 등을 본다.

### 4. 아이와 대화할 때
A : 아이의 말에 맞장구를 많이 친다.
B : 잘못된 말을 지석하고 고쳐준다.

### 5. 자녀 수에 대한 생각
A : 여건만 허락 되면 아이를 많이 낳고 싶다.
B : 자식은 하나라도 잘 가르치는 것이 중요하다고 생각한다.

### 6. 말을 전달할 때
A : 아이가 못 알아들으면 같은 말을 여러 번 반복한다.
B : 아이가 한 번 한 말을 제대로 못 알아들으면 화가 난다.

### 7. 아이가 옷 갈아입기를 싫어할 때
A: 친구들이 깨끗한 아이를 좋아한다고 설명한다.
B: 친구들이 더러운 아이는 싫어한다고 설명한다.

### 8. 아이가 잘못했을 때
A : 다음부터 이렇게 저렇게 하라고 타이른다.
B : 다음부터 같은 실수를 하지 않도록 타이른다.

### 9. 날씨가 추울 때
A : 씩씩하게 뛰어 놀아야 감기에 안 걸린다고 한다.
B : 추운데 밖에 나가면 감기 걸리기 쉽다고 타이른다.

10. 아이가 공부를 싫어할 때
A: 열심히 공부하면 좋은 대학에 갈 수 있다고 설득한다.
B: 공부를 안 하면 인생의 패배자가 된다고 설득한다.

## 사고의 주체에 따른 독재형 PQ와 민주형 PQ

우리나라의 건국이념은 홍익인간(弘益人間)으로, 홍익인간은 최고의 교육 이념이기도 하다. 하늘의 가르침에 따라 세상을 다스리고, 세상의 이치를 가르쳐서 모든 사람들이 자신의 본성을 회복하게 하라는 것이다. 나라의 중심에 백성이 있었으니 그것이 바로 민주주의가 아니겠는가? 임금은 백성 중심의 정치를 했고, 부모는 자녀 중심의 교육을 했다. 이 땅에 홍익인간의 이념을 실현해 온 것은 훌륭한 부모지능의 역할을 한 것이다.

지금이라도 솔직하게 질문을 던져보자.
"내가 진정으로 원하는 것은 나의 행복인가, 아이의 행복인가?"
나는 어떤 부모지능을 갖고 있는지를 한번 확인해보자.
A는 독재형 PQ, B는 민주형 PQ에 해당된다.

1. 아이의 공부를 도와줄 때
A. 쉽게 공부할 수 있도록 요점 정리를 해가며 이해시킨다.
B. 지식보다는 공부법이 중요하므로 여건만 만들어 준다.

### 2. 아이의 장래를 결정할 때

A. 나의 경험과 객관적인 자료에 따라 방향을 정하고 유도한다.

B. 아이의 삶이 걸려 있는 문제이므로 아이가 결정하도록 한다.

### 3. 아이의 성적에 관심을 갖는 이유

A. 성공할 수 있는 사람으로 만들어 주려는 것이다.

B. 스스로 행복한 삶을 살 수 있게 하려는 것이다.

### 4. 아이와 외식을 할 때

A. 아이가 뭘 좋아하는지 다 알고 있으므로 내가 메뉴를 결정한다.

B. 무엇을 먹고 싶은지 물어보고 메뉴를 결정한다.

### 5. 아이의 귀가 시간을 결정할 때

A. 엄격하게 시간을 정해놓고 통제한다.

B. 사정에 따라 유연하게 스스로 결정하게 한다.

### 6. 내가 아이와 약속한 것은

A. 부모의 위신이 있어 어떤 일이 있어도 반드시 지켜야 한다.

B. 사정에 따라 변경될 수도 있다.

7. 아이가 잘못 했을 때
A. 약속에 따라 체벌을 가할 때도 있다.
B. 잘못을 깨달을 때까지 대화로 설득을 한다.

8. 아이의 용돈을 정할 때
A. 다른 가정을 참고하여 내가 정한 대로 지급한다.
B. 아이의 요구를 듣고 기준을 정한다.

9. 아이의 성적이 기대에 못 미칠 때
A. 시간이 허락하는 대로 학원에 보낸다.
B. 성적보다 더 중요한 것이 많으므로 기다린다.

10. 아이와 대화를 할 때
A. 결론만 말하도록 유도한다.
B. 무슨 얘기를 하든지 끝까지 들어본다.

## 결정의 근거에 따른 대쪽형 PQ와 갈대형 PQ

아버지와 아들이 장날 당나귀를 팔기 위해 동네 어귀를 빠져나가고 있었다. 아버지 친구들이 그 모습을 보고 한마디 했다.

"이 사람아, 팔아버릴 당나귀를 왜 끌고 가나. 이왕이면 타고 가게!"

아버지는 고개를 끄덕이더니 당나귀 등에 올라타고 아들에게 고삐를 잡혔다. 이웃마을을 지날 때 우물가의 아낙네들이 말했다.

"인정머리 없는 애비 좀 봐. 어린 아들을 걷게 하고 자기는 편하게 당나귀를 타고 가다니."

그 말을 들은 아버지는 얼른 내려서 아들을 당나귀에 태웠다. 한참을 가다가 정자나무 아래서 어떤 할아버지가 말했다.

"요즘 젊은 녀석들은 도대체 버르장머리가 없어. 애비에게 고삐를 잡히고 당나귀를 타고 가는 꼴 좀 봐!"

이번에는 아버지와 아들이 함께 나귀 등에 올라탔다. 지나가던 농부가 소리를 질러댔다.

"아무리 말 못하는 짐승이기로서니 조그만 당나귀 등에 두 사람이 타다니 너무하지 않소?"

아버지와 아들은 고민하다가 당나귀를 묶어 둘이서 둘러메고 가기 시작했다.

이솝 우화 중 '팔러가는 당나귀'에 나오는 귀가 엷은 아버지는

전형적인 갈대형 PQ다. 내 생각보다는 남의 말에 귀를 기울이고 의사결정을 내리는 사람이다. 이런 사람들은 영화를 선택할 때 박스 오피스의 순위를 보고 결정한다.

그와는 반대로 남의 생각보다는 자신의 경험을 토대로 의사 결정을 하는 사람은 대쪽형 PQ다. 대쪽형 PQ의 아버지라면 남들이 뭐라고 하든지 끌고 가던 당나귀를 장터까지 그냥 끌고 갔을 것이다. 장에 내다 팔아버릴 당나귀가 불쌍하다고 생각했을 테니 말이다.

갈대형 PQ를 가진 부모는 이렇게 말을 할 것이다. "네 사촌들 봐라. 열심히 공부하더니 결국 서울법대에 합격하지 않았니? 너도 열심히 하면 판사가 될 수 있어."

대쪽형 PQ를 가진 부모는 이렇게 말을 할 것이다. "네 인생은 네가 만들어 가는 거야. 물론 그 열매도 네가 따게 되는 거지."

나는 어떤 부모지능을 갖고 있는지 확인해보자.
A는 대쪽형 PQ, B는 갈대형 PQ에 해당된다.

1. 아이의 가방을 사줄 때

A : 실용적이고 쓸모 있는 것을 산다.
B : 색상과 디자인을 보고 산다.

2. 아이와 TV를 볼 때

A : 아이에게 도움이 될 만한 프로그램을 선택한다.
B : 다른 아이들이 많이 보는 프로그램을 선택한다.

3. 아이가 다닐 학원을 선택할 때

A : 학원을 직접 방문하여 상담한 후 결정한다.
B : 광고를 참고하거나 다른 엄마의 얘기를 들어보고 결정한다.

4. 아이의 성적표를 볼 때

A : 점수를 먼저 본다.
B : 석차를 먼저 본다.

5. 아이의 성적이 형편없을 때

A : 성적을 올릴 수 있는 방법을 연구한다.
B : 남들이 알까봐 창피한 생각이 먼저 든다.

6. 아이가 편식을 하는 것을 보면

A : 골고루 먹일 수 있는 식단을 연구한다.
B : 인터넷을 검색하여 다른 아이들의 경우를 알아본다.

7. 아이가 학원 선생님이 싫다고 할 때

A: 선생님의 학력과 경력을 설명해주며 칭찬을 한다.
B: 남들은 다 좋아하는데 너만 싫어하느냐고 윽박지른다.

8. 아이가 거짓말을 했을 때

A : 따끔하게 야단을 친다.
B : 사람들이 어떻게 볼까 걱정한다.

9. 아이가 손을 씻으려 하지 않을 때

A : 더러운 손에는 병균이 우글거린다고 얘기해준다.

B : 다른 사람은 다 씻는데 너는 왜 안 씻느냐고 야단친다.

10. 아이가 운동을 싫어할 때

A: 아이와 함께 운동을 즐길 수 있는 기회를 만든다.

B: 운동을 안 하면 몸이 약해진다고 설득을 한다.

## 관찰점의 차이에 따른 망원경 PQ와 현미경 PQ

학교가 파하는 시간, 교문에서 학생들이 한꺼번에 쏟아져 나온다.

"도대체 누가 누군지 못 알아보겠네. 교복을 입혀 놓으니까 더 몰라보겠어."

아이들이 한 무리로 느껴지면서 공통점이 먼저 눈에 뜨이면 망원경 PQ를 가진 부모다.

"아이들이 어쩌면 저렇게 제각각일까? 키 큰 아이, 키 작은 아이, 얌전하게 걸어가는 아이, 정신없이 뛰어다니는 아이……."

교복을 입었기 때문에 얼핏 보면 같아 보이지만 자세히 보면 얼굴도 다르고 표정도 다르고 신은 신발도 모두 다르다고 느끼는 사람은 현미경 PQ를 가진 부모다.

나는 어떤 부모지능을 갖고 있는지 확인해보자.

A는 망원경 PQ, B는 현미경 PQ에 해당된다.

### 1. 아이의 성적표를 볼 때
A. 전체 석차를 보고 아이의 실력을 짐작한다.
B. 과목별 점수를 확인하며 아이가 잘하는 과목을 찾아본다.

### 2. 아이가 컴퓨터 게임을 할 때
A. 중독증상이 아니면 그냥 둔다.
B. 게임 시간, 내용 등을 엄격히 제한한 후 게임을 허락한다.

### 3. 아이의 옷차림에 대한 생각
A. 무난하고 실용적이었으면 좋겠다.
B. 멋지고 개성이 있었으면 좋겠다.

### 4. 아이의 용돈에 대한 생각
A. 어떻게 쓰든지 관여하지 않는다.
B. 금전출납부를 쓰게 해서 확인한다.

### 5. 아이의 친구들에 대한 생각
A. 활동적이며 인간적이었으면 좋겠다.
B. 아이에게 도움이 되는 친구였으면 좋겠다.

### 6. 아이의 배우자에 대한 생각
A. 서로 사랑하면 행복할 수 있다고 믿는다.
B. 서로 모자라는 것을 보완하며 살아갈 수 있으면 좋겠다.

7. 아이의 식탁을 차릴 때
A. 아이가 좋아하는 메뉴를 선택한다.
B. 영양소를 고려하여 메뉴를 선택한다.

8. 아이를 여행 보낼 때
A. 여행지에서 보고 싶은 것에 대해 충분한 조사를 하도록 한다.
B. 여행과정에 대하여 치밀하게 계획을 세우도록 한다.

9. 아이를 대할 때
A. 기준을 정하고 변함없이 대하도록 노력한다.
B. 나의 기분에 따라 차이가 많이 나는 편이다.

10. 아이들이 한 일에 대하여
A. 별로 잘잘못을 따지는 일이 없다.
B. 가능하면 하나하나 따져 칭찬과 격려를 잘하는 편이다.

## 양육방법에 따른 성공형 PQ, 알파맘과 타이거맘

**알파맘**

알파맘이란 자신을 돌보지 않고 아이에게 올인하는 엄마를 말한다. 알파맘은 엄마 나름대로 아이의 재능을 발굴한다. 그리고 가능한 정보력과 재력을 총동원해서 아이의 재능을 개발하기 위해 노력한다. 사교육을 통하여 맞춤형 교육으로 자녀를 관리하지만

언제나 성공하는 것은 아니다. 목표대로 아이의 성적이 나오지 않는 알파맘은 말할 수 없는 절망과 스트레스를 경험하게 된다. 그러한 엄마의 상태는 바로 아이들에게 영향을 미치게 되며, 그 경우 엄마가 불행하면 아이도 불행해진다는 공식에서 자유로울 수가 없다. 결과적으로 알파맘을 둔 아이들은 스트레스와 정신적 압박으로 인해 틱장애증후군이나 주의력결핍증, 과다행동장애 등을 일으키기 쉽다.

이러한 아이들의 문제를 해결하기 위해서는 엄마가 행복해져야 한다. 실패한 알파맘은 우선 자녀를 향한 욕심을 버려야 하며, 자신의 행복에 관심을 가져야 한다. 그래야 아이들의 문제를 해결할 수 있는 터전을 마련할 수 있다.

### 타이거맘

성공형 PQ의 대표는 단연 타이거 맘이다. 타이거맘이란 글자 그대로 호랑이처럼 무섭게 자녀를 양육하는 엄마를 말한다. 이 말은 중국의 엄마들이 아이들을 군대식으로 양육한다고 소개한 미국 예일대 교수의 '호랑이 엄마의 군가'라는 책에서 비롯된 말이다. 이 책을 쓴 에이미 추아 교수는 타이거맘 기법으로 딸을 하버드대와 예일대에 동시에 합격시켰는데, 그때부터 그의 교육법이 주목을 받기 시작했다. 타이거맘의 교육 방침은 매우 치밀하다. 대학입학에 필요한 것 외에는 모든 것을 금지한다. 체육 점수 같은 것은 안중에도 없다. 오로지 공부, 또 공부다. 방법은 선행학습과 반복 그리고 암기다. 최근에는 타이거맘의 교육방식이 자녀를 지나치게 억압하여 창의성을 기대할 수 없다고 비난받고 있다.

애들이 원하는 것은 놀이다. 그러나 놀아서는 성공할 수 없다. 타이거맘은 놀고 싶은 아이를 공부하는 아이로 바꿔놓는 것이 부모의 할 일이라고 믿는다. 애들이 놀고 싶어 하는 대로 놀리다가는 빌어먹기 십상이라고 생각한다.

알파맘과 타이거맘으로 대표되는 성공형 PQ는 자식이 부모가 세운 계획에 의해 양육되어야 한다고 생각한다. 성공형 PQ가 추구하는 것은 외국어, 반복과 암기, 선행학습, 완벽주의와 같은 것들이다. 그들은 자녀가 '남다른 능력'을 갖기 원한다. 그들의 목적은 자녀가 '어떻게 사는가?'에 있지 않고 자녀가 '무엇이 되는가?'에 있다.

"벌써 승마를 시켜요?"
"이왕 국제 중학교에 들어갔으니 아이비리그까지 생각하고 있어요. 운동 하나 확실하게 해 둬야 미국 애들 틈에 낄 수가 있다고 하잖아요."

"바이올린도 한다면서요?"

"아이비리그에선 대학 오케스트라가 거의 프로급이라고 하더라고요."

"아이들도 자기 나름대로 생각이 있을 텐데…… 엄마 말을 잘 들어요?"

"애들이 뭘 알겠어요. 강제로 시킬 때는 시켜야 해요."

"그래도 지가 하고 싶은 걸 시켜야 하는 것 아닌가요?"

"김연아를 봐요. 엄마가 꿰차고 시켰으니까 올림픽에서 금메달을 땄지요."

"하긴 그러네요."

"애들은 원래 끈기가 없어서 스스로 못해요. 무섭게 시켜야 해요. 할 수 없이 하다보면 어느 정도의 수준에 올라가게 되고 수준이 올라가면 그때서야 흥미를 느끼게 되는 거죠."

○○ 엄마의 치밀한 계획과 폭넓은 정보력은 따라갈 사람이 없다. 덕분에 ○○이는 우리말보다 영어를 먼저 배우기 시작했다. 영어 유아원에서 시작해서 영어 유치원을 거쳐 사립초등학교를 졸업하고 국제중학교에 들어갔다. ○○ 엄마의 최종 목표는 ○○이를 아이비리그에 입학시키는 것이다. ○○이 엄마는 전형적인 성공형 PQ를 가졌다. 이런 부모는 정보력과 재력이 있어야 훌륭한 아이를 키워낸다고 굳게 믿고 있다. 중학교는 당연히 국제중학교에 다녀야 하고, 중학교 때 악기 하나쯤 자유자재로 다룰 수 있어야 하며, 운동 역시 준 프로급으로 할 수 있어야 한다고 생각한다. 봉사활동 역시 포트폴리오에 올릴 수 있을 만큼 열심히 할 수 있는 기회를 마련해야 한다고 믿는 그들은 아이들을 너무 들볶는 것 아니

녀는 질문에 간단하게 답한다. "나중에 커 봐!"

성공이란 어떤 목표를 세우고 그것을 이룬 것을 말한다. 우리가 수많은 목표를 세우고 그것을 성취한다고 해도 언제나 또 다른 목표가 생기기 마련이다. 좋다는 중학교에 들어가면 다시 일류 고등학교에 들어가야 하고, 일류 고등학교에 들어가면 또다시 일류 대학에 들어가야 한다. 좋은 직장에 취직이 되어도 끝이 아니다. 직장에서 진급을 하고 연봉이 올라가도 부족하기는 마찬가지다. 이상형의 이성을 만나 사랑을 하게 되면 세상이 품 안에 들어온 것처럼 느껴질 것이다. 문제는 백년해로를 하는 부부만 그런 사랑을 한 것이 아니라, 이혼 서류에 도장을 찍고 있는 부부도 그런 과정을 거쳤다는 사실이다. 성공형 PQ를 가진 부모에게 묻고 싶다. 언제까지 자녀의 성공을 밀어줄 것인가?

## 양육방법에 따른 행복형 PQ, 베타맘과 스칸디맘

**베타맘**

알파맘이 아이에게 맛있는 것을 떠먹여준다면 베타맘은 아이가 맛있는 것을 골라 먹을 수 있도록 밥상을 차려주는 일을 한다. 스스로 행복한 길을 찾을 수 있는 방법을 알려주고 기다리며 격려해준다. 공부란 아이가 놀아가면서 지적 호기심들을 채워가는 과정이라고 생각하는 그들은 산촌 유학도 마다하지 않는다. 그들은 아이의 생각을 존중해주며, 공부를 비롯해서 그 어떤 것도 강요하지 않는다.

도시보다 자연을, 학원보다 놀이터를 통하여 행복을 찾는 연습을 시킨다. 그들이라고 공부 잘하는 아이를 싫다고 할 이유가 없다. 그러나 기다릴 줄 안다. 이들이 베타맘이다.

**스칸디맘**

"타이거맘은 잊어라, 스칸디대디가 온다."

2011년 '더 타임즈'에 보도된 내용이다. 덴마크, 스웨덴 등 스칸디나비아 국가의 아빠들이 아이들과 눈높이를 맞추고 아이들과 정서적 교감을 나누면서 육아를 한다는 데서 나온 말이 스칸디맘이다. 이들은 아이들의 행복을 위해서는 못할 것이 없다고 생각한다.

1936년 1월 20일, 에드워드 8세는 영국의 왕이 되었다. 에드워드 8세 왕은 사랑하는 윌리스 심프슨 부인과 결혼을 추진했다. 그러나 영국 의회는 에드워드 8세와 심프슨 부인의 결혼을 승낙하지 않았다. 영국 왕실의 규정에 의하면 영국의 왕은 이혼 경력이 있는 여성과 결혼할 수 없었기 때문이었다. 고심하던 그는 1936년 12월 3일, 마침내 왕관을 벗고 사랑을 선택했다. 평민이 된 그는 1937년 6월 3일 심프슨 부인과 결혼식을 올렸다.

영국 국민은 사랑이라는 가치를 왕이라는 가치보다 더 중요하게 생각한 에드워드 8세에게 축복의 박수를 보냈다. 전 세계의 사람들이 모두 왕위와 바꾼 사랑에 찬사를 보냈다. 생각의 틀이 다르면 왕위조차도 무의미하다.

성공형 PQ는 왕이 되는 것을 목표로 삼는다. 그러나 행복형 PQ는 왕좌도 버릴 수 있는 삶을 목표로 삼는다. 그들은 자녀가 행복을 선택할 수 있도록 도와준다. 그들은 행복을 쟁취하는 것이 아니라 선택하는 것이라고 생각한다. 행복을 선택하지 못한다면 불행을 선택하는 것이라고 믿는 것이다.

아이들이 원하는 것은 놀이다. 행복형 PQ는 아이들에게 공부를 놀이로 생각하게 만들어 주고 놀이처럼 공부하는 환경을 만들어주기 위해 노력한다. 일을 놀이로 알고 삶을 살아가는 것이 행복이라고 그들은 가르친다.

## 양육방법에 따른 코칭형 PQ

### 누구의 삶인가?

○○이 엄마의 모습은 거의 실성한 사람과 다를 바가 없었다. 고등학교 2학년인 큰 아들이 폭력조직의 일원이 된 것이다. 절도와 폭행으로 학교에 불려간 것이 한 두 번이 아니었고, 중학교 2학년 작은 아들도 공부와는 담을 쌓았다. 작은 아들이 가방을 들고 가는 곳은 컴퓨터 오락실이었다. 늘 술에 찌들어 있는 남편은 두 아들을 의붓자식 취급을 했고, 아들들도 아버지를 의붓아버지처럼 대했다.

"○○이 어머니! 힘드시죠?"
"네."
"○○이 어머니는 지금 누구의 삶을 살고 계신 것 같습니까?"
"……"

"이러나저러나 내 자식이 아닙니까? 기다려 보세요. 아이들은 부모의 등을 보고 자랍니다. 무슨 일이 있어도 즐겁게 지내셔야 아이들이 제대로 돌아옵니다."

현상이 엄마는 그날 저녁부터 자기 자신을 위한 삶을 살기로 마음먹었다. 밤늦게 들어온 아들에게 퍼부었던 잔소리를 끊어버렸다. 오히려 웃으며 반겨주었다.

"애썼다. 들어가 자라!"
"엄마 웬 일?"
"왜 엄마가 웃으니까 이상하니?"
"엄마, 자기계발인가 뭔가 하는 이상한 거 배우러 다녀?"
"아니. 그냥 이렇게 편하게 살기로 했어."

코칭이라고 해서 별로 특별한 것은 없다. 내가 ○○이 엄마에게 코칭해 준 것이라고는 "○○이 어머니는 지금 누구의 삶을 살고 계십니까?" 하고 질문한 것이 전부이며, ○○이 엄마도 아이들에게 "애썼다!"는 말을 한 것이 전부다.

지구별의 모든 생명체는 서로 다르기 때문에 존재한다. 인간이 각각의 특징이 없이 모두 동일한 유전자를 가지고 타고 났다면 단 한 번의 재앙 혹은 단 하나의 재앙에도 모두 멸종되고 말았을 것이다. 인간마다 특이한 성질을 가졌기에 아무리 전염병이 돌아도, 아무리 먹을 것이 없는 흉년이라도 살아남는 인간이 있었다. 후손을 험한 세상에 살아남도록 하기 위해서는 각자 자신을 위한 삶을 살 수 있게 하는 것으로 충분하다.

## 갓끈 매는 아버지

옛날 조선시대의 아버지 모습을 한번 그려보자. 아버지가 어린 아들을 데리고 개울 건너 큰아버지 댁으로 가고 있다. 앞서 가던 아버지는 외나무다리 앞에 이르러 잠시 머뭇거리다가 뒤도 안 돌아보고 그냥 건너가 버린다. 뒤따라가던 아들도 잠시 머뭇거리다가 두려움을 참고 외나무다리를 건넌다. 먼저 건너간 아버지는 속으로 어린 아들이 잘 따라오는지 궁금하지 않을 수 없다. 그렇다고 명색이 사내 녀석인데 손을 잡아 줄 수는 없다고 생각한다. 아버지는 반쯤 돌아서서 괜히 풀어지지도 않은 갓끈을 풀었다가 천천히 다시 매며 외나무다리를 건너오는 아들을 슬쩍슬쩍 확인한다. 아슬아슬하게 외나무다리를 건너면서 아들은 흘깃 아버지를 쳐다본다. 갓끈을 고쳐 매시는 척하며 자신을 쳐다보는 아버지의 모습을 본다. 아들은 아버지의 그 마음을 알아채고 안심한다. 옛날 우리 아버지들의 부모지능은 바로 '갓끈 매는 아버지' 수준의 PQ였다. 외나무다리를 건너는 아들에게 아무 것도 하지 않은 아버지의 행동이 바로 아버지 코칭인 것이다.

## 코칭

'지금까지도 초등학교 때 꾸었던 꿈을 그대로 간직하고 있다면 지금 나는 어떻게 달라져 있을까?'
우리는 누구나 크고 작은 꿈을 꾸며 살고 있다. 그 꿈은 어렸을 적부터 가슴에 간직한 꿈일 수도 있고 지금 새로 만들어진 꿈일 수도 있으며, 곧 이룰 수 있는 꿈일 수도 있고, 평생을 품고 기다려도 이룰 수 없는 꿈일 수도 있다. 부모코칭이란 한 마디로 부모가 자녀의 꿈을 찾아 확인하고 그것을 이루어갈 수 있도록 질문을 통하여 자녀를 변화시켜 가는 일이다.

그 꿈이 어떤 꿈이냐에 따라 코칭은 여러 가지로 나눌 수 있다. 자녀의 꿈이 훌륭한 스포츠맨이 되는 것이라면 스포츠 코칭을 하면 되고, 훌륭한 CEO가 되는 것이라면 CEO 코칭을, 훌륭한 비즈니스맨이 되는 것이라면 비즈니스 코칭을 하면 된다. 공부를 잘하고 싶은 꿈을 가진 학생들에게는 학습 코칭이 필요할 것이고, 행복한 삶을 사는 것이 꿈인 많은 사람들에게는 라이프 코칭이 필요할 것이다. 스스로 인생의 문제를 해결하고 행복하게 살고 싶은 자녀들을 위한 셀프 코칭도 가능하다.

운전을 배우기 위해 굳이 자동차 공장에 가보지 않아도 된다. 시동을 켜는 법과 변속기어 조절하는 법, 액셀러레이터를 밟는 연습, 핸들을 조정하는 법을 익히고, 긴급 상황이 발생했을 때 응급처치 하는 법을 익히면 운전을 할 수 있다. 코칭 역시 하나 하나 기술을 익히기만 하면 각각의 기술을 독립적으로 적용할 수 있다.

최근 현대 심리학으로 자리 잡은 NLP(신경언어프로그래밍)는 코치에 대한 정의를 무한 확장시켰다. 코치는 스포츠 코치처럼 전문적인 지식과 능력이 필요할 수도 있지만, 꼭 필요한 것은 아니다. 현대적 의미의 코치는 개인이 가진 장애를 극복하고 무한한 역량을 극대화하기 위한 도우미라고 할 수 있다. 코치는 지붕에 올라가려는 사람의 사다리를 잡아주는 사람이다. 또 다른 비유로는 코치는 물에 빠진 사람에게 구명대를 던져주는 역할을 하는 사람이라고 한다. 물론 지붕에 올라갈 생각이 없는 사람에게 사다리를 잡아주는 코치는 무용지물이다. 또한 돈을 벌고 싶은 사람에게는 비즈니스 코치가 필요하지만 돈을 벌고 싶은 생각이 없는 사람에게는 비즈니스 코치가 필요치 않다. 공부하기 싫어하는 자녀에게 학습 코치가 필요치 않은 것은 당연하며, 그럴 경우 코치는 일단 동기부여부터 해야 하는데, 모든 코치는 동기부여의 역할을 함께 수행해야 한다.

## 코칭과 멘토링

소크라테스는 당시 젊은이들의 멘토였다. 멘토는 인간의 역사와 함께 한다. 멘토링은 코칭에 비해 많은 연구가 있었으므로 이 두 가지를 비교하면 이해가 쉬울 것이다. 멘토링과 코칭의 공통점은 모두 개인적, 조직적인 변화를 추구한다는 점이다. 두 가지 모두 인간의 잠재능력을 발휘하여 스스로 깨우치고 변화하게 만드는데, 스스로 해결책을 생각해내고 변화를 다짐한다.

멘토링과 코칭의 차이점은 첫째, 코칭은 코치와 코치이의 관계가 수평적인데 반해 멘토링은 멘토와 멘티와의 관계가 수직적이다. 두 번째, 코칭은 코칭 분야와 직접적인 관련이 없어도 무방하지만, 멘토링에 있어서 멘토는 멘티보다 우월한 지식과 경험을 가진 상사나 연장자인 것이 좋다. 세 번째, 코칭은 개인의 능력 향상을 목적으로 하는 반면, 멘토링은 조직의 궁극적인 변화를 위해 유용하다.

코칭의 기본 철학은 아주 간단하다. 사람은 누구나 가능성과 잠재 능력을 갖고 있기 때문에 코치와 함께 한다면 자신이 원하는 것을 훨씬 쉽게, 더욱 빨리 찾을 수 있다는 것이다.

# Chapter 2

# 부모와 자녀의 행복지수, PQ를 높이는 방법

> "
> 좌절감은 아주 흥미로운 신호이다. 원하는 것이 있지만 절대 이룰 수 없다는 절망과는 다른 감정이 좌절감으로, 좌절감은 긍정적인 신호이다. 해결책을 못 찾았지만 해결책이 존재하고 있으니 여러 가지 방법을 유연하게 강구해 봐야 한다. 좌절감을 통해 배운 것은 현재뿐 아니라 미래에도 도움이 된다.
> "

# 자녀와 함께 이루고 싶은 꿈을 목표로 설정하라

## 자녀에게 꿈과 사명을 확인시켜야 한다

꿈이 없으면 이룰 것도 없다. 꿈은 산 정상에 오르는 것처럼 한발 한발 걸어가다 보면 반드시 이루어낼 수 있는 목표와 같은 것이 좋은데, 목표가 하나일 필요는 없다. 히말라야의 높은 봉우리 14개를 등정한 산악인들처럼 살아가면서 목표를 하나씩 하나씩 이루어나가는 자세를 가져야 한다.

우리에게는 또 하나의 주어진 목표가 있다. 누구나 나름대로의 사명을 가지고 이 땅에 태어났으며, 사명은 하늘의 별과 같아서 따올 수는 없지만 항상 삶의 지표가 되는 것으로, 올바른 사명을 향해 가는 부모의 삶이 바로 부모지능이다.

PQ가 높은 부모는 항상 자신의 꿈과 사명을 잃지 않는다. 물론 자녀에게도 꿈과 사명을 확인시키고, 그것을 향해 갈 수 있는 여건을 만들어 준다.

작은 일이든 큰일이든 누구나 자신이 하고 싶은 일을 할 때 행복을 느낀다. 그런데 대부분 자신이 무엇을 하고 싶은지 몰라서 답답한 경우가 많으며, 그것은 배가 고픈데도 막상 자신이 무엇을 먹고 싶은지 떠오르지 않는 것과 같다. 자녀와 함께 진정으로 자신이 하고 싶은 일을 찾아내야 그것을 성취하는 과정에서 행복을 누리는 삶을 살 수 있다.

아무리 좋은 자동차를 갖고 있더라도 가고 싶은 목적지가 없으면 자동차를 탈 이유가 없으며, 아무리 좋은 음식을 차려 놓아도 먹고 싶은 요리가 없다면 그림의 떡이 되고 마는 것이다. 삶의 목표가 없다면 어떻게 하루하루를 살아갈 수 있을 것인가?

이루고 싶은 꿈은 구체적이고 긍정적인 목표가 되어야 한다. 목표를 정하는 이유는 그래야지만 우리의 뇌가 그 꿈을 이룰 수 있는 모든 가능성에 주목하기 때문이다. 따라서 목표를 정하는데 있어서 다음과 같은 사항을 고려하면 확실하게 꿈을 이룰 수 있다.

## 꿈은 긍정적이고, 주도적이고, 구체적이어야 한다

### 긍정적 목표

뇌는 부정문을 모른다. 어떤 생각이든지 뇌는 긍정적인 의미를 우선적으로 기억한다. 예를 들어 '담배를 피우지 않겠다.'는 결심을 했다고 하자. 담배를 안 피우는 일은 수없이 많다. 물을 마시는 것도 담배를 피우지 않는 일이요, 춤을 추는 것도 담배를 피우지 않는 일이요, 잠을 자는 것도 담배를 피우지 않는 일이다. 뇌는 담배 피우지 않는 모든 일을 입력할 수도 없고 생각해낼 수도 없다. 따라서 뇌는 '담배를 피운다'를 입력한 다음 그 앞에 마이너스 기호를 붙여 '담배를 피우지 않겠다'는 생각을 만든다. '지각을 하지 않는다.'는 목표를 세웠을 때도 역시 뇌는 '지각을 한다'라고 입력한 후 마이너스 기호를 붙여 '지각을 하지 않는다'를 만든다. 왜 우리의 꿈은 긍정적으로 표현되어야 하는지 이제 알았을 것이다.

 무엇을 그만두는 일, 끊는 일이 힘든 이유는 이와 같이 뇌가 그 것을 직접적으로 이해하지 못하기 때문이다. 아이들에게 '늦잠자지 않기'는 '늦잠 자다'에 마이너스 기호를 붙인 것이니 뇌에게는 매우 어려운 일이다. 뇌가 알아듣기 쉬운 말은 '일찍 일어나기'다. '게임하지 않기' 역시 아무리 결심을 해도 실행하기 매우 힘든 일로, 게임을 대신할 만한 무엇을 내놓아야만 한다.

### 주도적 목표

자녀와 함께 이룰 수 있는 꿈은 주도적인 것이어야 한다. 로또 복권에 당첨되는 목표와 같은 것은 아무리 세워도 소용없다. 그건 내 맘대로 되는 것이 아니기 때문이다. 따라서 나의 목표는 내가 할 수 있는 것이라야 하고, 내 아이의 목표는 내 아이가 할 수 있는 것이라야 한다. 아이가 전교 1등 하는 것이 내 목표가 될 수는 없다. 내가 아무리 열심히 공부를 해도 자녀의 성적이 올라가는 것은 아니기 때문이다. 그러나 자녀의 성적을 올리기 위해 자녀와 함께 공부하는 것은 나의 목표가 될 수 있다.

## 구체적 목표

목표는 분명하고 구체적이라야 한다. 이상적인 부모가 되는 것을 목표로 삼으면 어떨까? 그런데 이상적이라는 말은 매우 주관적이어서 이루기 힘들므로, 목표를 설정할 때는 누가, 언제, 어디서, 무엇을, 어떻게 이룰 것인가를 상세히 기술해야 한다.

## 목표 달성의 증거

목표를 이루었을 때 느끼고 싶은 마음상태를 미리 점검해 두어야 한다. 꿈이 이루어진 다음에 느끼는 마음 상태를 알아보기 위해서는 다음과 같은 질문이 필요하다.

"내가 꿈을 이루었을 때 내게 보이는 것, 들리는 것, 느끼는 것이 무엇인가?"

"내가 꿈을 이루었다는 사실을 어떻게 알 수 있을까?"

## 목표는 기록, 검토, 수정하는 단계를 거쳐야 한다

**기록**

"꿈을 이루기 위하여 필요한 자원은 무엇인가?"
"꿈을 이루기 위하여 가지고 있지 않은 자원은 무엇인가?"
"내가 가지고 있지 않은 자원을 얻기 위해 할 수 있는 것은 무엇인가?"

목표를 이루기 위해 기록하는 습관은 매우 중요하다. 목표를 기록하는 것은 물론 중간 중간에 점검한 내용과 문제점, 그리고 그것을 해결했던 방법과 새로운 아이디어 등을 기록하는 것이 도움이 된다. 반드시 목표와 그에 수반되는 모든 문제를 기록하라.

내가 가지고 있는 자원이 없으면 목표를 향해 갈 수가 없다. 목표를 이루는데 필요한 자원이 무엇인지 확인하라. 이미 가지고 있는 자원은 어떤 것이며, 앞으로 더 필요한 자원은 어떤 것인지 확인한 후 구체적인 리스트를 만들어야 한다. 목표를 이루는데 필요한 자원이 없는 경우에는 그러한 자원과 능력을 얻기 위한 방법을 생각하라.

나 자신이 갖춰야 할 능력도 필요하지만 주위에서 지원해 주어야 할 자원 또한 필요하다. 그러한 자원들이 언제 필요한지 구체적인 시간까지 열거하는 것이 좋으며, 나를 도와줄 사람의 이름, 직업, 전화번호까지 모두 열거할 필요가 있다. 또한 나 자신이 갖춰야 할 감정 상태는 어떤 것이고, 자금은 얼마나 필요하고, 필요한 정보는 어떤 것이 있어야 하는가 알아야 한다. 기타 목표를 이루는데 필요한 모든 자원을 총 망라하여야 한다.

## 검토

스테이크 덩어리를 한 입에 넣고 먹는 사람은 없다. 우리의 목표 역시 한꺼번에 이룰 수는 없는 것이다. 책을 한 권 쓴다고 해도 한 페이지 한 페이지 써내려가야 하므로 하루에 할 수 있는 양을 목표로 설정하는 것이 현명하다. 한꺼번에 체중을 10kg 빼겠다는 결심을 한다고 해서 하루아침에 이루어지는 것이 아니다. 매일매일 달성할 수 있는 체중을 목표로 정해야만 한다. 목표가 너무 크거나, 혹은 너무 작거나, 나의 능력으로 이룰 수 없는 불가능한 것이라면 당연히 목표의 조정이 필요하다.

"나의 꿈을 이루는데 방해가 되는 것은 무엇인가?"

내 꿈을 이루었을 때 내 인생과 인간관계에 어떤 일이 벌어질 수 있는지 확인할 필요가 있다. 만일 사회적으로 문제를 일으킬 수 있는 것이라면 당연히 꿈으로서 부적절한 것이다.

"내가 이룬 꿈이 다른 사람에게 어떤 영향을 미칠 수 있을까?"

"내가 그 꿈을 이루면 어떤 일이 생길까?"

이 세상에 내 편만 있는 것은 아니다. 따라서 나를 방해하는 모든 것을 점검할 필요가 있다. 나의 목표를 방해하는 것은 무엇인가? 나를 방해하는 사람은 누가 있고, 나에게 걸림돌이 되는 법은 무엇인가? 내 안에서 나의 목표를 달성하지 못하게 하는 문제는 어떤 것이 있는가를 검토하기 바란다.

## 수정

나와 내 자녀의 현재 생활이 이루고 싶은 목표를 향해 제대로 가고 있는지 민감하게 관찰해야 한다. 이를 위해서는 오감을 통한 관찰이 끊임없이 이루어져야 하는데, 지나간 경험과 현재 상태에 대한 정확한 관찰 정보가 있어야지만 앞으로 어떻게 변화해서 꿈을 이룰지 알 수 있게 된다.

길이 없는 하늘을 날아다니는 비행기도 일직선으로 날아가지 않고 지그재그 운항을 하며, 바다의 배도 마찬가지로 지그재그로 항해를 한다. 우리의 삶도 목표를 위해 일직선으로 날아갈 수 없는 것은 마찬가지로, 한 번의 결심으로 목표를 이룰 수는 없다. 따라서 필요할 때마다 항로를 수정할 수 있는 유연성이 있어야 한다.

# 부모지능의 걸림돌인 화를 제거하라

## 화내는 부모가 자녀를 망친다

하루 종일 회사에서 업무에 시달리다 돌아온 ○○○ 과장은 현관문을 열고 들어서자마자 바로 ○○이 엄마로 탈바꿈을 한다. ○○이는 엄마가 온 줄도 모르고 컴퓨터 게임에 빠져 있다.

"○○아! 엄마 왔다."
"응. 엄마 왔어?"
"그런데 이게 무슨 냄새냐?"

○○이는 그때서야 상황을 알아차리고 주방 쪽으로 달려간다. 가스레인지 위에 올려놓은 냄비 속에서 라면이 연기를 풀풀 날리며 타고 있는 것이 아닌가. 금방이라도 불이 날 것처럼 벌겋게 달아오른 냄비를 보고 엄마는 ○○이에게 어떤 반응을 보일까?

회사에서 하루 종일 과장 노릇을 하다가 집에 오자마자 엄마 노릇과 주부 노릇을 해야 하는 ○○○ 과장은 언제라도 불을 지필 수 있는 화의 아궁이며, ○○○ 과장의 스트레스는 아궁이 속의 불쏘시개다. 딸이 아궁이 속의 불쏘시개에 성냥불을 그어 댔다. 불쏘시개를 없애는 가장 확실한 방법은 태워버리는 것이다. 그렇다고 ○○이에게 화풀이를 해서 스트레스를 태워버릴 수는 없는 것 아닌가? 화를 잘 내는 부모 밑에서 자란 아이들은 어른이 되어서도 정신적으로 미성숙하다고 한다. 결국 화내는 부모가 자녀를 망치는 것이다. 종로에서 뺨을 맞았지만 그 자리에서 풀지 못하고 한강까지 달려가서 눈을 흘겨야 하는 것이 부모다. 화를 내기는커녕 세상에서 가장 자애로운 엄마로 변신하길 바란다.

"큰일 날 뻔했구나. 놀라지 않았니?"
"응. 괜찮아."
"라면을 다 태웠으니 배고프겠구나."
"괜찮다니까."
"엄마가 새로 끓여줄게!"

가족은 개인의 집합체가 아니라, 상호 관계로 이루어진 균형 잡힌 하나의 유기적 시스템이다. 그러므로 엄마의 작은 행동 하나가 자녀에게 큰 문제를 일으키기도 하고 문제를 해결하기도 한다.

## 매로 아이를 다스리면 안 된다

"매를 아끼면 아이를 버린다."
아이를 키워 본 부모라면 누구나 공감이 가는 말이다. 서양 부모도 똑같은 말을 한다. "Spare the rod, Spoil the child." 동서고금을 막론하고 매는 매우 유용한 교육 방법이었다. 그래서 '사랑의 매'라는 말까지 생겨난 것이다.

매가 화를 만나면 사랑의 매가 아니라 학대의 매로 변신한다. 그래서 부모의 화풀이 매를 맞고 자란 아이들은 반항적이고 통제하기 힘든 아이가 된다. 매 맞고 자란 아이들은 다른 사람에게 공감할 능력을 빼앗기고 정서적으로 문제가 생기며 사회적응력이 떨어지게 된다. 또한 화풀이 체벌은 비행과 범죄의 뿌리가 되기도 하는데, 매를 많이 맞은 아이는 청소년기에 우울증을 앓게 될 확률이 높다.

자신의 삶을 자기 마음대로 할 수 없을 때 아이들은 노력을 포기하며, 자신감을 잃어버린다. 자기는 재능이 없는 아이라고 확신해 버리게 되는데, 그것이 바로 무력감이고 해이함이다. 그들의 뇌 속에는 '하면 안 돼.' '잘못하면 맞는다.'는 위협적인 말이 뿌리 깊게 박혀 있다. 그래도 화풀이 매로 자녀를 다스릴 것인가?

## 화는 독이자 선물이다

"너, 화났구나?"
"아니야. 화는 무슨……."

"화났는데 뭘 그래."
"내가 무슨 화가 났다고 그래. 웃기지 마!"

누구나 자주 겪게 되는 흔하디흔한 대화의 장면이다. 얼굴에 '나 화났음'라고 쓰여 있는데 정작 본인은 화가 난 사실을 모른다. 아니 알고는 있지만 인정하고 싶지 않은 것이다. 화난 것을 부정하는 것이 버릇이 되어 자기 자신까지 속아 넘어가게 되면 이러지도 저러지도 못하는 화병이 된다. 옛날 엄마들은 참는 것을 미덕으로 삼았다. 어렸을 적에 홍역을 앓듯이 나이 들면 으레 화병 앓는 것을 당연한 것으로 생각했다.

"참을 인(忍)자 셋이면 살인도 면한다."
"벙어리 삼년, 귀머거리 삼년, 장님 삼년"
"삼종지도(三從之道, 어려서는 부모를 따르고, 결혼을 하면 남편을 따르며, 늙어서는 아들을 따름)"

이 모두가 화를 묵혀 화병으로 만드는 지름길이다. 그렇게 해서 쌓인 묵은 화가 세계 어느 민족에게도 없는 '화병'을 만들어냈다. 된장 고추장은 묵어야 제 맛이고 김치도 묵은지가 되면 특별한 맛을 내지만, 유독 화는 묵으면 독이 된다.

정신질환을 분류하고 평가하는 기준과 관련해서 미국정신의학협회가 출간하는 '정신질환의 진단 및 통계 편람(DSM, Diagnostic and Statistical Manual of Mental Disorders)'이 있다. 심리학의 바이블이라고 하는 이 책의 가장 최신판인 DSM-IV에 등록되어 있는 '화병'에 대한 정의를 한번 살펴보자.

"화병은 한국의 민속 증후군으로 문자적으로 '분노증후군(Anger Syndrome)'으로 번역할 수 있는데, 분노의 억제로 인하여 발생한다. 이 증후군의 증상은 불면, 피로, 공황, 임박한 죽음에 대한 두려움, 우울한 감정, 소화불량, 식욕부진, 호흡곤란, 빈맥, 전신의 통증과 상복부의 이물감 등이다."

우리 몸에는 매일 수천 개의 암세포가 발생하고 또 소멸한다. 그러나 우리 몸속에는 NK(Natural Killing)세포가 있어서 매일매일 발생하는 암세포를 잡아먹는다. 그렇게 고마운 NK세포에게는 천적이 있는데, 그것이 바로 묵은 화다. 묵은 화가 있으면 면역력이 떨어지고 암세포의 활동을 억제하는 힘이 줄어든다. 다시 말해 화를 참으면 암에 걸릴 확률이 높아진다는 것이다.

묵은 화는 자살골을 좋아한다. 화를 밖으로 표출하는 대신 스스로를 비난하고 자학한다. 어차피 내가 화를 내 봐야 세상이 달라질 것도 아닌데 내가 참고 말지, 상대방을 탓해 봐야 내 입만 아프다고 생각하는 것이다. 힘든 세상에서 살아남기 위해서는 자신을 죽이고, 자신의 욕구를 없애는 방법밖에 없다고 생각하는 것이다. 묵은 화로 인하여 자기 비하를 하게 되면 결국 정서적 결핍으로 인하여 우울증이 발생하게 된다.

내게 묵은 화가 쌓여있는지 없는지 알아보는 방법은 그리 어렵지 않다. 가장 쉬운 방법은 숨소리를 들어보는 것이다. 평소에는 잘 들리지 않던 자신의 숨소리이지만 눈을 감고 조용히 마음을 모으면 숨소리의 느낌을 알 수 있다. 거친 숨소리, 고르지 못한 숨소리가 무엇을 말해주는지 알게 될 것이다. 평안한 상태에서 자신의 심장이 되어보자. 그러면 심장의 박동이 전해주는 느낌을 알아챌 수 있게 될 것이다. 폐가 되어보기도 하고 위가 되어보기도 하자. 혈관을 타고 몸의 구석구석 흘러 다니는 혈액이 되어보자. 이렇게 신체의 느낌을 하나하나 느껴보면 꽁꽁 뭉쳐 응어리진 에너지가 어디에 있는지 알 수 있을 것이다. 그곳에 화 덩어리도 함께 있다. 우리를 좌절하게 만드는 것은 '현실' 그 자체가 아니라, 삶의 배경에 묻어 있는 '묵은 화'다.

그럼에도 불구하고 화는 쓰레기가 아니라 신이 내린 선물이요, 삶의 에너지다. 죽은 사람이 화내는 걸 본 적이 있는가? 자주 화가 난다고 걱정할 일이 아니다. 화 덩어리를 에너지로 바꾸고 화를 다스리는 방법만 알 수 있다면 인생을 활기차고 즐겁게 살 수 있다. 화가 났을 때 분비되는 아드레날린 혹은 노드아드레날린이라는 신경전달물질은 맹독성을 가진 분노의 호르몬이다. 그러나 동시에 삶의 에너지를 만들어내는 활력과 용기의 호르몬이기도 하다. 아드레날린이나 노드아드레날린이 분비되면 호흡과 심장박동이 빨라지면서 신체에 산소를 대량으로 공급하게 된다. 또한 혈중의 포도당 생성을 촉진시켜 뇌가 필요한 에너지를 충분히 공급해 주는 역할을 한다. 어떤 때는 적을 물리치기 위해 넘치는 에너지로 싸움(Fight)을 할 수도 있고, 어떤 때는 살아남기 위해 있는 힘을 다해 도망(Flight)을 칠 수도 있다. 화로 인하여 분비되는 호르몬이 신체에너지를 넘치게 만드니 어찌 화를 삶의 에너지라고 하지 않을 수 있겠는가.

다만 이런 화의 에너지를 한꺼번에 밖으로 폭발시키게 되면 화 폭탄이 된다. 그렇다고 화의 에너지를 밖으로 못 나가게 하고 몸에 쌓아두면 한(恨)이 되고 화병이 된다. 우라늄을 한꺼번에 터뜨리면 핵폭탄이고, 천천히 터뜨리면 핵발전소가 되는 것처럼 화의 에너지를 한꺼번에 폭발시켜 화 폭탄을 만들 것이 아니라, 화 발전소로 만드는 지혜가 필요하다. 이처럼 화의 에너지를 조금씩 나누어 발산하는 것이 유쾌한 삶의 비결이다.

그렇다면 어떻게 화의 에너지를 천천히 풀어낼 수 있을까?

엄마를 따라 백화점에 간 다섯 살짜리 아이가 플라스틱 장난감 총을 하나 집어 든다. 엄마는 고개를 좌우로 흔들며 짜증스러운 얼굴로 아들에게 총을 제 자리에 놓아두라고 눈짓을 보낸다. 아이는 아랑곳하지 않고 엄마에게 떼를 쓰기 시작한다.

"엄마, 나 이거……."
"안 돼! 도로 갖다 놔!"
"싫어. 이거 사 줘."

보이는 대로 장난감을 사달라고 조르는 아들은 오늘도 엄마의 짜증을 불러일으켰다. 엄마의 짜증은 즉각 아이의 청개구리 심보를 불러냈다. 동시에 아이의 청개구리 심보는 엄마의 화 심지에 살짝 불을 붙인다. 엄마의 화 심지에서 불이 타오르기 시작하는 것을 본 아이는 본격적으로 맞불을 놓으며 떼를 쓰기 시작한다. 아이의 떼는 불붙은 엄마의 화에 있는 내로 부채질을 한다.

"집에 총이 어디 한두 개니?"
"집에 있는 총은 다 후졌어. 이거 사 줘!"

드디어 엄마의 화가 폭발하기 직전. 엄마는 사람들이 많아 어찌 할 줄을 모른다. 엄마는 거칠게 아이가 가진 장난감 총을 빼앗다가 진열장 위에 놓아 둔 장난감들을 쳐서 떨어뜨리고 만다.

"아이고 미쳐. 내가 너 땜에 못 살아."

드디어 엄마의 화가 폭발한다. 붉게 달아올랐던 엄마의 얼굴이 푸르게 변한다. 아이 엉덩이를 때리려고 총을 들어올리는 순간, 엄마의 교양이 엄마를 말린다. 아이 엄마는 판매원에게 몇 번이고 미안하다고 머리를 조아리며 아이의 머리를 끌어안는다.

화가 치밀어 오르면 체내에서는 즉각적으로 아드레날린이라는 화의 호르몬이 분비되기 시작한다. 화의 불을 얼른 끄지 못하면 첫 번째 아드레날린이 잦아들기 전에 두 번째 아드레날린이 흘러나오고, 다시 그 위에 세 번째 아드레날린이 쏟아지게 되어 신체의 생리적 각성이 급격히 상승하게 되고, 화의 지수가 급상승하게 된다. 결국 이성을 잃게 되고 심하면 폭력을 행사하게 된다. 이런 원시적인 화가 표출되는 상황에서 이성적인 사고를 기대하기란 매우 어려운 일이다.

우리 몸의 세포는 그 어느 것도 화를 낼 줄 모른다. 팔이나 다리가 화내는 것을 본 일이 있는가? 마음이 화를 내어 내 몸에 변화를 일으키는 것이다. 마음의 화가 혈압을 올리고 호흡과 맥박을 곤두박질치게 만든다. 어떤 때는 얼굴색이 변하고 눈이 충혈되기까지 한다. 몸이 변하게 되면 마음은 더욱 혼미해져서 논리적인 생각을 할 수 없는 흥분상태에 빠지게 된다. 인간이 가지고 있는 가장 거친 야수의 본능이 신체 생리의 주도권을 쥐게 되는 것이다. 어디 화뿐인가? 미움, 시기, 질투, 욕심 등 마음의 갈등 상태는 모두 비슷한 현상을 일으킨다. 화는 혼자서 오지 않는다. 첫 번째 화를 잘 다스리지 못하면 바로 두 번째, 세 번째 화가 줄을 지어 나타나게 된다.

나쁜 일은 결코 혼자 오지 않는다. 화불단행(禍不單行)이라는 옛말은 화(火)에도 해당되는 말이다. 엎친 데 덮친다는 설상가상(雪上加霜)이라는 말 또한 화를 설명하는 적절한 말이다. 그러나 겁먹을 필요는 없다. 나쁜 일과 좋은 일은 번갈아가며 온다는 새옹지마(塞翁之馬) 또한 화와 연관되어 있으니 말이다.

그림자가 없이는 그림을 그릴 수도 없고 사진을 찍을 수도 없다. 밝은 부모지능이 가정교육의 원천이듯이 어두운 부모지능은 가정교육의 파괴자. 파괴자들이 우리에게 주는 그림자는 어떤 것이고, 우리에게 주는 긍정적 메시지는 무엇인지, 또 에너지는 어떤 것인지를 항상 염두에 두자.

# 불안과 두려움을 해소하라

### 불안의 요소를 확인하고, 대비해야 한다

불안(不安)이란 캄캄해서 아무 것도 볼 수 없는 상태를 말하며, 불안에 빠지면 내가 어떤 상태에 있는지를 제대로 알 수 없다. 불안감이 주는 메시지는 불을 켜고 어두움을 밝힌 후, 무엇이 있는지 자세히 들여다보라는 것이다. 이럴 때는 우선 자신의 마음상태를 들여다봐야 하며, 그래야지만 나의 감정이 원하는 방향으로 갈 수 있게 된다.

"현관문 잠갔어?"
"잘 모르겠어. 아니, 안 잠근 것 같아."

잠들 무렵 갑자기 현관문을 잠근 기억이 나질 않는다. 그걸 확인하지 않고서는 불안해서 그냥 잠을 청할 수가 없다. 그냥 잠을 청해 봐도 불안해서 잠이 오질 않는다. 불안하다. 이 때 현관에 나가서 문이 잘 잠긴 것을 확인하고 불안감을 떨쳐내야 한다. 불안감을 해소하고 나면 편안하게 잠을 이룰 수 있다. 다시 한 번 확인한다고 해서 나쁠 것은 없지 않은가? 불안하면 확인하라!

"왜? 잠이 안 오니?"
"엄마, 내일 비 오면 어떻게 해요?"
"아침에 비 오면 학교로 오랬다면서. 배낭 대신 책가방 메고 학교로 가면 되지 뭐."
"아니, 그게 아니고 내일 비가 안 와야 소풍을 가잖아요."

초등학교 시절 소풍 가기 전날이면 늘 잠을 못 이루었다. 내일 아침 비가 오면 어떻게 하나 불안해서 잠이 오지 않는 것이다. 이 때의 불안감은 미래의 일이 내가 원하는 대로 안 될 수도 있으니 그럴 경우에 대비하라는 메시지다. 소풍갈 배낭도 준비하고, 학교 갈 책가방도 준비하고 나면 불안감이 사라지고 잠이 오게 될 것이다.

"어서 오세요. 안쪽으로 앉으시지요."
"아니, 창가 자리가 좋겠는데."
"손님, 죄송합니다. 지금 창가에는 빈자리가 없는데요."
"그럼, 기다리겠습니다."

하던 대로 하면 편안하다. 과거의 습관을 바꾸는 변화는 불안하다. 뭔가 조금이라도 변하면 못 견디는 사람이 있다. 원하는 자리, 늘 앉았던 자리에 앉지 않으면 불안해서 견딜 수가 없다. 이것은 불안을 잠재우는 이성적 뇌의 기능이 잘못되었다는 메시지다. 불안감이 찾아올 때는 이렇게 질문해 보라. "그게 안 되면 어떻게 되는데?" "창가에 앉지 않으면 어떻게 되는데?"

## 두려움이 찾아오면 주위를 환하게 밝혀야 한다

"엄마, 똥 마려. 뒷간에 데려다 줘."
"뒷간이 십 리나 되니? 언제쯤 혼자 뒷간에 갈 수 있겠어?"
마당을 지나 대문 옆에 재래식 뒷간이 있었던 시절 얘기다. 대낮엔 혼자서 곧잘 뒷간에 다녀오던 아이들도 해만 지면 혼자 뒷간에 갈 엄두를 못 낸다. 그건 어둠 때문으로, 어두워서 잘 보이지 않으면 두려움이 엄습한다. 두려움이 어둠을 타고 이곳저곳 마음대로 날아다니면 아이들은 어둠을 두려워하지 않는 어른들이 언제라도 귀신을 쫓아줄 수 있다고 믿었다.

어른이 되면 두려움이 사라지는 줄 알았지만, 어른이 되어보니 어둠 속이 아니라 환한 대낮에도 두려움이 찾아오곤 한다. 아이들은 눈에 보이지 않을 때 두려움을 느끼지만 어른들은 마음에 보이지 않을 때도 두려움을 느낀다. 아이들이 느끼는 두려움은 아주 작고 사소한 것이지만 어른들은 작고 사소한 두려움은 물론 극심한 공포에 이르기까지 수많은 두려움을 달고 산다. 그 모든 두려움의 공통점은 아직 일어나지 않은 일이라는 것이다. 그리고 그 일이 일어날지 일어나지 않을지는 미지수다.

확실한 일에 대해 두려움을 느끼는 사람은 없다. 아침이면 해

가 뜨고 저녁이면 해가 지는 것처럼 확실한 일은 없다. 그럼에도 불구하고 만일 아침 해가 뜨지 않을까봐 두려워하는 사람이 있다면 정신과 치료를 받아야 할 사람이다.

두려움은 전적으로 미래에 속하는 일이다. 지나가버린 과거의 일에 두려움을 느끼는 사람은 없으며, 이미 결정된 일에 두려움을 느끼는 사람도 없다. 아무리 두려운 일이었더라도 지나가 버리면 두려움은 끝이 난다. 때로는 과거에 저지른 일 때문에 두려움을 느끼는 경우도 있지만, 그것 역시 과거의 일로 인해 일어날 미래의 일 때문이지 과거의 일 자체에 대해 두려움을 느끼는 것은 아니다.

두려움이 우리에게 주는 메시지는 미래에 일어날 일에 대하여 더 준비하고 확신을 가지라는 것이다. 때로는 더 이상 손댈 것 없이 모든 준비를 완벽하게 했는데도 여전히 두려움에 떠는 경우가 있다. 바로 이때가 두려움에 대한 해독제를 사용해야 하는 순간이다.

## 두려움에도 해독제가 필요하다

두려움의 첫 번째 해독제는 이미 해결된 두려움이 가지고 있다. 각종 질병에 대한 백신은 죽은 병원균이나 약화된 독을 사용하여 만드는데, 두려움을 물리치는 백신 또한 이미 용도 폐기된 두려움이나 그 두려움이 남긴 잔해를 이용해서 만들면 된다. 사랑스러운 아이가 태어난 순간의 기쁨도 잠시, 이 아이를 잘 키울 수 있을까 하는 두려움이 몰려온다. 그러나 어느새 초등학교에 들어가고 중학교에 들어간다. 아이들이 커가는 모습을 보면서 '모든 것은 지나간다'는 자신의 경험을 믿어야 한다.

두려움의 해독제를 만드는 두 번째 방법은 스스로 미래를 만드는 연습을 하는 것이다. 내 미래는 내가 만든 결과다. 미래 창조라는 거창한 말이 아니어도 좋다. 아주 간단한 나의 미래를 내가 직접 만들어 보는 연습을 하면 된다. 오늘 하루를 내 맘대로 만들어갈 수 있으면 내일도 만들어갈 수 있고, 내일을 내 맘대로 만들 수 있다면 일 년 후, 십 년 후도 내 맘대로 만들어갈 수 있다.

"이번 토요일에는 모처럼 딸아이가 좋아하는 궁중 떡볶이를 만들어 줘야지."

내 뜻대로 계획을 세워 본다. 그러나 가는 날이 장날이라고 하지 않았던가? 기껏 떡볶이 재료까지 사왔는데 아이가 친구 생일잔치에 초대받았단다. 내 맘대로 정한다고 무엇이나 내 맘대로 할 수 있는 것은 아니다. 그래서 미래 만들기 연습이 필요한 것이다.

"오늘 저녁엔 읽던 책을 50페이지 더 읽어야지."

이런 일은 혼자 하는 일이라 훨씬 쉬울 것 같지만 노력이 필요하다. 역시 만만한 일은 아니다. 미래 만들기 연습을 하다 보면 내가 내 맘대로 할 수 있는 일이 점점 많아지게 된다.

하루의 일을 끝내고 잠자리에 들 때마다 다음과 같은 질문을 던지며 내일을 준비해 보라.

"나는 나의 내일을 어떻게 만들 것인가?"

일요일 저녁마다 다음과 같은 질문을 던지며 다음 한 주일을 준비해보라.

"나는 다음 주일을 어떻게 만들 것인가?"

섣달그믐이 되면 다음과 같은 질문을 던지며 새해를 준비해 보라.

"나는 새해에 무엇을 할 것인가?"

# 마음의 상처를 치료하라

## 아이의 마음에 남긴 상처는 부메랑이 되어 돌아온다

사람들은 보통 마음의 상처는 아이들만 받는 줄 안다. 인터넷을 뒤져보면 아이들이 받은 마음의 상처를 치료하기 위해 이렇게 하라, 저렇게 하라는 등의 많은 조언과 방법이 나와 있다. 그러나 부모가 받은 마음의 상처에 대해서는 별로 얘기가 없다.

"엄마가 나한테 해준 게 뭐 있어?"

흔히 듣는 얘기다. 마음의 상처를 받는 일은 마치 작은 돌멩이를 잘못 밟아서 넘어지는 것과 같다. 돌에 걸려 넘어지는 사람은 있어도 산에 걸려 넘어지는 사람은 없다는 말처럼, 우리가 주로 걸려 넘어지는 것은 작은 돌뿐이다. 누군가가 목숨을 걸고 덤벼들어 내 마음에 상처를 내는 일은 없다. 상대방은 기억조차 하지 못하는 사소한 말 한 마디가 내게 상처가 된다. 내 마음에 상처를 내는 것은 산도 아니고 돌멩이도 아니며, 내가 던진 부메랑이 나에게 다시 돌아와 상처를 내는 것이다.

관광지에서 놀잇배를 젓다보면 이리저리 서로 부딪치기 십상이다. 더욱이 술꾼들이 타고 있는 보트와 부딪치게 되면 언성이 높아지고 싸움으로 이어지기도 한다. 그러나 줄이 풀려 바람에 떠다니는 빈 배에 받쳤다면 누구도 빈 배에 대고 눈을 흘기거나 화를 내는 일은 없다.

내게서 떠난 감정이 부메랑이 되어 다시 돌아오는 것을 제대로 받을 수 없을 때 생기는 상실감이 바로 마음의 상처다. 이렇게 스스로 만들어낸 마음의 상처 때문에 죄 없는 아이들과의 친밀감이 사라지고 신뢰가 깨지게 된다.

마음의 상처를 입었을 때 자신에게 물어보라.

"나는 정말 나를 사랑하는가?", "내가 빼앗긴 것이 무엇인가?", "너무 성급히 판단한 건 아닐까?, 내일도 같은 생각을 할까?"

나의 내적대화 방식을 바꾸고 어떤 일이 일어났었는지 명확히 되짚어보는 것만으로도 마음의 상처가 순식간에 사라짐을 느끼게 된다.

## 아이가 좌절하거나 실망하면 이유 있는 격려를 해야 한다

개구리가 잔뜩 웅크리는 것은 멀리 뛰기 위해서다. 좌절이 주는 메시지는 지금보다 더 잘해낼 수 있다는 암시이며, 다만 방법을 조금 바꿀 필요가 있고, 좀 더 유연해져야 한다는 것을 말해주는 것이다.

나팔꽃을 좋아하는 호기심 많은 아이가 있었는데, 아이는 나팔꽃이 언제 피는지 궁금했다. 밤새 불을 켜고 나팔꽃을 관찰했는데 아침이 되어도 나팔꽃이 피지 않았다.

"엄마 오늘 아침에는 나팔꽃이 하나도 안 폈어요."
"이상하구나. 밤새 불을 켜두었니?"
"네. 밤새 불을 켜고 들여다봤어요."
"나팔꽃은 어둠을 먹어야 피는 꽃이란다."
"어둠을 먹는다고요?"
"그래. 나팔꽃은 캄캄한 밤이 있고 난 다음에 아침이 오면 피는 꽃이야. 밤이 없으면 꽃을 못 피워."

아이가 밤새 불을 밝혀두었기 때문에 어둠을 먹지 못한 나팔꽃은 아침이 되어도 꽃을 피울 수가 없었다. 인간이 겪게 되는 좌절감은 나팔꽃의 어둠과 같은 것이다.

봄에 피는 꽃들은 겨울이 만들어낸 작품이고, 황금 가을을 만드는 벼이삭은 뜨거운 여름의 작품이다. 소우주라고 말하는 인간의 일도 이와 같아서 젊어서 하는 고생은 성공적인 삶을 만들어 내기 위한 과정이다. 자연의 섭리는 우주에서나 인체에서나 모두 한가지로 신비하기 짝이 없다.

친구가 강원도 횡성 산골 마을에 그림 같은 별장을 마련했다. 산골 정원 마당이라야 들판의 연장이고 산자락의 일부이기는 하지만 막상 울타리를 쳐놓고 내 집 마당이려니 하고 보니 가꾸지 않을 수 없었던 모양이다. 이집 저집에서 얻어다 심은 나무들이 뿌리를 잘 내리고 터를 잡았다. 마당 가 양지바른 곳에 화단을 만들고 야생화를 구해다가 정성껏 심고 물도 자주 주었다. 대부분의 야생화가 잘 자라고 있었는데 맥문동의 모양이 영 아니었다.

"얘는 왜 이렇게 시들시들하지? 이거 맥문동 아니야?"
"그래. 맞아."
"맥문동은 대표적인 음지식물이야."
"음지식물이 뭐야?"
"햇볕을 쬐면 잘 안 자라는 식물이라고."
"그럼, 그늘에 심어야 하는 거야?"
"맞아. 그래서 보통 맥문동은 큰 나무 밑에 심지."
"아! 또 어떤 게 음지식물이야? 그런 게 많아?"
"저기 있는 비비추도 음지식물이고, 바위취도 음지식물이야."

양지바른 곳이라고 모든 식물이 다 잘 자라는 것이 아니다. 친구는 음지라야 잘 자라는 음지식물이 있다는 것을 몰랐다. 음지식물은 키다리 나무들의 잎에 가려 어두운 곳에서 사는 식물이다.

그들 또한 처음부터 음지식물은 아니었을 것이다. 살다보니 햇빛을 조금씩밖에 받을 수 없게 되었을 것이고, 적은 햇빛으로 살아야 하다 보니 잎에 엽록소가 많아 짙푸른 색이 되었으며, 줄기는 길고, 꽃은 화려하지 않지만 생명력이 매우 강한 식물이 되었을 것이다. 우린 그런 식물을 음지식물이라고 부른다. 친구가 그런 음지식물을 양지바른 곳에 심어 놓고 늘 빛을 잘 쪼여주고, 때때로 물을 잘 주면서 공을 들였으니 잘 자랄 리가 없었던 것이다.

좌절감은 아주 흥미로운 신호이다. 원하는 것이 있지만 절대 이룰 수 없다는 절망과는 다른 감정이 좌절감으로, 좌절감은 긍정적인 신호이다. 해결책을 못 찾았지만 해결책이 존재하고 있으니 여러 가지 방법을 유연하게 강구해 봐야 한다. 좌절감을 통해 배운 것은 현재뿐 아니라 미래에도 도움이 된다.

## 자책하지 않고 기준을 바꾸도록 해야 한다

### 실망

실망은 이룬 것보다 기대가 더 컸을 때 나타난다. 대개는 비현실적으로 목표를 크게 잡았을 때 실망이 나타나게 되는데, 실망은 기대치를 수정하고, 새로운 목표를 세우라는 메시지다. 그리고 실망에 대한 해결책은 새로운 행동을 취하는 것이다. 오늘 도토리 한 알을 땅에 묻는다고 내일 당장 거목이 된 참나무를 볼 수 있는 것은 아니지 않은가?

실망의 감정이 찾아올 때는 모든 게 끝난 것이 아니라는 점을 기억하라. 우리를 가르치는 것은 시간이라는 점을 염두에 두고 좀 더 인내심을 발휘해야 한다. 자신이 진정으로 원하는 것이 무엇인지 처음부터 다시 꼼꼼하게 점검하라. 원하는 것을 이루려면 너욱 효과적인 전략을 새롭게 세워야 한다. 실망에 대한 가장 효과적인 처방은 과거에 어떤 일이 일어났든지 미래를 긍정적인 쪽으로 설정하는 것이다.

## 자책감

자책감은 나의 행동이 내가 세워놓은 기준에 미달될 때 나타난다. 그러나 자신이 무엇을 잘못했는지 알고 있으므로 자책감은 양심의 가책과 함께 나타나는 매우 소중하고도 가치 있는 것이지만, 한편으로는 최악의 고통스러운 마음상태이기도 하다.

자책감은 고통의 감정을 느끼지 않으려면 당장 어떤 행동을 취해야 한다는 메시지를 전해주고 있으며, 부인하거나 없애버리겠다고 해서 사라지는 것이 아니다. 자책감은 변화의 에너지다. 자신이 세운 원칙을 어겼다는 점을 솔직하게 인정하고 적극적인 방법으로 행동의 에너지로 활용해야 한다. 또한 고통을 있는 그대로 받아들이고 그 고통을 통해서 변화를 일으켜야 한다. 한 번의 잘못으로 평생 자책감 속에서 살아갈 수는 없지 않은가? 자책감의 노예가 되지 않도록 하라. 다시 똑같은 잘못을 하지 않겠다는 결심만으로도 자책감이 사라질 것이다. 자책감을 불태워 에너지로 활용하는 것이 현명하다.

## 무력감

무력감은 최고의 성과를 거두려는 마음에서 생겨난다. 무력감은 좀 더 쉬운 방법을 찾아보라는 메시지이자, 기준을 낮추라는 메시지다.

어떤 아이가 과학고에 합격했을 때 동네에서는 천재가 났다고 잔치를 했다. 그러나 첫 번째 시험 성적이 나오자 그 아이는 엄청난 무력감에 빠져버리고 말았다. 중학교 3년 동안 전교 1등을 놓친 적이 없던 본인의 시험 석차가 뒤에서 세는 편이 빨랐기 때문이다.

그는 학교 친구들이 모두 중학교 때 전교 1, 2등을 했었다는 사실을 안 후 기운을 차리고 다시 목표를 설정했는데, 그 목표는 중학교 때처럼 전교 1등이 아니었다. 일단 중간 석차까지 올라가는 것을 목표로 삼은 것이다.

## 중압감

삶이 어깨를 짓누를 때 느끼는 감정이 중압감이다. 중압감 속에는 슬픔, 우울, 무기력과 같은 감정들이 들어있다. 일단 중압감을 느끼기 시작하면 전혀 헤쳐 나갈 힘이 없어 보인다. 자신의 삶이 통제할 수 없는 외부적 요인에 의해 부정적인 방향으로 흘러간다고 여길 때 느끼게 되는 것이 중압감으로, 중압감이 심하면 자신의 문제가 너무 커서 영원히 해결할 수 없다는 생각이 들기도 한다.

중압감을 느끼는 이유는 주로 한 번에 너무 많은 일을 해치우려 들기 때문으로, 하룻밤 사이에 모든 것을 다 바꾸어 놓겠다며 덤벼들게 되면 무한한 중압감이 몰려온다. 이러한 압박감은 다른 어떤 감정보다 더 많이 삶을 파괴하기 때문에 많은 일 중에서 우선 처리해야 할 일이 무엇인지 결정해야 한다.

중압감을 해결하기 위해서는 먼저 해결해야 할 일을 그 중요도에 따라 종이에 적어라. 처리해야 할 일을 적어보는 것만으로도 현재 상황을 잘 파악하고 있다는 자신감이 생기게 되고, 어느 정도 중압감에서 벗어날 수 있다. 중압감은 결국 지금 자기 자신에게 중요한 것을 찾으라는 메시지다.

먼저 1순위에 적힌 문제를 해결할 때까지 계속 적극적으로 행동해라. 조금만 해결되기 시작해도 가속도가 붙고, 뇌가 스스로 해결 능력을 갖고 있다는 확신을 갖는 순간 중압감에서 벗어나게 될 것이다. 당면한 문제 또한 영구적인 것이 아니라 언제라도 해결할 수 있으며, 어려운 환경도 스스로 통제할 수 있다고 생각하게 된다. 누구나 한 번에 한 발자국씩 걷는다는 사실을 명심하라. 누구나 문제가 생기면 한 발자국씩 가면서 해결한다.

## 외로움

외로움이란 내 편이 없다는 느낌이 드는 것으로, 외로움을 느끼지 않기 위해서는 내 편 한 사람만 있으면 된다. 곁에 수많은 사람이 있더라도 내 맘속으로 혼자라는 느낌이 든다면 그것 역시 외로움이다.

누구에게나 내 편이 한 사람쯤은 있기 마련으로, 그건 바로 엄마다. 어렸을 적에 엄마와의 애착관계가 잘 형성이 되었다는 것은 엄마가 내 편이라는 사실을 잊지 않고 살 수 있다는 뜻이다.

외로움이 주는 메시지는 다른 사람을 찾아보라는 것으로, 외로움을 느낀다면 전화를 하라. 다른 사람에게 손을 내밀어 관계를 형성하면 곧 외로움에 종지부를 찍을 수 있다. 내게 관심이 있는 사람은 어디든지 있다는 확신을 가져라.

외로움을 느끼면 즉시 행동으로 옮겨서 다른 사람에게 먼저 손을 내밀어 관계를 맺어야 한다. 동물은 배고프지 않으면 사냥을 하지 않는다. 인간도 부족함이 없으면 일하지 않기 때문에 사시사철 먹을 것이 풍부한 곳에서는 문명이 발달하지 않는다.

인간은 외로움을 싫어한다. 그토록 싫어하는 외로움에서 벗어나기 위해 애쓰는 것이 창조의 에너지다. 외로움이 없으면 창조하지 않는다. 동물에게는 외로움이 없다. 따라서 동물은 창조할 줄 모르며, 외로움을 아는 사람만이 친구의 소중함을 안다. 외로워보지 않으면 가족의 절실함을 느낄 수 없다.

영적인 모습을 제외한다면 내 마음상태는 내 뇌 속에서 일어나는 화학적 반응이라고 할 수도 있다. 옥시토신이나 도파민이 분비되면 사랑을 느끼게 되는데, 거꾸로 사랑을 느낄 때도 옥시토신이나 도파민이 분비된다. 닭이 먼저인지 달걀이 먼저인지는 알 수 없으나 두 가지가 동시에 일어나는 것은 분명하다.

이러한 마음상태를 내가 내 맘대로 조정할 수는 없는 것일까? 어느 정도는 신체생리를 조정하여 마음상태를 움직일 수 있다. 바나나와 콩에 도파민이 있고, 초콜릿에는 페닐에틸아민이 있으며, 옥시토신은 고추에 많이 들어 있다고 한다. 그러나 뇌와 호르몬의 상관관계에서 발생하는 사랑의 감정에는 유효기간이 있다. 30개월이 넘어가면 호르몬이 제대로 영향을 미치지 못하게 되는데, 30개월 이후의 마음상태는 어떻게 조절해야 하는가? 감정 정복의 방법을 알아보자.

## 물밑감정이 보내는 메시지를 확인하라

인간의 감정은 늘 이중적이고 대개는 복합적이다. 병원에 입원한 환자가 모두 빨리 퇴원하기를 바라는 것은 아니다. 한편으로는 빨리 나아 퇴원해야겠다는 마음이 있는 반면, 한편으로는 좀 더 병원에 누워 여러 사람의 따뜻한 보살핌을 즐기고 싶은 감정이 함께 일어나는 것이다. 그래서 좋은 감정이든 나쁜 감정이든 어떤 것이 나의 물밑감정인지 그 감정의 실체를 정확히 진단하는 것이 쉽지 않다. 어쨌든 진단이 내려져야 처방을 내릴 것이 아닌가? 그럴 경우 자신의 물밑감정에 일단 이름표를 달아 보아야 한다. 이름표가 잘못되었다면 언제라도 이름을 고치면 된다.

　유치원에 다니는 아이가 비싼 수입 로봇을 사달라고 졸라댄다. 엄마가 안 된다고 달래도 막무가내여서 엄마는 화가 치밀어 오른다. 엄마는 자신의 감정에 분노라는 이름표를 붙여본다. 천천히 심호흡을 하며 화를 가라앉혔는데도 편안하지 않다. 갑자기 눈에서 눈물이 쏟아지려고 한다. 다시 이름표를 갈아붙인다. 엄마의 물밑감정은 아이에 대한 화가 아니라 돈벌이가 신통치 않은 남편에 대한 '원망'과 돈이 없는 '서글픔'이었다.
　내가 느끼고 있는 감정은 때때로 가면을 쓰고 나타날 수가 있다. 혼자 있을 때도 내 안의 나를 속이기 위해 가면을 쓰고 나타나기도 하지만, 특별히 관객이 많을 경우에는 대부분 가면을 쓰고 나타나는 것이 감정이다.
　간단한 질문으로 그 감정이 진정으로 원하는 바를 좀 더 솔직하고 자세하게 알 수 있다.

"내가 진정으로 원하는 물밑감정은 무엇인가?"

이 세상의 생태계에 필요하지 않은 것은 존재하지 않는다. 생명이 있는 것은 물론, 무생물과 눈에 보이는 모든 것, 또 눈에 보이지 않는 것조차 필요하지 않은 것은 없다. 내게 나쁜 감정, 불편한 감정, 부정적인 감정이라고 하더라도 내쫓으려는 순간 전쟁이 벌어진다. 모든 감정마다 내게 주는 메시지가 있다. 그 감정을 정복하기 위해서는 일단 그 감정이 나에게 주는 메시지가 무엇인지 확인하고 고마운 마음으로 친구를 삼아야 한다.

어떤 감정이든지 내 안에서 잉태되었고, 내가 낳은 감정이다. 그러므로 내가 그 감정의 주인이다. 내 안에 있는 감정을 낯모르는 감정이나 남 때문에 생긴 감정이라고 생각하면 더욱 큰 전쟁이 벌어지게 된다. 그 감정의 주인이 자신이라고 믿으면 과거에 비슷한 감정을 느꼈을 때가 떠오를 것이다. 그리고 그 때 그 감정에서 성공적으로 벗어났거나 성공적으로 정복했던 기억이 떠오를 것이다. 모든 감정의 주인이 되어 아량을 베풀어야 한다.

과거를 돌아보고 미래를 연습하는 가운데 그 감정을 어떻게 정복했는지 확인해두라. 아무리 잘 조율된 피아노라도 일정 기간이 지나면 반드시 다시 조율을 해야 제 소리를 낼 수 있다. 마찬가지로 우리의 감정 또한 때때로 조율하지 않으면 다스릴 수 없는 야생의 감정으로 변하고 만다. 그러니 때때로 자신의 감정을 조율하기 바란다.

# 명상으로 PQ를 높여라

## 호흡명상으로 스트레스를 몰아내자

며칠을 굶어도 생명에 지장이 없는 것이 우리의 몸이다. 그러나 하루 종일 화장실에 갈 수 없다면 어떤 일이 벌어질까? 우리 몸에서 식당 역할을 하는 기관이 혈액이라면 화장실 역할을 하는 기관은 림프액이라고 할 수 있다. 림프액에는 림프구와 백혈구 그리고 각종 영양소와 수명이 다 된 세포의 잔해, 손상을 입은 조직, 혈관 벽을 통과할 수 없는 큰 분자량을 가진 물질 등 쓰레기가 잔뜩 쌓여 있다. 대부분의 세포 노폐물들은 분자량이 커서 혈관으로 들어갈 수 없기 때문에 림프계가 이를 제거할 때까지 조직 내에 머물러 있어야 한다. 만일 림프액의 순환에 이상이 생기면 세포가 정상적인 에너지 대사를 할 수 없기 때문에 죽게 된다. 세포에서 쓰레기로 남는 이산화탄소와 노폐물이 쌓이면 모세혈관 사이의 벽이 두꺼워져서 만성적 산소부족 현상을 겪게 된다. 악조건에서도 살아남아야 하는 세포는 산소 없이 대사를 할 수 있는 혐기성 세포로 변신하게 되는데 이 때 발생하는 것이 바로 악성 종양인 암이다.

우리 몸에는 약 5리터의 혈액과 그 혈액의 3배가 되는 15리터 가량의 림프액이 있다. 심장을 떠난 혈액이 온몸을 돌아서 다시 심장까지 돌아오는데 걸리는 시간은 대략 25초 정도라고 한다. 그러나 림프액은 1분에 겨우 30cm 정도 이동할 수 있을 뿐이며, 이러한 림프액 순환은 골격근의 수축과 호흡에 의존한다. 림프관에는 역류를 막는 판막이 있는데, 이 판막 사이로 림프액이 흘러 들어가면 림프관이 부풀게 되고, 그 림프관에 누르는 힘이 가해지면 림프액이 다음 판막을 향해 이동하게 되는 것이다. 따라서 운동량이 많아지면 골격근의 수축이 커지므로 림프액의 흐름이 빨라지고, 복식호흡으로 횡경막의 운동이 활발해지면 압력이 높아져서 림프액의 흐름을 빠르게 한다.

따로 시간을 내어 운동할 수 있는 기회가 적은 현대인들이 가장 손쉽게 할 수 있는 일이 바로 호흡명상이다. 흉식호흡은 늑간근만으로도 가능하므로 림프액 순환에 크게 도움이 되지 못하지만 복식호흡의 경우에는 횡경막을 아래로 내렸다 올렸다 하기 때문에 압력의 크기를 높일 수 있어 림프액 흐름에 많은 도움이 된다.

누구나 의욕이 떨어지면 아무 것도 하기 싫고 숨을 죽인 채 죽은 듯이 싸고 눕는다. 이럴 때는 저절로 호흡이 얕아지게 되는데, 호흡이 줄어드는 원인으로는 두 가지가 있다. 그 중 하나는 폐에 공기를 아주 많이 담아 둔 채 호흡을 하는 것으로, 이미 폐에 공기가 가득 차 있으면 결국 드나드는 공기의 양이 적을 수밖에 없으므로 산소를 충분히 공급할 수 없게 된다. 신경증(Neurosis) 증상이 있는 경우에 주로 이와 같이 자신의 호흡을 절제한다. 현실 판단력은 있으나 약간의 불안과 우울 증상을 보이는 사람들을 관찰해보면 이런 얕은 호흡을 하고 있는 것을 발견할 수 있을 것이다.

또 다른 하나는 얕은 숨을 쉬는 것으로, 숨을 조금씩 들이마시는 것이다. 이 경우 아주 소량의 공기가 폐를 드나들게 되므로 가슴이 오므라들게 된다. 이런 호흡은 현실 판단력이 흐린 정신증(Psychosis) 증상을 보이는 사람들에게서 많이 나타난다.

자녀들이 이런 호흡을 하고 한다면 아이들 마음속에 있는 부모의 상을 바꿔줘야 한다. 그 역할을 할 수 있는 능력이 바로 부모지능이며, 이에 손쉽게 대처하기 위해 PQ를 높여야 한다. 호흡명상이 그것을 도와줄 것이다.

## 호흡은 신체생리를 변화시킨다

아무리 유능한 카레이서라 하더라도 제대로 정비되지 않는 자동차로 경기에 나갈 수는 없다. 마음상태를 바꾸어 아무리 심신의 상태를 끌어올리려고 해도 몸 안에서 일어나는 생리상태(Physiology)가 엉망이라면 뇌의 상태는 심하게 왜곡되고 만다. 우리의 심신상태를 끌어 올릴 수 있는 방법 중 가장 손쉬운 방법은 신체생리를 변화시키는 것이다. 우리의 신체생리는 몸의 자세, 얼굴 표정 하나로도 바꿀 수도 있고, 먹고 마시는 것, 혹은 숨 쉬는 방법으로도 바꿀 수 있다.

슬퍼하기 위해서는 슬퍼하는 동작을 해야 하고, 기뻐하기 위해서는 기쁨의 동작을 해야 한다. 눈물이 나도록 슬플 때, 가슴을 펴고 고개를 들어 하늘을 보라. 가슴을 펴고 하늘을 쳐다보는 그런 자세에서는 슬픈 표정을 짓고 눈물을 흘릴 수가 없다. 자세가 상태를 만든다.

호흡명상은 호흡을 이용하여 생리상태를 최상의 상태로 만드는 과정이다. 인간은 한 번에 여러 생각을 할 수 있는 덕분에 스트레스의 덫에 걸리기 쉽다. 불고기를 먹으면서 생선회를 생각하고, 삼겹살을 먹으면서 갈비를 생각하기 때문에 음식을 먹으면서도 스트레스를 받는 것이 사람이다. 회사에서 집안 걱정하고, 집에서 회사 걱정하는 사람들은 스트레스만 많이 받는 것이 아니라 진급도 안 된다. 산에 오르면서 배낭에 세상의 걱정거리를 하나 가득 짊어지고 올라가는 사람도 많다.

스트레스에서 벗어나는 간단한 방법은 한 번에 한 가지 일에만 몰두하는 것이다. 식탁 위의 비빔밥은 몸에 좋지만 생각의 비빔밥은 스트레스를 만들어낸다. 호흡명상은 다른 생각을 접어두고 오직 호흡만 생각하며 스트레스를 몰아내는 명상이다.

호흡이란 것이 코로 혹은 입으로 공기가 드나드는 것이지만 자세히 들여다보면 참으로 다양한 숨쉬기가 있다. 불을 피울 때처럼 후후 부는 호흡, 언 손을 녹이듯 호호 부는 호흡, 사랑이 섞여 나오는 뜨거운 호흡, 분노의 호흡, 한탄의 호흡, 힘든 일을 하고 몰아쉬는 가쁜 호흡 등등. 모든 호흡이 때에 따라 다 필요한 호흡이다. 가장 좋은 호흡법 역시 자신이 알아서 선택해야 한다. 평소에는 평안하고 부드러운 호흡이 좋겠지만 때로는 몰아치듯 격렬한 호흡이 아니면 신체를 지탱할 수 없는 경우도 있다. 끊어질 듯 참으면서 아랫배를 내미는 복식호흡도 때로는 좋은 호흡이다.

## 자신의 숨소리에 귀를 기울이면 명상이 시작된다

호흡은 생명의 시작이며 생명의 마지막이다. 숨소리는 우주와 연결된 생명의 소리이다. 숨소리를 듣는 것은 생명의 기운을 마시는 것이며, 우주의 생기를 마시는 것이다. 우주의 생기를 마시는 숨소리는 듣기만 해도 명상이 된다. 천천히 숨을 내쉬고 천천히 숨을 들이마시면서 자신의 숨소리에 귀를 기울이다 보면 저절로 명상에 빠져들게 된다.

주의할 점은 의도적으로 명상에 매달리지 말아야 한다는 것이다. 편안함과 이완 그리고 행복한 느낌을 애써서 만들지 말고 숨쉬기의 부산물로 저절로 얻도록 하는 것이 좋다. 마음을 편안하게 하겠다는 생각 역시 집념이기 때문이다. 몸을 이완시키겠다는 생각이 들면 거꾸로 온몸이 긴장하게 된다. 어떤 종류의 집념이든 집념이 생기면 이미 편안한 마음을 갖기 어렵다.

'지금 여기(Here and Now)'와 연결하겠다는 생각이 들면 이미 마음은 과거의 후회나 미래의 걱정 속에서 벗어난 상태가 된다.

그냥 자신의 숨소리를 들으면서 모든 것을 자연스럽게 놓아버리는 것으로 충분하다. 숨소리를 들을 때 마음속에 지나가는 생각들을 붙잡지 말라. 숨소리 명상은 구체적인 기술을 필요로 하지 않는다. 몸의 귀와 마음의 귀를 함께 기울여 숨소리를 듣는 연습을 하면 된다.

건강한 사람에게는 세상에서 가장 쉬운 일이 숨 쉬는 일이다. 건강한 사람들은 하루 종일 자신이 숨 쉬고 있다는 사실을 잊고 산다. 건강하지 못한 사람에게는 세상에서 가장 힘든 일이 숨 쉬는 일이다. 죽음을 목전에 둔 환자들이 얼마나 힘들게 숨을 몰아쉬고 있는지 확인해보면 알 것이다.

호흡이 자연스러워지고, 자신의 숨소리가 자연스럽게 들리면 생명의 소리를 느껴보라. 생명의 소리를 온몸으로 느끼면서 울창한 푸른 숲속을 거니는 상상을 해보라. 숨소리를 느끼면서 상상의 숲속을 거니는 것이 완성되면 이미 호흡 명상의 달인이 된 것이다.

### 호흡의 힘

○○ 엄마는 심한 불면증에 시달리고 있었다. 잠을 자려고 눈을 감으면 귀신 둘이 눈앞에 나타나서 춤을 춘다고 했다. 수면제를 먹고 억지로 수면상태에 들어가곤 하지만 갈수록 몸이 말이 아니라고 했다.

"언제부터 귀신이 나타났어요?"
"얼마 전에 무당굿을 한 적이 있었는데 그 다음부터 그래요."
"무슨 일이 있었기에 굿을 다 하셨어요?"
"제가 작년에 갑상선암 판정을 받았어요. 수술하기 전에 점을 보러 갔는데 제게 이별수가 있다고 하잖아요. 그 말을 듣고 무서웠어요."
"이별한다는 말에 무서운 생각이 드셨다고요?"
"제가 세상과 이별한다는 말로 들렸거든요."
"그래서 굿을 하셨어요?"
"네. 남편도 권하고 해서."
"수술은 잘 되었고요?"
"굿을 한 덕분인지 수술은 아주 잘 되었대요. 그런데 불면증이 생긴 거죠."

누구나 그와 같은 상황이라면 그런 해석을 내릴 수 있다. 물에 빠진 사람은 지푸라기라도 잡듯이 때때로 무당의 교묘한 말이 가슴 깊숙이 비수가 되어 찌른다. 사람은 자신의 경험에 비추어 빈 칸 채우기를 하며 상대방의 말을 해석한다. 그래서 말은 잘 쓰면 약이요 잘 못 쓰면 독이 되는 것이다.

"굿도 잘 했고, 수술도 잘 되었는데 왜 귀신이 나타나죠?"
"굿 할 때 제가 웃었던 게 마음에 걸려요. 제 정성이 부족해서 귀신이 화가 났나 봐요."
"왜 웃으셨어요?"
"무당이 저를 음식상 앞에 누인 채 한참 굿을 했어요. 정신이 없었지요."
"그 다음은요?"
"한참 후에 저를 일으켜 세우고는 다른 곳으로 가라고 하고, 그 자리에 닭을 갖다 놓더라고요."
"재미있네요. 그렇게 하면 병이 낫는다고 하던가요?"
"귀신이 닭을 저로 착각하고 닭을 잡아간대요. 그러면 병이 낫는다고 했어요."
"귀신을 속이는 것이네요."
"그 정도로 속아 넘어가는 귀신을 생각하니 웃음이 나더라고요."
"그 웃음 때문에 지금까지 귀신이 떠나지 않는다는 말씀이죠?"
"네. 귀신같은 건 없다고 생각해도 소용이 없어요."

○○ 엄마에게 호흡명상을 권했다. 시간이 날 때마다 자신의 숨소리를 듣도록 하는 것이다. 호흡은 우리를 살아있게 하는 것은 물론 살아있다는 것을 깨닫게 해준다. 숨소리를 듣다보면 자신도

모르게 천천히 숨을 쉬게 된다. 천천히 숨을 쉬다보면 저절로 불쾌한 감정은 사라지고 이완된 편안한 감정이 자리를 잡게 될 뿐만 아니라 온몸의 근육과 내장들까지 모두 이완이 된다.

"○○ 엄마! 일주일 동안 숨소리 많이 들으셨어요?"

"재미있어서 수시로 들었어요. 아침에 일어나서 듣고, 세끼 밥 먹기 전에 듣고, 화장하면서도 듣고, 잠자기 전에도 듣고……."

"아직도 귀신이 보이세요?"

"신기하게도 사라졌어요. 잠도 잘 자고요."

## 호흡명상법

긴장감이 고조되거나 화가 고개를 들 때 가장 감추기 힘든 것이 거친 호흡이다. 아무리 경험이 많고 노련한 배우라 하더라도 긴장하면 호흡이 빨라지고, 호흡이 빨라지면 말까지 빨라진다. 또한 피부에 있던 피가 근육으로 이동하기 때문에 얼굴은 창백해지고 입술이 마른다. 근육이 긴장하여 팔다리가 자신도 모르게 조금씩 움직인다. 그래서 두 손을 꼭 잡는다든가, 두 다리를 포개서 한 다리로 다른 다리를 압박하게 된다. 열의 발산 작용이 시작되면 식은땀이 흐르게 되며 몸이 약간씩 떨리기도 한다. 이 정도의 신체 변화는 누구나 감지할 수 있다.

이럴 때 우리는 화를 풀 만만한 상대를 물색하게 된다. 회사라면 부하직원일 수도 있고, 집에 돌아와서는 아내일 수도 있다. 때로는 며느리일 수도 있으며, 말 못하는 강아지일 수도 있다. 절대 자녀들을 화풀이 상대로 골라서는 안 된다는 것을 알고 있지만, 맘대로 되지 않기 때문에 화가 부모지능의 가장 큰 적이 되는 것이다.

"Emotion is created by motion.", 마음상태(Emotion)는 몸동작(Motion)이 만들어낸다는 말이다. 화가 불붙기 시작할 때, 간단한 호흡동작으로 평화로운 마음을 만들어보자.

### 3분 호흡법

① 마음속으로 천천히 하나~, 두울~, 세엣~을 세는 동안 숨을 내쉰다.
② 마음속으로 천천히 하나~, 두울~, 세엣~을 세는 동안 숨을 들이마신다.
③ 마음속으로 천천히 하나~, 두울~, 세엣~을 세는 동안 숨을 참는다.
④ 15회 정도 반복하여 3분 호흡을 완성한다.

### 3분 호흡 요령

① 코가 배꼽 아래 10cm에 붙어 있다고 상상하며 숨을 쉰다.
(실제 실습을 해보라. 저절로 복식호흡, 단전호흡이 되는 놀라운 일이 벌어질 것이다.)
② 폐가 엉덩이와 허벅지 속에 들어 있다고 상상하며 숨을쉰다.
(가슴에 있는 폐에는 신경을 끊기 바란다. 단전, 엉덩이, 허벅지가 긴장하는 것을 느끼게 된다.)
③ 상체를 하체와 완전히 분리하여 상체의 긴장을 완전히 풀어준다.

다음과 같은 구절을 녹음하였다가 들어보는 것도 방법이다.

"나는 지금 녹색의 숲속을 걷고 있다. 답답하고 무거운 옷을 훌훌 벗어던지고 두 팔을 벌린 채 소나무 숲속을 걸어가고 있다. 소나무 향기가 몸을 감싸고, 새소리가 귀를 울린다. 숲속에 부는 바람이 온몸을 부드럽게 감싸고 소나무 가지 사이로 비치는 햇살이 평화와 행복을 전해준다. 구름 위를 걷는 기분을 느끼면서 마음껏 행복을 누려본다. 나는 지금 녹색의 숲속을 걷고 있다. 답답하고 무거운 옷을 훌훌 벗어던지고 두 팔을 벌린 채 소나무 숲속을 걸어가고 있다."

소나무 숲속이 아니라도 좋다. 대나무 숲속도 좋고, 고향의 푸른 바다가 보이는 언덕도 좋으며, 파도가 찰랑대는 바닷가 모래밭이어도 좋다.

## 이완명상법

호흡명상이 자유로워졌으면 한발 더 나아가 신체 이완(弛緩)을 연습해보자. 암이 가장 좋아하는 것은 스트레스이고, 스트레스의 결과는 화로 나타난다. 화와 스트레스에서 벗어나 암을 물리치는 최선의 방법은 이완이다.

긴장하면 심장박동이 빨라지고 숨이 가빠지며 혈압이 올라간다. 이완은 이렇게 긴장된 몸과 마음을 느슨하게 풀어 호흡과 심장박동을 느리게 만들고 혈압을 낮춘다. 이완은 화의 연료탱크에

가득 차 있는 스트레스를 녹이는 역할을 하며, 급하게 타오르는 화의 불길을 잡는 역할을 한다. 평소에 이완이 되어 있는 상태라면 새로운 정보를 쉽게 받아들일 수 있는데, 이완은 이해력을 증대시키며 최적의 두뇌 상태를 만들어준다. 이완이 되면 알파파가 나오기 때문에 뇌 에너지의 효율을 높일 수 있으며, 새로운 정보와 학습을 위해 두뇌에 더욱 많은 에너지를 허용한다. 이완은 스트레스를 제거하고, 호흡을 관장하며, 정보 습득을 쉽게 할 수 있도록 할뿐 아니라 정보를 장기기억장치로 이동시킨다. 또한 명상은 자율신경계를 안정시키고 좌우 뇌의 균형을 잡아주며 맑고 예리한 정신활동 능력을 복구시켜 준다.

## 긴장과 이완 연습

신체의 이완은 이론으로 이루어지는 것이 아니라, 실제로 실습을 해서 몸에 익혀야 한다. 또한 처음부터 이완이 어떤 것인지 알기 힘들기 때문에 긴장을 통하여 긴장과 반대되는 경험으로서의 이완을 익힐 수밖에 없다.

① 편안한 자세로 누워도 좋고 의자에 앉아도 좋다.
② 숨을 들이마시며 천천히 두 주먹을 꽉 쥐면서 긴장을 한다.
③ 호흡을 멈추고 꽉 쥔 주먹의 긴장상태를 그대로 유지한다.
④ 숨을 내쉬면서 꽉 쥐었던 주먹의 긴장상태를 서서히 풀어 이완상태를 만든다.
⑤ ②~④의 동작을 3회 이상 되풀이하면 주먹이 이완되면서 편안함을 느끼게 된다.
⑥ 숨을 들이마시면서 천천히 양팔의 이두박근에 힘을 주어 긴장을 한다.
⑦ 호흡을 멈추고 이두박근의 긴장상태를 그대로 유지한다.
⑧ 숨을 내쉬면서 이두박근의 긴장상태를 서서히 풀어 이완상태를 만든다.
⑨ ⑥~⑧의 동작을 3회 이상 되풀이하면 양팔이 이완되면서 편안함을 느끼게 된다.

* 어깨, 목, 등 근육, 허리, 배, 엉덩이, 허벅지, 종아리, 발 등의 부분을 위와 같은 방법으로 긴장과 이완을 되풀이하면서 이완상태를 경험한다.

* 익숙해지면 긴장 없이 온몸을 즉시 이완할 수 있는 방법을 저절로 터득하게 된다.

## 이완명상의 단계

명상의 최고 단계는 무념무상이고 다음 단계는 한꺼번에 하나의 생각을 하는 것이다. 이완명상은 한 번에 하나의 생각씩 이끌어 가는 명상법이다. 다음 순서대로 따라하면 아주 간단히 이완명상에 이를 수 있다.

### 1단계

명상의 주제를 정한다. 종교적인 주제도 좋고, 일반적인 주제도 좋다.

### 2단계

편안한 자세를 취하여 앉은 후, 손은 무릎 위에 얹어놓거나 가볍게 마주 잡는다. 편안한 자세란 자세 때문에 신경을 쓰지 않아도 좋은 자세를 말한다. 반드시 가부좌 혹은 반가부좌를 고집할 필요는 없고, 의자에 앉아도 좋다. 눈은 아주 감아도 좋고, 반만 감고 아래를 내려다보아도 좋다.

3단계

들숨, 참을 숨, 날숨의 비율을 1:4:2로 하며 호흡명상을 실시한다. 호흡이 너무 느려 힘이 들지 않도록 한다.

4단계

신체의 긴장을 풀고 이완상태로 들어간다. 초보자는 위에서 설명한대로 긴장, 이완을 반복한 후 이완상태로 들어가도 좋다.

5단계

신체의 긴장을 풀듯이 마음의 긴장을 풀며 마음을 이완시킨다. 잡념이 생기는 것에 대해 걱정할수록 마음의 긴장이 풀어지지 않으니 생각을 자연스럽게 내려놓아야 한다. 마음을 내려놓은 상태에서 숨소리 듣기 명상에 들어간 후 자연스럽게 1단계에서 정한 명상의 주제를 생각하며 이완명상 상태로 들어간다.

6단계

초보자는 명상시간이 너무 길지 않도록 한다. 하루 두 세 번 할 수 있으면 좋다. 식사 직후의 명상은 좋지 않으며, 잠자기 직전 혹은 잠자리에 들어서 하는 명상은 매우 좋다.

## 식사명상법

김치를 먹을 때는 어떤 명상을 할 수 있을까? 김치의 원료가 되는 배추와 고추, 마늘은 햇빛과 물과 흙과 바람의 기운을 밥상까지 날라 왔으며, 소금과 젓갈은 바다의 향수를 밥상까지 날라 왔다. 들판의 기운이 배추와 함께 나에게 다가오고 바다의 한없는 열정이 소금과 함께 내게 다가왔으니 어찌 밥상이 작은 우주가 아니겠는가?

배추의 절임 속에 수행이 있고, 배추의 양념 속에 부족하지도 넘치지도 않는 중용의 도가 있다. 시간이 지나면서 배추와 양념이 어우러져 김치가 된다. 김치는 배추의 성불(成佛)이다. 김치 명상은 이렇게 이루어지는 것이다.

입속의 음식을 천천히 음미하면서 즐길 수만 있다면 무엇을 먹어도 상관없다. 오늘부터 때때로 명상하듯 눈을 감고 식사를 해 보라. 직접 실험한 결과에 의하면 눈을 감고 식사를 하게 되면 평소에 느끼지 못하던 맛을 느끼게 되고 양도 평소보다 훨씬 적게 먹게 된다.

그 반대로 TV를 보면서 식사를 하면 어떻게 될까? 영화관에 팝콘을 들고 들어가 본 적이 있는 사람은 그 답을 알 것이다. 자신도 모르게 집어먹다 보면 광고 영상이 끝나기도 전에 팝콘 상자가 텅 비게 되는 경험을 한 적이 있을 것이므로.

식사명상을 정리하면 다음과 같다. 식사명상으로 천천히 음식의 맛을 즐기기 바란다.

① 식사 속도를 가능한 한 늦춘다.
② 음식과 재료의 모양을 관찰한다.
③ 음식과 재료의 냄새를 맡는다.
④ 음식과 재료의 맛을 본다.

⑤ 음식과 재료를 씹으면서 씹을 때의 독특한 소리와 느낌을 느낀다.

\* 천천히 식사를 즐기면서 행복호르몬 '세로토닌'이 분비되는 것을 즐겨라!

\* 천천히 식사를 즐기면서 태양신경총의 신호를 느껴라!

\* 천천히 식사를 즐기면서 입에서 느껴지는 음식 맛의 변화를 느껴라!

식사 명상을 연습하려면 입에 음식을 넣고 숟가락과 젓가락을 완전히 내려놓는 것이 좋으며, 입 안에 음식물이 하나도 남아 있지 않게 되면 그 때 다시 수저를 들면 된다.

식사명상의 기본적 발상은 아주 간단하다.

"몸이 원하는 대로 먹고, 마음이 원하는 대로 움직여라!"

그렇다면 어떻게 몸이 원하는 것을 알 수 있을까? 위장 바로 위, 좌우의 갈비뼈가 마주치는 명치 안쪽에 '태양신경총(Solar Plexus)' 혹은 복강신경총이라고 하는 곳이 있다. 태양신경총은 자율신경의 총 집합체로서 내장의 모든 것을 관장한다. 자율신경은 오장육부의 활동을 모두 관장하여 호흡, 순환, 소화, 내분비기능, 신진대사 등의 생명활동에 중요한 조절기능을 담당하고 있다. 다시 말하면, 위장, 심장, 폐, 간, 신장, 췌장, 비장, 방광, 자궁 등의 장기는 물론, 혈관, 내분비 샘, 땀샘, 침샘 등도 자율신경이 지배하고 있는 것이다. 따라서 위장의 활동도 태양신경총이 관장을 하게 되는데, 위에 음식물이 가득 차면 태양신경총이 신호를 보낸다. 때문에 이토록 중요한 태양신경총을 제 2의 뇌 또는 작은 뇌라고 하는 것이다.

몸이 원하는 만큼 음식을 먹는다는 말은 태양신경총이 보내는 신호를 알아채고 식사를 멈추면 된다는 것이다. 하지만 그걸 할 수 없는 이유는 우리가 음식을 너무 빨리 먹기 때문으로, 태양신경총에서 신호를 보내기 전에 이미 과식을 해버리는 것이다. 한두 번 신호를 놓치다보면 아예 그런 신호가 있는지도 모르게 된다. 태양신경총의 신호 말고도 우리가 느낄 수 있는 신호가 있으니 그것은 배가 불러올수록 맛을 느끼는 정도가 달라진다는 것으로, 음식 맛이 처음에 비해 현저히 떨어지면 그만 먹어야 한다.

## 조감명상법

조감(鳥瞰)이란 새의 눈으로 세상을 내려다보는 것이다. 무심한 새가 하늘에서 세상을 내려다보는 것처럼 나의 화를 객관적으로 들여다보는 것이 조감으로 화를 다스리는 비결이다. 조감의 절정은 나의 장례식장에 가보는 것이다. 나의 장례식장에 가보면 세상살이가 모두 고만고만한 일이었음을 알게 될 것이다.

산을 보고 싶으면 산에서 내려와야 하듯이 화를 다스리려면 우선 화 밖으로 나와야 한다. 화 밖으로 나오기만 하면 신기하게도 화의 불이 저절로 꺼지게 되는데, 화 밖으로 나오는 가장 쉽고 빠른 방법이 조감이다.

인간이 동물과 다른 점 중의 하나는 내가 생각하고 있다는 사실을 생각할 수 있다는 것이다. 다른 말로 하면 내가 나의 생각을 조감할 수 있다는 것이다. 조감하는 위치를 바꾼다는 말은 내가 다른 사람의 입장에 서 본다는 말이니 바로 역지사지(易地思之)의 다른 말이다. 종로에서 본 북한산의 모습과 송추에서 본 북한

산의 모습이 다르듯이 우리의 마음도 어느 방향에서 얼마나 떨어져 보는가에 따라서 그 모습이 달라 보인다.

　동창회에 가서 여러 명이 동영상을 촬영했다. 먹는 장면이 찍힌 동영상을 본 사람은 동창회가 먹는 파티였다고 생각할 것이다. 춤추는 장면을 본 친구는 동창회가 댄스파티였다고 생각할 것이다. 혹 술 마시고 싸움하는 장면을 본 친구는 동창회가 난장판이었다고 생각할 것이다. 초점을 어디에 맞추느냐에 따라 동창회가 먹자파티도 되고 댄스파티도 되며 난장판이 될 수도 있다. 그렇다면 한번 생각해보자. 우리의 인생을 어디에 초점을 맞추고 조감할 것인가?

## 조감명상 단계

### 제1조감

제1조감 위치는 내가 나와 함께 있는 '연합(Associated)'의 위치로, 내가 나의 오감을 통해 세상을 보고, 듣고, 느끼는 위치이다. 이 위치에서 관찰하는 것은 당연히 주관적인 관점이 될 수밖에 없다. 나의 입장에서 생각하기 때문에 다분히 자기도취에 빠지기 쉽고, 이기적인 생각을 하게 될 것이다. 화에 불이 붙는 발화점이 바로 제1조감 위치다.

### 제2조감

제2조감 위치는 역지사지의 위치로, 내가 상대방이라고 생각하고 나를 관찰하는 위치를 말한다. 이 위치에서 자신을 보게 되면 비교적 주관적인 생각에서 벗어나 자신을 관찰할 수 있다. 그러나 이 위치 역시 실제 상대방의 마음으로 나를 생각하는 것은 아니

다. 상대방이 나를 이렇게 생각할 것이라고 내가 상상하는 위치인 것이다. 일단 화의 발화점에서 벗어났으므로 제2조감 위치까지 가기만 해도 화의 불이 더 이상 퍼지지는 않게 된다.

### 제3조감

제3 조감 위치는 자신과 상대방을 함께 객관적으로 볼 수 있는 위치이다. 자신이 등장한 영화를 감상하듯 자신의 모습과 함께 상대방의 모습을 냉정하게 중립적으로 분석하고 정리할 수 있다.

 물론 제3조감 위치 역시 위치만 다를 뿐 나의 생각이 다른 사람의 생각으로 바뀌는 것은 아니다. 3인칭의 인물이 되어 1인칭인 나와 2인칭의 너를 한꺼번에 관찰하는 것뿐이다. 이 위치는 '분리(Disassociated)'된 위치가 되므로 영화 속의 주인공인 나와 영화를 보는 내가 같은 인물이 아니다. 제3조감 위치에서 영화를 감상하고 있는 자신의 모습을 상상해보자. 영화를 보면서 영화 속의 주인공에 대하여 공감을 할 수는 있으나 주인공과 같은 마음상태가 되어 주인공처럼 생각하는 것은 아니다. 즉 주인공의 분노를 보고 내가 주인공과 똑같이 화를 내는 것은 아니다. 주인공의 분노와 나의 분노는 엄연히 다르다.

### 제4조감

제4조감 위치는 내가 속해 있는 시스템, 즉 '우리'의 모습을 볼 수 있는 위치이다. 내가 속해 있는 가정, 학교, 사회, 국가 등을 볼 때 이 위치에 서게 될 것이다. 앞에서 말한 제3의 지각 위치에서 보이는 나와 너의 위치가 서로 마주 보고 있는 모습이라면, 제4의 지각 위치에서 본 나와 너의 위치는 둘이 나란히 한 곳을 보고 있는 모습이라고 상상하면 된다.

### 제5조감

제5조감 위치는 앞에서 열거한 4개의 조감 위치를 모두 망라하면서 내려다볼 수 있는 우주적 관점을 말한다. 이 위치는 마치 새의 눈으로 세상을 내려다보듯 3차원으로 나와 나의 환경을 한꺼번에 조감할 수 있어 어느 위치보다 더 객관적이 될 수 있다. 이 자리에 위치하기 위해서는 명상 훈련이 필요하다.

## 조감 단계 바꾸기

상대방의 입장에서 생각하기 위해 실제 그 자리에 갔다고 상상하는 것이 조감 위치 바꾸기다. 그러나 상상 속에서 조감 위치를 바꾸는 일은 쉽지 않기 때문에, 실제 빈 의자를 놓아두고 몸을 내 의자와 빈 의자로 왔다 갔다 하면서 조감 위치를 바꾸는 연습을 해도 좋다. 한쪽 의자는 나의 자리, 반대편 의자는 상대방의 자리라고 정한 후 실제로 몸을 이동하면서 지각위치를 바꿔보는 것이다.

궁극적으로 조감 위치 바꾸기는 몸을 이동해서 바꾸는 것이 아니고 상상으로 자신의 위치를 바꿀 수 있어야 한다. 그렇게 하려면 마음속에 있는 표상을 바꿔야 한다. 눈을 감고 바닷가의 파도를 상상해보기 바란다. 마음속으로 바닷가의 풍경을 떠올린다. 파도소리가 들리면 좋고, 바다 바람이 느껴지면 더 좋다. 철썩거리는 파도소리를 들으면서 흰 거품을 쉴 새 없이 쏟아내는 파도를 그리면서 바람소리를 느끼면 상상의 나는 저절로 바닷가에 서게 된다. 상상 속에서 나의 위치가 이동하게 되는 것이다.

내 위치에서 상대방의 위치로 조감 위치를 이동했다고 해서 내가 상대방의 생각과 똑같은 생각을 할 수 있는 것은 아니다. 다만 내가 상대방의 입장이 되어 생각함으로써 내가 좀 더 상대방을 이해하고 배려할 수 있게 된다는 것이다.

그러나 조감 위치를 바꾸면 상대방을 이해가기 훨씬 쉬워지는 것은 물론 자기 자신을 이해하는데 있어서도 많은 도움이 된다. 이기적이고 자기중심적인 사람일수록 남이 잘 되는 꼴을 못 보고, 사촌이 땅을 사면 배가 많이 아프다. 이럴 경우 제2조감 위치로 가서 자신을 들여다보면 어떨까? 열등감이나 우월감 모두 타인의 생각 때문이 아니라 나 자신의 생각 때문이라는 사실을 깨닫게 될 것이다. 제1의 조감 위치에서는 이러한 사실을 깨닫기 힘들지만, 조감 위치를 바꿀 수 있게 되면 아주 쉽게 갈등에서 벗어날 수 있으며, 스트레스에서 벗어날 수 있다.

결혼한 지 3년 정도 된 ○○○ 씨는 시어머니와 마주 앉아 있으면 특별한 이유도 없이 가슴이 답답하고 소화도 안 되며, 심하면 먹은 것을 토해내기도 했다. ○○○ 씨는 이렇게 어려운 상황을 제5지각위치를 이용하여 쉽게 해결했다.

"시어머니와 마주 앉아 있는 장면을 생각해 보세요."
"네."
"지금 기분이 어떻습니까?"
"가슴이 답답합니다."
"자신을 시어머니 앞에 그냥 놔두고 밖으로 나왔다고 상상해 보세요. 가능한가요?"
"네."
"○○○ 씨가 시어머니와 마주 앉아 있는 것이 보이시죠?"
"네."
"그 장면을 보면서 머리 위로 올라가 보세요. 천정을 뚫고 높이 올라갑니다. 여전히 두 분이 앉아 있는 모습이 보이죠?"
"네."
"기분이 어떠세요?"
"답답함이 사라지는 것 같아요."
"이번엔 아파트 단지 위까지 올라가 보세요. 뭐가 보입니까?"
"아파트들이 많이 보이고 아파트 중 하나에 제가 앉아 있어요."
"기분이 어떠세요?"
"바람이 불어 시원해요."
"비행기만큼 높이 올라가 보세요. 여전히 ○○○ 씨가 보입니까?"

"네. 콩알만 하게 보여요."
"이번엔 우주선 높이로 올라가 보세요. ○○○ 씨가 보입니까?"
"지구만 보이고 저는 안 보이는데요."
"지금 기분이 어떠세요?"
"……."

○○○ 씨의 얼굴 모습이 아주 편안하게 변했다. 이와 같은 지각 위치 변화는 심리치료에 많이 활용되고 있으며, 빈 의자 기법, 부분 자아와의 대화, 공포증 치료 등이 이에 해당한다.

# 훈련을 통해 행복한 부모지능을 갖다

## 심신상태(Statement) 조절하기

**심신상태(Statement)**

"똑같은 매화를 뭘 그리 많이 찍어?"
"매화는 같은 매화지만 배경이 다르잖아."

굽이쳐 흐르는 강물을 배경으로 찍은 매화가 물고기 같다면, 구름이 둥실 떠있는 하늘을 배경으로 찍은 매화는 한 마리 새와 같고, 한옥을 배경으로 찍은 매화는 버선발이 살짝 드러나 보이는 색시 같다. 오늘 펼쳐질 내 삶의 배경에는 무엇이 보이는가? 아침에 눈을 뜨면 누구나 공평하게 하루를 공짜로 받는다. 창밖의 새소리가 즐겁게 들리는 이에게는 행복한 하루가 시작되겠지만 창밖의 새소리가 짜증스럽게 들리는 이에게는 괴로운 하루가 시작된다. 가슴에 화를 품고 사는 사람의 하루와 가슴에 행복을 품고 사는 사람의 하루가 다른 것이다.

　내 삶의 배경이 곧 심신상태가 되는 것이며, 나의 모든 행동은 나의 심신상태에 따라 달라진다. 어떤 때는 심(心)의 상태가 나의 행동을 주관하기도 하고, 어떤 때는 신(身)의 상태가 나의 행동을 주관하기도 한다. 어쨌든 종합적인 심신상태가 만들어내는 결과가 나의 행동이다.

　우리 몸에는 다섯 개의 CCTV 카메라가 달려 있다. 영상을 녹화하기 위한 눈, 소리를 녹음하기 위한 귀, 그리고 신체의 느낌을 저장하기 위한 코, 혀, 피부가 그것이다. 다섯 개의 CCTV를 통해 들어온 데이터는 뇌라는 하드웨어에 각각 따로따로 저장된다.

　NLP(Neuro-Linguistic Programming)의 이론에 의하면 우리가 겪는 모든 경험은 365일, 24시간 빠짐없이 자신의 뇌에 언어 형태로 녹화된다고 한다. 일반적인 사람의 경우 녹화된 데이터의 약 2만 분의 1 정도를 이용하고 있다고 추정하는데, 그 비율은 심신상태에 따라 달라지므로 자신의 능력을 더 많이 발휘하기 위해서는 심신상태를 잘 조절할 필요가 있다. 우리는 기분이 좋으면 모든 일이 잘 풀리고, 기분이 나쁘면 될 일도 안 된다는 사실을 경험으로 익히 알고 있다. 의지를 가지고 하는 일이나 공부도 그렇지만 종종 자신의 의지와 크게 관계없는 우연한 일조차도 심신상태에 따라 달라지는 것을 목격할 수 있다.

### 채널링(Channeling)

심신상태만 조절할 수 있으면 행복하게 사는 일이 간단하지만 문제는 심신상태란 인간이 임의로 통제하기 힘들다는 것이다. 그러나 성공한 사람은 성공에 필요한 심신상태에 있었기 때문에 성공한 것이고, 실패한 사람은 실패할만한 심신상태에 있었기 때문에 실패한 것이다. 사랑이란 사랑의 심신상태에 있는 것이고, 즐거움이란 즐거운 심신상태에 있는 것을 의미한다. 돈을 원한다는 것은 한국은행에서 발행한 종이를 원하는 것이 아니다. 돈을 원한다는 것은 궁극적으로 돈이 주는 만족감, 사랑, 자신감, 자유 등을 얻을 수 있는 심신상태에 있기를 원하는 것이다.

많은 사람들이 최상의 심신상태를 만들기 위해 담배, 술, 마약, 섹스, 폭식 등 바람직하지 못한 방법을 선택하는데, 그 나름대로 일시적인 효과가 있기는 하지만, 각각 그 한계가 있고 부작용까지 생기게 되며, 점점 더 강력하고, 빠르고, 간단한 방법을 원하게 되어 파멸에 이르는 일이 발생하게 된다.

심신상태란 우리의 뇌에서 일어나는 신경 논리의 과정 중 하나로, 어떤 순간에 나타나는 신경 다발의 총합을 의미한다. 그렇다면 어떻게 내 신경을 내 맘대로 조절할 수 있을까?

어느 집이나 모든 TV 방송국의 전파가 거실 가득 날아다니고 있다. 그 전파를 잡는 법은 리모컨 하나만 있으면 간단하다. TV를 켜고 보고 싶은 방송국 채널을 누르면 된다.

우리 머릿속에도 수많은 감정의 전파가 날아다니고 있다. 기쁨 방송을 보고 싶으면 기쁨 채널을 누르면 되고, 행복 방송을 보고 싶으면 행복 채널을 누르면 된다. 다만 잘못해서 고통 채널을 누르지 않도록 주의해야 한다.

원하는 심신상태에 들어가는 것에 채널링(Channeling)이라는 이름을 붙였는데, 채널링은 채널링의 원뜻인 '영계와 연결되는 것'과도 서로 상통하는 말이다.

이 책을 천천히 끝까지 읽고 나면 어렵지 않게 심신상태를 조절

할 수 있는 여러 가지 방법을 활용할 수 있게 될 것으로, 간단한 방법으로 힘이 탁월한 심신상태로 들어갈 수도 있고, 자신도 모르는 순간 고통스러운 심신상태에서 벗어날 수도 있게 될 것이다.

### 심신상태의 두 기둥

우리의 심신상태는 두 개의 기둥이 떠받치고 있다. 하나는 마음을 담당하고 있는 마음상태이고, 또 하나는 몸을 담당하고 있는 생리상태다.

 자녀가 아무 말 없이 밤늦게 귀가했을 때 부모의 반응은 각양각색으로 나타난다. 이 때 부모의 태도와 반응을 결정짓는 것 중의 하나가 바로 마음상태다. 하루 종일 즐겁게 지낸 부모라면 늦게 돌아온 아이를 보고 별 일 없었는지 걱정스러운 질문을 던질 것이고, 늦은 이유를 들어본 다음 안도의 숨을 쉬게 될 것이다. 그러나 부모가 하루 종일 스트레스 속에서 보내고 그 스트레스가 아직도 정리되지 않은 마음상태라면 아이에게 고운 말이 나갈 수가 없을 것이다. 이성적으로는 다행이라고 생각하지만 막상 입에서는 엉뚱하게도 짜증 섞인 말이 튀어나가는 일이 비일비재하다.

아이가 아무 말 없이 밤늦게 귀가했을 때 부모의 태도와 반응을 결정짓는 또 하나의 요인은 몸속에서 일어나는 생화학 작용, 즉 생리상태다. 만일 우리 몸의 컨디션이 넉넉하고 여유가 있는 생리상태라면 자녀들이 늦더라도 도서관에서 공부 삼매경에 빠져 있던지 교통이 막혀 늦을 거라고 생각하고 곧 들어오리라고 생각한다. 그러나 어떤 이유로 생리상태가 긴장되고 피곤하면 부정적인 느낌이 고개를 들게 되는 것이다.

아침마다 아이들을 깨워서 학교에 보내는 일은 전쟁이다. 어디 아이들만 깨워서 되는가? 남편도 깨워야 한다. 아침마다 그날이 그날인데 어느 날은 아이가 귀엽고 예뻐 보이다가도 어느 날은 정말 밉상이다. 남편도 그렇다. 술에 취해 늦게 들어온 남편을 위해 정성스럽게 해장국을 끓이고 싶은 날이 있는가 하면, 냉수 한 컵도 갖다 주기 싫을 때가 있다. 나의 심신상태가 긍정적이면 아이와 남편이 사랑스럽게 느껴지고, 마음속 가득 긍정적인 생각으로 가득 차게 되지만, 나의 심신상태가 부정적일 때는 아이와 남편이 한없이 미워지고 자신에게 벌어지는 모든 일들이 엇박자로 느껴지게 되는 것이다. 이처럼 우리의 마음상태와 생리상태는 심신상태에 지속적으로 영향을 미치고 있다.

## 마음상태 조절하기

우리를 힘들게 하는 것은 우리에게 일어난 일이 아니다. 우리를 힘들게 하는 것은 우리 마음에서 일어난 마음상태다. 마음상태란 우리 마음속에서 일어나는 생각의 실마리이고, 우리 마음 가장 아래에서 흐르는 물밑생각이다. 우리의 마음이 행복한 상태일 때는 우리 몸속에 행복 호르몬이라고 하는 도파민, 세로토닌, 엔도르핀 등이 생성된다. 마음상태의 주인은 나의 마음이다. 어쨌든 우리의 마음상태를 조절하는 최고 사령부는 마음이고, 그 마음은 뇌 안에 있다.

 우리가 어떤 행동을 하는 이유는 바로 원하는 마음상태를 맛보기 위해서인데, 키스를 하는 이유는 최고의 사랑을 표시하기 위한 것이고, 사랑이라는 마음상태를 맛보기 위한 것이다. 만일 촉촉한 피부세포끼리 맞닿는 느낌 때문에 키스를 한다면 개와 입맞춤을 해도 기분이 좋아져야 할 것이고, 사랑하는 사람의 입술과 똑같은 습도와 온도, 그리고 촉감을 갖고 있는 로봇과 키스를 해도 황홀한 기분을 느껴야 할 것이다. 결국 사랑이라는 마음상태를 동반하지 않은 키스는 비난 받을 성추행이 되는 것이다.

 마음상태는 어떤 행동을 할 것인가를 결정하는데 있어 가장 중요한 역할을 하게 된다. 따라서 우리의 행동을 조정하고 지배하려면 가장 먼저 마음상태를 조절하고 통제할 수 있어야 한다. 우리의 행동은 우리의 능력에 따라 달라지는 것이 아니라, 그 순간 우리가 갖고 있던 마음상태에 따라 달라지는 것이다.

 우리를 움직이는 것은 고통 그 자체가 아니라, 다가올 고통에 대한 두려움이며, 우리를 움직이는 것은 즐거움 그 자체가 아니라, 어떤 행동이 어떤 즐거움을 가져올 것이라는 확실한 믿음이다. 즉 현실 상황에 따라 움직이는 것이 아니라, 현실에 대한 자기 인식에 의해 움직인다는 것이다.

인간의 뇌는 외부로부터 받은 데이터의 진실에는 관심이 없다. 붉은 색을 보고 혁명을 연상하는 러시아 사람이 있는가 하면, 같은 붉은 색을 보며 행운을 꿈꾸는 중국 사람도 있다. 노란 장미를 보고 질투라는 꽃말을 떠올리면서 우울한 느낌을 받는 사람이 있는가 하면, 영원한 사랑이라는 노란 장미의 꽃말을 떠올리며 행복을 느끼는 사람도 있다. 그래서 '지도는 실제 지형이 아니다(The map is not the territory).'라는 유명한 말이 생겨난 것이다. 머릿속에 있는 지도가 어떻게 실제 지형과 같을 수가 있겠는가?

나는 복숭아 알레르기를 갖고 있었다. 어쩌다 무심코 복숭아를 먹게 되는 경우에도 과민반응으로 적어도 30분은 고생을 해야 했는데, 10여 년 전, NLP를 공부하고 나서 복숭아 먹기에 도전을 했다. 복숭아를 손에 들고 눈을 감은 채 스스로에게 최면을 걸었다. '이것은 사과다. 이것은 사과다. 이것은 사과다.' 이렇게 중얼거리면서 뇌를 속인 것이다. 그리고 복숭아를 사과라고 믿고 먹었다. 복숭아 한 개를 다 먹었으나 늘 나타나던 알레르기 반응이 전혀 나타나지 않았다. 나의 뇌에 복숭아를 사과라고 하는 마음 상태가 형성되었던 것이다. 그 이후 지금까지 평생 맛볼 수 없었던 복숭아를 즐겨 먹을 수 있게 되었다.

마음속으로 성공할 수 있다는 생각을 하는 경우 성공할 확률이 높아질 것이고, 실패할 것 같다는 생각을 하는 경우 거의 실패하고 만다. 화가 난다는 것은 화나는 마음상태를 만들어 내는 생각을 했다는 말이다. 만일 사랑하는 사람이 나를 속이고 있다는 생각을 하게 되면 어떻게 되겠는가? 나를 속이고 있다는 분명한 증거가 없는데도 불구하고 그런 생각을 하게 되면 무엇을 보아도 의심이 저절로 튀어나오게 된다. 이런 마음상태에서 사랑하는 사람을 만나 데이트를 하게 되면 어떻게 될까? 공연한 다툼이 일어나게 될 것이고 심한 경우 이별을 감수해야 할 것이다. 내가 사랑하는 그 사람은 아무 일도 하지 않았는데 나의 마음상태가 이별을 불러오는 것이다. 만일 이럴 때 부정적 마음상태를 긍정적 마음상태로 바꿀 수 있다면 얼마나 다행일까? 쓸데없이 감정 에너지를 소비할 필요가 있겠는가? 마음상태를 의식적으로 조절하기 힘든 것이 사실이지만, 그것을 마음대로 하지 못하면 최악의 상태를 맞이하게 된다.

누구나 평화롭고 행복한 상태를 원한다. 때로 화가 치밀어 올라오기도 하고, 속이 뒤집힐 때도 있으며, 못 견디게 지루함을 느낄 때도 있다. 그럴 때 분위기를 바꿔보고 싶어 TV를 켜 본 적이 있을 것으로, TV 속의 코미디를 보면서 웃으면 마음상태가 좋아지게 된다. 담배를 피우거나 마약에 취했을 때, 혹은 외식을 할 때, 운동을 할 때도 새로운 마음상태를 경험한다. 그러나 문제는 그 효과가 오래가지 않는다는 것이다. 텔레비전의 개그 프로그램이 끝나고 나면 다시 현실로 돌아와 기분이 나빠지기 일쑤다. 다시 마음상태를 변화시키려면 그에 따른 값을 치러야 한다. 그러니 외부 수단에 의존하지 않고 스스로 마음상태를 조절하는 방법을 알게 되면 얼마나 다행스러운 일이겠는가?

마음상태의 원료는 오감을 통해서 외부로부터 들어오는 정보들이다. 뇌는 외부에서 들여온 정보를 생략, 일반화, 왜곡이라는 과정을 통하여 새로운 사고의 창고에 보관해두고 있기 때문에 우리가 뇌 속에 있는 사고를 재생하려면 그 데이터들을 꺼내기만 하면 되는 것이다. 행복했던 때의 데이터를 꺼내면 행복한 마음상태가 되고, 즐거웠을 때의 데이터를 꺼내면 즐거운 마음상태로 돌아갈 수 있다.

꿈결같이 행복한 경험을 했던 과거의 일에 생각의 초점을 집중할 수만 있다면 언제라도 행복한 상태로 가는 것이 가능하다. 그 때 무엇을 보았는지, 무엇을 들었는지, 무엇을 느꼈는지 생각의 초점을 정리해보라. 그 때, 그 느낌을 지금 그대로 경험할 수 있을 것이다. 이것이 우리가 연구할 목표다.

## 생리상태 조절하기

생리상태는 마음상태와 함께 심신상태를 결정하는 두 기둥을 이루고 있다. 우리의 뇌 속에서는 항상 여러 가지 신경전달물질이 생화학적인 돌풍을 일으키고 있다. 신경전달물질의 활동으로 인간의 신체가 변화하는 것을 신체생리라고 하는데, 우리의 마음이 즐겁고 행복하면 뇌에서 도파민(Dopamine), 엔도르핀(Endorphine), 세로토닌(Serotonin) 등의 화학물질이 분비되며, 이것에 의해 생리상태가 마음상태를 변화시킨다. 그러므로 마음상태란 어떤 순간에 우리 뇌에서 처리되는 수백만 신경작용의 합, 즉 우리가 겪은 경험으로 만들어내는 생리상태의 결과로 나타나기도 한다. 일시적이긴 하지만 초콜릿을 먹으면 기분이 좋아지는 이유는 초콜릿 속에 들어 있는 페닐에틸아민이라는 물질이 행복호르몬이라고 하는 도파민, 세로토닌, 엔도르핀의 분비를 촉진하여 생리상태를 변화시키고, 그 생리상태가 우리의 마음상태를 행복하게 만들기 때문이다.

도파민은 혈압조절, 정교한 운동조절 등에 필요한 신경전달물질로 즐거움에 관련된 신호를 전달하며 행복감을 느끼게 한다. 도파민이 부족하면 운동조절이 되지 않아 파킨슨병에 걸리게 되며, 감정표현을 제대로 할 수 없게 되지만, 과다하면 환각을 보이는 정신분열증에 걸리기도 한다. 도파민을 사랑의 호르몬이라고 부르는 이유는 도파민의 분비가 가장 왕성한 때가 사랑을 나눌 때이기 때문이다.

세로토닌 역시 행복 호르몬이라고 불리는 신경전달물질로, 세로토닌의 분비가 활성화되면 우울증에서 벗어날 수 있다. 세로토닌은 음식으로 해결되는 것이 아니라 마치 햇볕을 쪼이면 생성되는 비타민 D처럼 뇌의 시상하부를 자극하면 그곳에서 생산되는 것으로, 야외에서 걸을 때나 음식물을 씹을 때 많이 생성된다.

반면 엔도르핀은 뇌에서 분비되는 마약과도 같으며, 우리의 고통을 덜어주는 역할을 한다. 모르핀과 같은 성분이지만 모르핀에 비해 300배는 더 강력하고 습관성이 없는 천연 마약이다. 따라서 엔도르핀은 스트레스를 많이 받을 때나 통증이 가해지는 출산 시에 많은 양이 분비되어 우리를 고통으로부터 해방시킨다.

초등학교 시절 어머니와 함께 먹었던 짜장면 맛이 그리워 고향마을 장터 끝에 있는 중국집에 갔을 때였다. 분명히 크고 으리으리했던 기억이 나는 그 중국집이 틀림없는데 어른이 되어 가보니 초라하기 그지없었다. 짜장면 맛도 옛날 그 맛이 아니었다. 우리 뇌 속에 입력되어 있는 기억은 경험보다 상상이 더 즐거운 경우가 많다. 짜장면이 나를 행복하게 만드는 것이 아니라 짜장면 맛에 대한 기억과 그 때의 심신상태가 나를 즐겁게 만드는 것이다.

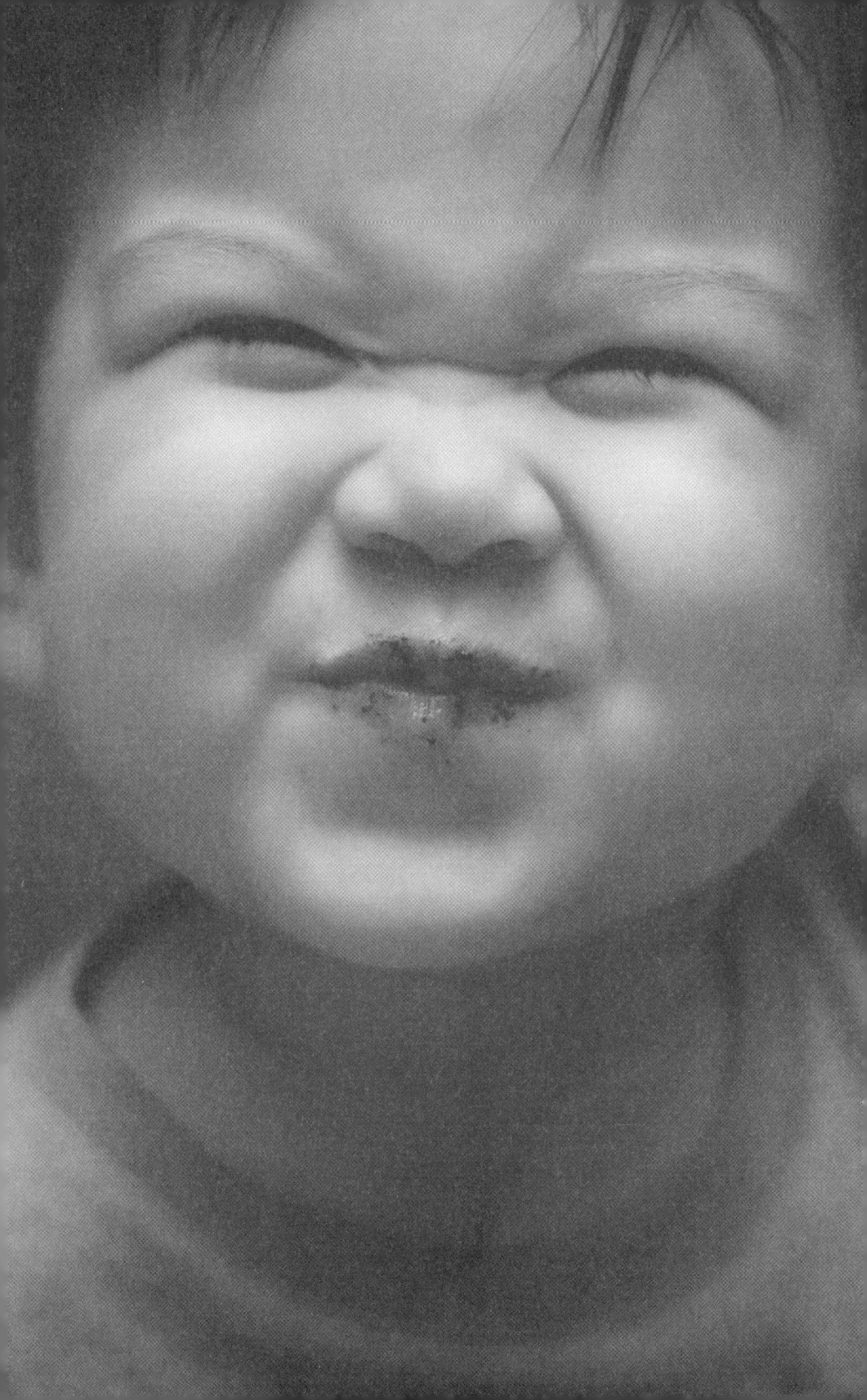

## 행복한 마음상태, 앵커링 만들기

### 앵커링(Anchoring)

앵커(Anchor)란 무엇인가를 튼튼하게 묶어 두는 것이다. 배에 있는 앵커는 배가 멀리 떠내려가지 못하도록 강물이나 바닷물 속에 던져두는 배의 도구이며, 방송국에 있는 앵커는 취재해 온 방송의 주제가 엉뚱한 곳으로 떠내려가지 못하게 하는 연결고리를 맡은 방송인이다. 인터넷에서의 앵커는 하이퍼링크(Hyperlink)와 마찬가지로 원하는 페이지로 가도록 연결하여 놓은 곳을 말하며, 암벽등반이나 빙벽등반에서의 앵커는 생명을 지탱할 수 있도록 자일을 걸어 안전을 확보하는 고리를 말한다. 반면 NLP에서 말하는 앵커는 그것을 보거나, 듣거나, 생각하면 반드시 저것이 보이는 것이다.

세상은 온통 앵커 천지다. 태극기를 보면 우리의 생각은 대한민국으로 달려가고, 성조기를 보면 미국으로 달려가는데, 태극기는 대한민국을 연상시키는 앵커이고, 성조기는 미국을 연상시키는 앵커다. 건널목의 파란 신호등에는 안전이 앵커링 되어 있고, 빨간 신호등에는 위험이 앵커링 되어 있으며, 까치 소리에는 반가운 손님이 앵커링 되어 있고, 까마귀 소리에는 불길한 소식이 앵커링 되어 있다.

그렇다면 행복이 멀리 가지 못하도록 묶어두는 앵커는 없을까? 걱정할 것 없다. 행복 앵커를 만드는 법은 아주 간단하니까. 기분이 좋아질 때마다 엄지를 세워 보라. 머지않아 엄지를 세우기만 해도 기분이 좋아질 것이다. 이 때 엄지는 몸으로 느끼는 앵커다. 기분이 좋아질 때마다 산토끼 노래를 불러 보라. 얼마 후, 산토끼 노래를 부르면 부를 때마다 기분이 좋아질 것이다. 기분이 좋아질 때마다 하늘을 바라보라. 시간이 지나면 하늘을 볼 때마다 기분이 좋아질 것이다.

기분이 좋아질 일이 없는 사람은 행복 앵커를 만들 수 없는 것일까? 걱정할 것 없다. 지금까지 살아오면서 행복했던 일이 하나만 있어도 행복 앵커를 만들 수 있다. 초등학교 시절 엄마와 짜장면을 먹던 장면을 떠올려 보라. 그 때의 행복했던 심신상태를 빌려온 후 엄지 세우기를 반복하면 엄지가 앵커로 변하게 될 것이다. 얼마 후, 엄지를 세우면 초등학교 시절 엄마와 짜장면 먹던 때로 돌아가서 그 때의 심신상태가 저절로 떠오르게 될 것이고, 그 때의 행복했던 마음이 되살아나게 될 것이다.

평생 한 번도 행복했던 기억이 없는 사람은 행복 앵커를 만들 수 없을까? 그것도 걱정할 일이 아니다. 미래에서 행복을 빌려오면 된다. 10년 후 혹은 20년 후, 꿈을 다 이루었다고 생각하고 그 때 그 장면을 떠올려보라. 그리고 엄지를 세우는 것이다. 이것을 되풀이하면 엄지를 세웠을 때 꿈을 이룬 미래의 장면이 떠오르면서 행복한 마음을 불러낼 수 있다.

그러나 좋은 앵커만 있는 것은 아니며, 나쁜 앵커도 수없이 많다. 행복한 사람은 행복 앵커를 많이 가지고 있지만, 불행한 사람은 불행 앵커를 많이 가지고 있다.

○○이는 다른 아이들과 마찬가지로 아침잠이 많다. 아침마다 엄마의 소프라노 목소리가 대여섯 번은 반복되어야 겨우 일어난

다. ○○이가 제 정신이 들기도 전에 엄마는 소프라노로 재촉의 노래를 쏟아냈기 때문에, 이제는 엄마가 아무리 좋은 얘기를 해도 엄마 목소리만 들으면 짜증부터 내게 되었다. 엄마의 목소리가 짜증 앵커로 변해버렸기 때문이다.

엄마의 심신상태는 아이들에게 고스란히 전달되는데, 지금부터 앵커링으로 최상의 심신상태를 만드는 법을 알아보자.

## 앵커링 만들기

모든 엄마들은 이미 수없이 많은 앵커를 만들어본 앵커링 기술자다. 아이들이 울 때마다 엄마가 '뚝!' 하고 야단을 친다. 나중에는 우는 아이를 일일이 야단을 치거나 타이를 필요가 없이 그저 '뚝!' 소리만으로도 울음을 멈추게 할 수 있는데, 이것이 바로 '뚝!'의 반복으로 만들어 낸 앵커다.

고소공포증 환자들은 대개 단 한 번으로 공포 앵커가 만들어지는 경우가 많다.

○○이는 어렸을 적에 새알을 꺼내려고 사다리를 타고 나무 위로 올라갔었다. ○○이가 나무 위로 올라가자 친구들이 장난으로 사다리를 치워버렸다. 나무 위에서 심한 공포를 느낀 ○○이는 결국 나무에서 떨어져 다리가 부러졌다. 그는 단 한 번의 순간적인 공포 체험으로 인해 높은 장소에 대한 공포증을 앵커링하게 되었다. 이와 같이 앵커링은 반복에 의해 만들어지기도 하고 강한 자극에 의해 일시에 만들어지기도 한다. 인위적인 앵커링 방법은 다음과 같은 절차로 이루어진다.

① 자신이 경험했던 유쾌하고 행복한 심신상태 중의 하나를 떠올린다.
　예) 지리산 천왕봉에서 본 일출 장면과 그 때의 감격을 떠올린다.
② 그 때 본 것, 들은 것, 느낀 것을 그대로 떠올린 후, 각각의 세부감각을 더욱 선명하게 하여 최고의 상태에 몰입한다.
③ 일출 장면을 선명한 천연색으로 크고 환하게 떠올리고, 그 때 옆에 있던 사람들의 환호 소리를 상상하며, 시원한 바람의 느낌까지 회상하면서 당시 느꼈던 감동을 다시 느껴본다.
④ 최상의 상태가 되었을 때 몸의 한 부분에 자극을 심는다.
　예) 왼손 새끼손가락 끝을 힘주어 누른다.
⑤ 몰입했던 상태에서 벗어난다.
　예) 기지개를 켜는 등 엉뚱한 행동을 한다.
⑥ 다시 ①에서 ⑤의 과정을 5회 이상 반복한다.
⑦ 충분히 앵커가 만들어졌다고 생각되면 왼쪽 새끼손가락 끝을 눌러 자극을 한다.
⑧ 원하는 유쾌하고 행복한 상태로 돌아갔는지 확인한다. 원하는 상태가 떠오르면 앵커링이 잘 된 것이고, 그렇지 않으면 앵커링이 잘 안 된 것이므로 ①부터 ⑤의 과정을 계속 반복한다.

다시 한 번 다음의 네 가지 요소가 빠지지 않도록 주의하기 바란다.

1. 직접 경험한 장면에 주관적으로 몰두해야 한다. 객관화시켜 버리면 감정의 변화를 일으키지 못하고 그림 혹은 영상을 관람하는 것으로 연결되어버린다.

2. 최고의 심신상태에서 자극을 주어야 한다. 자극이 너무 빠르거나 늦으면 앵커의 강도가 낮아진다. 때문에 심신상태의 변화를 잘 살펴보고 자극을 심을 결정적인 순간을 잘 포착해야 한다.

3. 자극이 구체적이고 독특해야 한다. 앵커가 분명하게 뇌에 신호를 보낼 수 있어야 하며, 시각, 청각, 체각 등의 정보를 모두 동원할 수 있으면 더욱 효과적이다.

4. 정확하게 재 반복할 수 있어야 한다. 특정 부위를 정확하게 찾지 못하고 앵커링 할 때마다 다른 곳에 자극을 주어서는 효과를 볼 수 없다.

### 숯불 걷기

내가 가지고 있는 최고의 앵커링은 숯불 걷기다. 맨발로 숯불 위를 걷는 일은 엄청난 결단과 에너지를 필요로 한다. 우리의 뇌는 맨발로 숯불 위를 걸으면 발에 화상을 입는다고 믿고 있다. 숯불 위를 걷기 위해서는 우리의 뇌가 진실이라고 알고 있는 사실을 바꿔주어야 한다. 맨발로 숯불 위를 걸어도 발에 화상을 입지 않는다는 믿음이 있어야 숯불 걷기에 도전할 수 있다. 뇌가 갖고 있는 데이터를 바꾸기 위해 내적 커뮤니케이션을 이용한다. 입으로 크게 '할 수 있다'를 반복하여 외치면서 숯불 위를 안전하게 걷는 장면을 상상한다. 뇌에 입력된 데이터가 바뀌었다는 확신이 서면 화상 걱정하지 않고 아무렇지도 않게 숯불 위를 걸어가면 되는 것이다. 이것은 누구나 할 수 있는 일이다.

  숯불 걷기가 앵커링 되어 있으면 어떤 경우의 두려움도 이겨낼 수 있는 자신감이 생긴다. 나의 경우는 어떤 경우에도 주먹을 불끈 쥐기만 하면 그 순간 숯불 앞에 서게 된다. 이글이글 타고 있는 숯불 앞에 섰을 때의 결단과 용기, 숯불 위를 걸었을 때의 인내와 희열, 숯불 위를 걷고 난 후의 성취감을 한꺼번에 불러낼 수 있다. 숯불 걷기 체험은 자랑스러운 나의 앵커링이다.

## 앵커 바꾸기

**계란프라이**

앵커에는 행복 앵커만 있는 것이 아니라 불행 앵커, 공포 앵커, 좌절 앵커 등 수많은 부정적인 앵커가 존재한다. 어느 날 갑자기 우울해졌지만 전혀 그 이유를 모르는 경우도 있는데, 그런 때는 부정적 앵커가 나도 모르게 작용하고 있을 때라고 보면 틀림없다. 이러한 부정적 앵커 자체를 지우는 일은 쉽지 않다. 그러므로 부정적 앵커의 자리에 긍정적 앵커를 대치하여 채워 넣음으로써 부정적 앵커가 작동하지 못하게 하는 방법을 쓰는 것이 좋다.

내가 고등학교 2학년 때였다. 그때만 해도 중학교 입학시험이 있었는데, 나는 초등학교 6학년 학생 입주 과외선생님으로 들어갔다. 외아들인 ○○군과 함께 먹고 자고 공부하면서 약간의 돈을 받는 일이었는데, 그 집의 바깥채는 간단한 정비를 할 수 있는 자동차 정비소로 쓰였고 안채는 살림을 할 수 있는 한옥이었다. 그 집에는 정비를 하는 기술자 두 명과 내 또래의 식모아이도 있었다. 식모아이는 시골서 초등학교를 나와 줄곧 남의집살이를 해온 아이였다. 그 집에 입주한 첫 날, 학교에 가서 도시락을 열어보니 하얀 쌀밥 위에 노란 계란프라이가 덮여 있었다. 나는 갑자기 부잣집 도련님이 된 느낌이 들었는데, 계란프라이를 먹으며 식모아이가 참 안 되었다는 생각이 들었다.

다음 날, 학교 갈 준비를 하는데 안채에서 ○○이 엄마의 앙칼진 목소리가 들려왔다. 주인아주머니가 내 도시락에 계란 프라이를 넣는 식모아이를 본 모양이었다. 식모아이에게 입에 담을 수 없을 만큼 심한 욕설을 퍼붓는 소리가 들려왔는데, 더 이상 웃음 띤 얼굴로 ○○이를 잘 부탁한다던 교양 있는 엄마가 아니었다. 당연히 내 도시락에서 계란프라이가 사라졌는데, 며칠 후 도시락을 먹다보니 도시락 바닥에 계란프라이가 깔려 있었다. 뭔가 불안한 생각이 들었다. 예상했던 대로 며칠 후 식모아이가 보이질 않았다.

나는 그 후 오랫동안 계란프라이만 보면 불쌍한 식모아이 생각이 나서 계란프라이를 즐겨 먹지 않았다. 마흔이 넘어 친구와 옛날 못 살았던 시절 얘기를 하면서 계란프라이 얘기를 했더니 그렇게 마음이 따뜻한 사람이라면 복이 많아 지금쯤 부자로 잘 살

고 있을 거라고 나를 위로했다. 친구 얘기를 들은 후로 슬픈 계란 프라이가 행복한 계란프라이로 바뀌었다. 계란프라이 위에 비치던 불쌍한 식모아이의 얼굴이 웃음 띤 할머니가 되었는데, 저절로 앵커가 바뀐 것이다.

**눈물의 앵커**

어머니 장례식을 치른 지 며칠 되지 않아 ○○ 씨는 우연히 길에서 고향 친구를 만났다. 오랜만에 ○○ 씨를 만난 친구는 반가운 김에 ○○ 씨 손목을 잡고 흔들었다. 그 때 갑자기 ○○ 씨의 눈에 눈물이 고였고, 친구는 당황하고 놀라서 어쩔 줄을 몰랐다. 얘기 끝에 ○○ 씨 어머니가 돌아가신 걸 알고 위로한 후 헤어졌고, 그날 저녁 ○○ 씨가 단골 식당에 들어섰을 때 식당 아저씨가 ○○

씨의 얘기를 듣고 위로의 말을 했다. 그 때도 갑자기 ○○ 씨의 눈에서 눈물이 핑 돌았는데, 그 때도 식당 아저씨가 ○○ 씨의 손목을 잡았던 것이다. 나중에 알게 된 사실이지만 ○○ 씨는 오른쪽 손목을 잡힐 때마다 눈물이 났는데, 그 이유는 어머니 장례식을 치르면서 많은 문상객들이 ○○ 씨를 위로할 때마다 오른쪽 손목을 잡았기 때문이다. ○○ 씨는 그 때마다 눈물을 흘렸으며, 결국 ○○ 씨의 오른쪽 손목에 눈물이 앵커링 되었던 것이다.

### 나쁜 앵커 지우기

눈물 앵커를 만드는 법이 있으면 지우는 법도 있지 않겠는가? 나쁜 앵커를 지우는 방법은 그것과 대치되는 쪽에 강력한 긍정적 감정을 앵커링하는 것이다. 두 앵커를 동시에 자극하게 되면 놀라운 일이 생긴다. 일단 뇌는 좋은 앵커와 나쁜 앵커 두 개를 한꺼번에 신경체계에 연결하며, 그럴 때 뇌는 둘 중 좋은 앵커에만 반응하게 된다. 그럴 경우 뇌는 긍정적인 상태 아니면 적어도 중립적인 상태로 들어가게 된다.

처음에는 상반된 상태가 뒤섞여서 혼란에 빠질 수도 있겠지만 점점 부정적 감정이 약화되다가 결국에는 나쁜 앵커가 힘을 잃고 사라지게 된다. 좋은 앵커가 나쁜 앵커를 몰아내게 되는 것이다.

눈물의 앵커에 등장한 ○○ 씨를 예로 들어 나쁜 앵커를 지우는 방법을 확인해보자.

① 지우고 싶은 부정적인 상태, 고통스러운 상태를 확인한다.

② 부정적 상태를 떠올리고 오른쪽 손목에 앵커 1을 만든다.

　　예) 어머니가 돌아가셨을 때의 슬픔을 떠올린다. (앵커 1)

③ 기쁘고 행복했던 긍정적 상태를 확인한다.

　　예) 어머니 생신날 가족이 모여 생일 파티를 하던 장면을 생각한다.

④ 긍정적 상태를 떠올리고 왼쪽 손목에 앵커 2를 만든다.

　　예) 어머니 생일 파티 장면을 재현한다. (앵커 2)

⑤ 앵커 2(왼쪽 손목)를 자극하여 긍정적 상태를 불러온다.

　　예) 앵커 2를 자극하면 어머니 생일 파티가 떠오른다.

⑥ 2초 후에 앵커 1(오른쪽 손목)을 자극하여 부정적 상태를 불러온다.

　　예) 앵커 1을 자극하면 어머니가 돌아가셨을 때 슬픈 감정이 나타난다.

⑦ 긍정적 상태와 부정적 상태의 강도를 확인한다.

　　예) 살아생전의 어머니 모습과 돌아가셨을 때의 모습이 혼합된다.

⑧ 부정적 상태와 앵커링 된 오른쪽 손목, 앵커 1에서 손을 뗀다.

　　예) 왼쪽 손목에서 손을 떼면 슬픈 느낌이 사라진다.

⑨ 5초 후, 긍정적 상태와 앵커링 된 왼쪽 손목, 앵커 2에서 손을 뗀다.

　　예) 5초 후, 왼쪽 손목에서 손을 떼면 즐거운 느낌도 사라진다.

처음에는 안절부절 못하고 눈이 휘둥그렇게 될 정도로 이상한 느낌이 들게 될 것이다. 그러나 결국 긍정의 앵커로 인하여 마음의 안정을 찾게 된다.

## 연결 앵커 만들기

부정적인 심신상태가 짙은 안개처럼 사방에 드리우고 있어 의욕을 상실하고 좌절감에 빠져 있는 사람을 단번에 의욕이 넘치는 상태로 변화시키는 것은 어렵다. 이런 사람들을 한꺼번에 변화시키려 들다가는 큰 낭패를 볼 수 있는데, 그럴 때는 스테이크 덩어리를 한 입에 먹을 수 있을 만큼 잘게 썰듯이 단계별로 연결되는 연결 앵커를 만들어 하나씩 하나씩 실행해가야 한다. 연결 앵커는 앵커가 순차적으로 발화되면서 감정을 하나씩 하나씩 불러내어 단계적으로 사람을 변화시키는 앵커다.

한국인에게 위암이 많다고 하니 건강검진을 받을 때 빠지지 않는 것이 위내시경이다. 대개는 짧은 시간이지만 괴로움을 참지 못하고 수면내시경을 선택한다. 나는 수면내시경보다 훨씬 능률적이고 건강도 해치지 않는 시각, 청각, 체각이 복합적으로 연결된 연결 앵커를 다음과 같이 활용한다. 이는 수면내시경 뿐만 아니라, 고통이 수반되는 모든 경우에 응용할 수 있는 앵커링이다.

내시경을 시작하기 전에 앵커링을 계획한다.
눈을 감고 설악산 공룡능선을 오르던 때의 심신상태를 떠올린다.
숨이 가쁘고 다리도 아프지만 설악의 경치가 한없이 즐겁다.

마음상태가 최고조에 이르렀을 때 '아~' 하고 입을 벌리며 앵커링한다.

눈을 뜨고 현재로 돌아와 상태 전환을 한다.

눈을 감고 '아~' 하고 입을 벌려 앵커링된 설악산 공룡능선의 모습을 불러온다.

공룡능선의 경치가 떠올랐을 때 바람이 나뭇가지를 스치는 소리를 앵커링 시킨다.

공룡능선의 아름다운 경치와 바람소리가 떠올랐을 때 바위에 걸터앉아 바람을 맞던 시원한 느낌을 앵커링 한다.

눈을 뜨고 현재로 돌아와 상태 전환을 한다.

내시경 진찰대에 모로 누워 간호사의 지시에 따라 눈을 감고 입을 '아~'하고 벌린다.

앵커링 되었던 설악산 공룡능선과 바람소리와 시원한 느낌이 차례로 재현된다.

잠시 후에 내시경 검사가 끝났음을 알리는 소리에 눈을 뜬다.

## 감사의 마음과 호기심을 가져라

### 감사

교통사고가 나서 많은 사람들이 목숨을 잃었는데 그 중에서 기적같이 살아난 사람들은 하나같이 감사의 마음을 갖는다. 암에 걸렸는데 열심히 투병하여 암을 이겨낸 사람들의 마음 또한 감사로 가득하다. 그런데 교통사고가 나지 않고 목적지에 잘 도착한 사람, 암에 걸리지 않고 건강하게 살아온 사람들은 감사의 마음을 느끼지 못한다. 교통사고가 난 와중에 구사일생으로 살아난 것이 더 큰 기적인가, 사고가 나지 않고 목적지까지 잘 도착한 것이 더 큰 기적인가?

자녀는 존재 그 자체가 감사다. 공부 좀 잘하고 못하는 것이 무슨 상관인가? 건강하게 하루하루 잘 지내는 아이들을 보고 감사의 마음을 가질 줄 모르면 불행한 사람이다.

## 호기심

1492년 8월 출항했던 콜럼버스는 이듬해 3월에 귀국하여 자신을 후원했던 이사벨 여왕으로부터 자신이 발견한 '신세계'의 부왕으로 임명되었다. 게다가 신세계에서 가져온 금제품이 유럽에서 선풍적인 인기를 끌자 콜럼버스는 여기저기의 축하 파티에 초대를 받게 되었는데, 콜럼버스가 점점 유명해지면서 그를 탐탁지 않게 생각하는 사람들이 생겨나게 되었다.

"거 뭐 대단한 것도 아닌 걸 가지고…… 대서양을 넘어 배를 서쪽으로 몰아간 것밖에 뭐 대단한 게 있소?"

"그건 그렇소. 별로 자랑할 건 없지만 내가 제일 먼저 그런 생각을 했다는 것을 나는 자랑스럽게 생각할 뿐이요."

"……"

상대가 아무 말도 하지 않자, 콜럼버스가 다시 말했다.

"그렇다면 제가 제안을 하나 하죠. 누구든지 이 달걀을 식탁 위에 세워 보시오."

아무도 달걀을 세우는 사람이 없자 콜럼버스는 달걀 모서리를 깨뜨려 식탁 위에 세웠다. 우리는 그걸 '콜럼버스의 달걀'이라고 하는데, 그 표현은 이제 아무도 생각하지 못했던 것을 처음 시도하여 성공했을 때 쓰는 말이 되었다.

그렇다면 콜럼버스처럼 달걀을 깨뜨리지 않고 탁자 위에 달걀을 세울 수는 없을까? 어느 날 나는 달걀을 들여다보며 달걀을 깨뜨리지 않고 세우는 방법이 없을까 곰곰이 생각했다. 결국 달걀을 깨뜨리지 않고 탁자 위에 세우는 일에 성공했다. 나는 그것을 '사봉의 달걀'이라고 부른다.

달걀 속에는 얇은 속껍질이 있고, 그 안에 흰자가 있으며, 또 그 안에 노른자가 있다. 속껍질에 붙은 알끈은 노른자와 연결되어 노른자의 위치를 잡아주는 역할을 하는데, 나는 달걀을 휘휘 돌려 알끈을 끊어 버리고 노른자를 달걀 중앙에 위치하도록 만들어 보았다. 그랬더니 달걀이 손쉽게 식탁 위에 세워졌다. '사봉의 달걀'이 태어난 것이다.

우리는 오감을 통하여 항상 외형적인 것에 관심을 쏟고 외형적인 것에 의지하면서 살고 있다. 인간이 가지고 있는 내면의 알끈은 무엇인가? 각자의 내면에 붙어 있는 알끈을 끊어내고 '콜럼버스의 달걀'이 아니라, '사봉의 달걀'을 세울 수 있기 바란다.

## 몰입과 열정, 용기가 필요하다

20여 년 동안 상계동에 살고 있는 우리 부부는 불암산을 천 번 이상 오르내렸다. 어느 날, 아내가 산에서 내려오다가 돌에 걸려 넘어져 발목뼈가 부러졌다. 500미터가 넘는 거리를 아내를 업고 내려와 응급실로 달려갔다. 아내는 3주일 간 병원 신세를 지며 철심을 박고 깁스를 했다. 때가 되어 퇴원을 하게 되었고, 병원 주차장으로 가기 위해 아무 생각 없이 아내를 업었는데 도저히 일어설 수가 없었다. 불과 3주일 전에 산에서 아내를 업고 500미터를 쉬지 않고 내려왔는데 이상한 일이었다. 일체유심조(一切唯心造)라는 원효대사의 말씀이 온몸으로 느껴지는 순간이었다.

미국 프로야구의 전설 행크 아론이 새로운 홈런왕이 될 찬스가 왔을 때였다. 백인들은 그들의 우상이었던 베이브 루스의 홈런 기록을 깨면 죽여 버리겠다고 행크 아론을 협박했다. 그러나 그가 49년 만에 베이브 루스의 기록을 깨고 715번째의 홈런을 날리자, 그 협박은 협박으로 끝나고 말았다. 그가 세운 통산 755개의 홈런 기록은 전설을 넘어 오늘날까지 메이저리그의 신화로 남아 있다.

행크 아론은 정신이 아득할 정도로 많은 연습을 하고 나면 남들에겐 없는 이상한 능력이 생기는 것을 느꼈다고 한다. 투수가 공을 던지기 직전에 직구일지 커브일지 알아차리는 힘이 생긴 것으로, 그에게 0.1초의 미래를 내다볼 수 있는 힘이 생긴 것이다.

신경과학자들은 아무리 유능한 선수라 하더라도 야구공을 눈으로 본 후 배트를 휘둘러 공을 때리는 것은 시간적으로 불가능하다고 한다. 투수가 던진 공의 속도가 타자의 뇌와 신체가 반응하는 속도보다 빠르다는 말이다. 뇌가 직구인지 변화구인지 판단하고 배트를 휘두르면 이미 야구공은 포수의 글러브 속에 들어가 있다.

로스앤젤레스 킹스팀 소속의 아이스하키 선수 웨인 그레츠키는 내셔널 하키 리그 역사상 최고의 득점왕이었다. 그는 체격이 별로 큰 편도 아니었고, 힘이 센 것도 아니었다. 그렇다고 스피드가 빠른 선수도 아니었다. 그가 득점왕이 된 비결은 다른 선수들이 퍽을 보고 퍽이 움직이는 방향으로 달려 갈 때, 그는 퍽이 움직일 방향으로 달렸다는 것으로, 그는 어느새 상대방 선수들의 방어벽을 벗어 난 지점에 있게 되어 퍽을 잡을 수 있었고, 퍽이 움직여 갈 방향을 알아내는 예측력이 그를 득점왕으로 만들었던 것이다.

부모지능의 몰입과 열정은 행크 아론의 신화를 넘어서는 능력이며, 웨인 그레츠키의 예측을 넘어서는 능력이자, 0.1초의 미래를 예측할 수 있는 놀라운 능력이다.

'낙락장송(落落長松)도 근본은 종자'라고 했는데, 이 속담의 뜻은 아무리 훌륭한 사람이라도 처음에는 별 볼 일 없다는 말이다. 소나무가 솔방울 속의 작디작은 씨앗이었을 때는 '낙락장송이 되면 얼마나 좋을까' 혹은 '나는 낙락장송이 될 거야'라고 생각할 수 있다. 그러나 솔씨가 자라서 모두 다 낙랑장송이 되는 것은 아니다. 또한 세월이 지나 낙락장송으로 자란 소나무는 궁궐의 기둥과 대들보가 되어 모두 떠나게 되며, 바위틈에서 자란 굽은 소나무들만 남아서 선산을 지키게 된다.

선산을 지키는 굽은 소나무들을 보면 굽은 소나무라고 해서 용기를 잃을 필요가 없다는 것을 알게 될 것이다. 우리 선조들은 소나무로 지은 집에서 솔가지를 매단 금줄을 치고 태어났다. 솔가리를 불쏘시개로 하여 소나무 장작불을 피워 밥을 지어 먹었으며, 그 불을 지펴 온돌을 따뜻하게 데우며 살았다. 송판(松板)으로 가구를 만들어 집안에 솔 향이 피어나게 했으며, 솔잎주, 송화주(松花酒), 송순주(松筍酒)를 담아 풍류를 즐겼다. 먹을 것이 없을 때는 소나무 속껍질인 송기(松飢)를 벗겨 떡을 만들거나 죽을 쑤어

먹기도 했다. 송화 가루로는 다식을 만들어 먹었고, 솔잎으로는 송편을 만들고 솔잎차를 다려 마셨다. 어디 그뿐인가. 송이버섯은 지금도 더 할 수 없이 귀한 최고의 음식이며, 소나무를 태운 그을음, 송연(松烟)으로 먹(墨)을 만들어 글을 쓰고 그림을 그렸다. 그리고 생을 마친 뒤 소나무 관에 묻혀 자연으로 돌아감으로써 마지막 순간까지도 소나무 신세를 졌다.

낙랑장송이 아니라고 용기를 잃을 이유가 없지 않은가?

## 생각에 유연성을 두어라

짓궂은 신도가 목사에게 난처한 질문을 했다.
"목사님, 기도할 때 담배를 피우면 안 되나요?"
"기도는 하나님과의 성스러운 대화입니다. 기도하면서 담배를 피운다는 것은 생각조차 할 수 없는 일이지요."
목사는 이런 말도 안 되는 질문을 한 신도를 한심하다고 생각했다.
다음날 그 신도는 시치미를 떼고 목사에게 다시 질문을 던졌다.
"목사님! 담배 피울 때 기도하면 안 되나요?"
"그럴 리가 있나요. 기도는 언제 어디서나 할 수 있는 것이지요."
목사는 이런 질문을 한 신도를 기특하게 생각했다.
마치 무슨 개그 프로에 나올 법한 우스운 얘기지만 생각의 유연성이 없으면 흔히 저지르기 쉬운 일이다. 엄마와 아이들 사이에서도 늘 비슷한 일이 벌어지는 것을 본다.

"엄마, 공부할 때 음악을 들으면 안 돼요?"

"애야, 공부는 정신을 집중해야 잘 되는 거야. 공부할 때는 공부만 해야지."

다음날 아이가 엄마에게 물었다.

"엄마, 음악 들을 때 다른 공부하면 안 돼요?"

"안 되긴. 기특하기도 해라. 그래. 그렇게 공부에 대한 끈을 놓지 말아라."

꽃은 봄에만 피는 것이 아니다. 산과 들에 갖가지 열매가 익어가고 낙엽이 떨어지고 있는 가을에도 한쪽에서 가을꽃들이 풍성하게 피어난다. 만일 모든 꽃이 봄에만 핀다면? 만일 모든 산에 소나무만 자란다면? 그렇지 않아서 얼마나 다행인지 모른다.

불행의 씨앗은 '다름'을 알지 못하는 것에서 싹이 튼다. 어떤 아이는 봄에 피는 꽃을 닮았고, 어떤 아이는 가을에 피는 꽃을 닮았

다. 또 어떤 아이는 낙락장송의 기개를 갖고 태어났으며, 어떤 아이는 잡초의 끈질김을 갖고 태어났다.

요즘 부모들은 하나 같이 '내 아이는 다르다'고 믿는다. 그 속내는 '내 아이는 다른 아이들보다 낫다'이다. 그 다르다가 수평적인 다름으로 이해될 때 정상적인 부모의 역할이 가능하다. 다름을 이해하기 위해 부모지능에서 생각의 유연성이 필요한 이유다. 하나의 원칙만 고집하면 안 된다. 형제라도 다르고 쌍둥이라도 다르다. 다시 말하면 모든 아이는 자기만의 개성을 가지고 있으므로 그 개성을 잘 파악하여 길러주는 것이 부모의 역할인 것이다.

## 자신감도 전염이 된다

요즘 방 안에서 사료를 먹는 개들이 들으면 웃을 일이지만 "개 눈에는 뭐만 보인다."는 속담이 있다. 이왕이면 "부처 눈에는 부처만 보인다."는 속담이 나을 것 같은데, 오늘 오전에 본 것 중에 무엇이 가장 기억에 남는가? 개가 될 것인가 아니면 부처가 될 것인가는 지금 자신의 관심사에 달렸다.

나는 예전에 서울 시내에 그렇게 많은 꽃이 피는 줄 몰랐다. 봄이 되어도 어딘가 멀리 가야 꽃구경을 할 수 있는 줄 알았고, 심지어는 산이나 들에 갔다 와도 기억에 남는 꽃이 없었다. 그런데 야생화에 관심을 가지고 야생화 사진을 찍기 시작한 후로는 길을 걷다가 눈에 밟히는 것이 온통 꽃이었다. 보도블록 사이의 흙속에서도 꽃이 피고, 돌 축대 사이에 끼인 한 줌의 흙속에서도 꽃이 피고 있는 것이 보였다.

인간의 뇌는 필요하다고 생각하는 것만 기억하고, 불필요하다고 생각되는 것은 기억을 사절하는 기능이 있는데, 그것을 '뇌의 RAS현상(Reticular Activating System, 세망신경계)'이라고 한다. 이 현상은 사진을 찍을 때 초점이 맞는 피사체는 분명히 찍히지만 초점이 맞지 않는 부분은 희미하게 찍히는 아웃포커싱 촬영 기능과 같다. 자신감이란 별 것이 아니다. 즐거운 일에 관심을 가지면 즐거운 일만 뇌에 저장되고, 고통스러운 일에 관심을 가지면 고통스러운 일만 뇌에 저장된다. 뇌의 RAS 현상을 믿고 하고 싶은 일에 관심을 가지면 바로 자신감으로 나타나며, 즐겁고 유쾌한 일에 관심을 가지면 뇌가 알아서 그 길로 안내한다.

관심이 없으면 자신감이 없어지고 자신감이 없으면 뇌에 암점증이 생긴다. 내가 기억할 수 없다고 말하면 뇌는 별 것 아닌 것조차 정말로 기억할 수 없게 된다. 반대로 내가 할 수 있다고 말하면 뇌가 기억의 경로를 열게 한다.

자신감은 어느 한 곳에서 자라나면 다른 곳으로 전염이 되는데, 운동을 열심히 해서 체중을 빼고 나면 신기하게도 학업에 대한 자신감이 생긴다. 한 가지 일에 자신감이 생기면 다른 일에도 자신감이 생긴다는 것을 알고, 부모의 자신감이 자녀에게 전염된다는 사실도 잊지 않기를 바란다.


## 긍정적인 마음으로 희생하고 봉사하라

"이 학생은 지적 능력이 떨어져 앞으로 어떤 공부를 해도 성공할 가능성이 없음."

내 아이의 성적표 끝에 달린 선생님의 소견이 이와 같다면 얼마나 상심하게 될까? 그러나 이런 성적표를 받아 쥔 아인슈타인 어머니의 생각은 무한 긍정이었다.
"남과 다르니 큰 인물이 되겠구나!"
부모의 긍정적인 마음이 아인슈타인을 만들어냈다.

어느 날 백화점 양복코너에서 감색 양복을 한 벌 골라 입고 거울 속의 내 모습을 보았다. 양복이 새것이라 그런지 제법 훤칠한 모습이 멋졌다. 더 망설일 것도 없이 그 양복을 사가지고 왔다. 다음 날 아침 새 양복을 입고 거울 앞에 서보니 영 어제 그 모습이 아니었다. 양복이 바뀐 것도 아니고, 키가 밤새 줄어든 것도 아닌데 이상한 일이었다. 가만히 생각해 보니 양복점 거울과 우리 집 거울이 다른 것이었다. 옷가게 거울은 나를 밑에서 위로 올려다보는 거울이었고, 우리 집 거울은 나를 옆에서 바라보는 거울이었다. 거울 속에서 원근법을 확실하게 보여준 옷가게 거울이 내 다리를 길게 만들었던 것이다.
부모는 한꺼번에 많은 사람들의 모습을 비출 수 있는 넓은 거울이 아니라, 내 아이의 모습 하나하나를 비춰주는 좁은 거울이 되어야 한다. 아이들과 마주 하는 순간만큼은 부모는 아이의 우주여야 하며, 옷가게의 거울처럼 자녀를 최고의 모습으로 만들어주는 올려다보는 거울이 되어야 한다.
영화 '로마의 휴일'의 앤 공주는 지금껏 우리에게 행복을 실어 나르고 있다. 오드리 헵번은 영화 속의 앤 공주일 때뿐만 아니라, 현실 속에서도 우리에게 행복을 나눠주길 멈추지 않았다. 그녀는 1929년 벨기에서 태어나 1993년 사망하기까지 전 인류의 연인이었으며, 은퇴한 후 유니세프 친선대사로 활동하며 희생과 봉사를 몸으로 실현했다.

　노년에 건강이 악화되었을 때도 소말리아의 굶주린 어린이들 걱정뿐이었던 그녀의 죽음에 엘리자베스 테일러는 '하늘은 이제 가장 아름다운 새 천사를 갖게 되었다.'고 위로했다. 오드리 헵번이 숨을 거두기 한 해 전인 1992년 크리스마스 전날, 그녀가 두 아들 Sean과 Luca에게 읽어주어 유명해진 시가 있다. 이 시는 원래 샘 레븐슨(Sam Levenson)이 자신의 손녀딸에게 보낸 편지 속에 있던 시였는데 오드리 헵번 덕분에 널리 알려지게 되었다.

　이 시를 읽고 희생과 봉사를 아끼지 않는 부모로 남을 수 있기를 바란다.

예쁜 입술을 갖고 싶으면, 친절한 말을 하라.

사랑스런 눈을 갖고 싶으면, 사람들의 장점을 찾아라.

날씬한 몸매를 갖고 싶으면, 네 음식을 배고픈 사람과 함께 나눠라.

아름다운 머리카락을 갖고 싶으면, 하루 한번은 어린이가 네 머리를 쓰다듬게 하라.

바른 자세를 원하면, 결코 혼자 걷는 게 아님을 잊지 말고 걸어라.

어떤 일이 있어도, 사람들은 치유되어야 하며, 새로워져야 하며, 회복되어야 하며, 교정되어야 하며, 구원되어야 한다.

결코 한 사람이라도 버림받아서는 안 된다.

기억하라, 만약 네가 도와줄 손이 필요하다면 팔 끝에 달린 손을 이용하면 된다.

네가 어른이 되면 네 손이 두 개인 까닭을 알게 될 것이다.

한 손은 너를 돕는 손이고, 한 손은 남을 돕는 손이다.

FAM

# Chapter 3

# PQ, 어떻게 활용할 것인가

> 우리는 어떤 문제가 발생했을 때 즉각적으로 그 문제가 속한 단계에 들어가 문제를 해결하려고 애쓴다. 그러나 그것은 별로 효과가 없다. 즉각적인 조치로 문제가 해결되었다고 생각할 수도 있지만, 결국 같은 문제가 또다시 형태를 바꾸어 일어나기 때문이다. 본질적으로 문제를 완전히 해결하려면 문제가 일어난 단계가 아니라, 그보다 상위 단계에서 해결책을 찾아야만 한다. 그래야 아래 단계의 문제가 자연스럽게 완전히 해결된다.

# NLP와 PQ를 연결하라

## NLP에 대한 이해

### NLP의 탄생

베트남 전쟁(1960~1975)을 기억하는가?

명분 없는 베트남 전쟁에서 미국의 젊은이들이 자그마치 6만여 명이나 죽어서 돌아왔다. 삶과 죽음의 갈림길에서 살아 돌아온 젊은이들도 대부분 PTSD(Post Traumatic Stress Disorder, 외상 후 스트레스 장애)로 고통을 받고 있었다. 1970년대, 미국의 많은 정신과 의사와 심리치료사들이 심혈을 기울이지 않을 수 없었다.

존 그린더(John Grinder)와 리차드 밴들러(Richard Bandler) 역시 PTSD로 고통 받고 있는 이들을 위해 심리치료 프로그램을 찾고 있었다. 존 그린더는 미국 UCSC(University of California, Santa Cruz) 대학의 언어학과 교수였고, 리차드 밴들러(Richard

Bandler)는 같은 대학에서 심리학을 전공하는 대학원생이었다. 그들은 가장 탁월한 심리치료 방법으로 주목받고 있었던 '게슈탈트 심리치료'와 '가족치료', 그리고 '최면치료'를 모델링하여 새로운 심리치료 프로그램을 창안하였다. 곧이어 두 사람은 게슈탈트 심리치료사인 프리츠 펄스(Friz Perls, 1892~1970), 가족치료사 버지니아 사티어(Virginia Satir, 1916~1988) 그리고 정신과 의사이며 최면심리 치료사인 밀턴 에릭슨(Milton Erickson, 1901~1980)에게 직접 훈련을 받아 그들의 우수한 기법을 모델링하였으며, 두 사람의 공로로 1975년에 NLP가 탄생되었다.

그 후 전 세계에 '네 안에 잠든 거인을 깨워라(Awaken the Giant Within)'라고 외치고 있는 앤서니 라빈스(Anthony Robbins, 1960~ )에 의하여 NLP는 미국뿐만 아니라 전 세계 수많은 대중들에게 전파되었다. 오늘날 NLP는 정치, 경제, 문화 및 비즈니스, 그리고 스포츠에 이르기까지 모든 일상에 활용되고 있다. 이제는

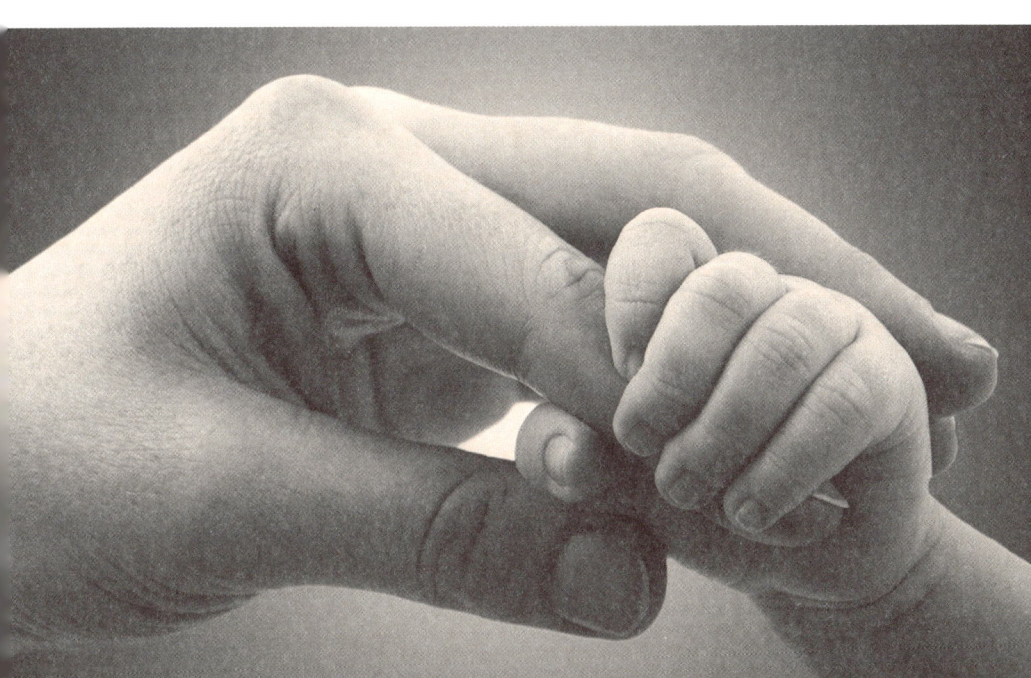

누구든지 NLP를 익히고 활용하면 자신은 물론 주위의 사람들까지 탁월한 삶, 행복한 삶을 누릴 수 있게 되었다.

## 신경(Neuro)

인간은 외부로부터 정보를 얻어 생각하고 행동하는데, 정보를 받아들이는 5개의 감각기관과 받아들인 정보를 분류하고 저장하고 활용하는 과정을 담당하는 것이 신경이다.

NLP에서 말하는 신경은 뇌의 신경조직을 말한다. 이 신경조직에는 깨어 있을 때나 잠자고 있을 때나 가릴 것 없이 보고, 듣고, 냄새 맡고, 맛보는 정보가 오감을 통하여 매초 200만 비트씩 입력이 된다. 이렇게 입력된 정보는 신경조직에 감각정보로 저장되어 자신의 우주를 형성하고, 내적 혹은 외적 커뮤니케이션의 기반이 되기도 한다.

베일에 싸여있던 뇌의 신경조직에 관한 연구는 지난 30여 년 동안 놀라운 발전을 했다. 자기공명단층촬영장치(fMRI), 양전자방사단층촬영법(PET), 정량화뇌파분석(QEEG)와 같은 기기의 발달로 인간의 살아있는 뇌를 촬영할 수 있게 되면서부터 뇌신경과학은 놀라운 발전을 해온 것이다. 더구나 뇌신경과학과 심리학의 통합으로 인간의 본성과 행동에 대한 연구는 눈부신 발전을 했는데, NLP 역시 이러한 과학적 근거가 이론이 되어 탄생한 새로운 변화심리학이다. 뇌는 우리의 몸을 움직이는 지휘소이며 통제소로, 우리의 모든 경험이 보관되어 있는 데이터 보관소이며, 행복한 경험, 고통스러운 경험, 우울한 경험, 즐거운 경험 등 모든 경험이 뇌 신경조직 안에 저장되어 있다.

## 언어(Linguistic)

뇌와 중추신경계가 정보를 처리하기 위하여 코드화를 진행하고, 의미를 부여하여 생각과 행동을 정리하는 것이 언어다.

NLP의 언어는 외적 커뮤니케이션은 물론 내적 커뮤니케이션의 기본적인 도구로, 뇌의 신경조직이 사용하는 언어는 우리가 일상적으로 사용하는 한국어, 영어, 일본어와 같은 일상의 언어는 물론이고, 그보다 더 심층적인 언어의 패턴을 포함한다. 컴퓨터 프로그램을 만들기 위해서는 특별한 컴퓨터 언어가 필요하듯, 우리가 보고 듣고 느낀 데이터를 저장하고 또 저장된 데이터를 활용하기 위해 우리의 뇌는 NLP의 언어를 필요로 한다. 뇌는 이 언어를 이용하여 오감을 통해 들어온 시각 데이터, 청각 데이터 및 신체 감각적 데이터를 각각 해당 장치에 저장하기도 하고 불러오기도 한다.

## 프로그래밍(Programming)

인간이 원하는 것을 얻기 위해 생각과 행동을 자유롭게 구성하고 조직하는 과정을 프로그래밍이라고 한다.

NLP 프로그래밍은 인간이 삶을 구현하기 위해 만든 뇌 속의 크고 작은 프로그램과 응용소프트웨어를 의미하며, 우리는 이 소프트웨어를 이용하여 생각하고 판단하며 행동한다. 이 프로그램은 과거에 경험한 데이터, 가치와 신념, 기본적인 질문, 심신상태 등에 의하여 만들어지는데, 이는 신 김치를 보면 입 안에 침이 고이는 것처럼 과거에 김치를 먹어본 경험이 프로그램 되어 있기 때문이다. 갓난아이들이 날카로운 칼을 무서워하지 않는 것은 그 칼에 베어본 적이 없어 칼날이 위험하다는 프로그램이 없기 때문이다. NLP는 이미 제작된 뇌 안의 각종 프로그램을 수정, 보완 혹은 폐기하여 인간을 변화, 발전, 성공할 수 있도록 만들어준다.

## NLP와 PQ의 관계

프로이트의 심리학은 여전히 바이블로 남아 있으며, 행동주의 심리학도 굳건히 자리를 차지하고 있지만, 정신분석과 행동주의를 기반으로 하는 고전적 심리학은 다분히 과거 지향적이다.

NLP는 긍정적 변화에서 실마리를 찾는 변화심리학이자, 모델링에서 변화를 찾는 미래 지향적 심리학이며, 최근 발달한 뇌과학에 기반을 둔 신경언어 심리학이다. NLP가 추구하는 것은 탁월한 삶을 산 사람들의 사고방식과 커뮤니케이션 패턴을 연구하여 따라가는 것으로, 1975년에 발표된 NLP 이론은 2000년대에 와서야 본격적으로 한국에 소개되긴 했지만, 그 영향력은 가히 폭발적이다. 그러나 수많은 NLP 연구소가 설립되고, NLP 코치도 양성되었으나 실생활에 응용하는 분야는 그리 많지 않은 형편이다.

필자는 현재 국가적으로나 사회적으로 가장 시급한 분야가 인성교육 분야이고, 인성교육의 핵심이 가정교육이라는 취지 하에 NLP의 중요 요소들을 부모지능 회복의 도구로 사용했다. NLP 교육을 따로 받지 않는 부모들의 이해를 돕기 위해 가능하면 전문용어를 배제하고 일반적으로 사용하고 있는 쉬운 언어로 설명을 했으므로 그대로 따라 하기만 하면 누구든지 NLP의 기술을 응용할 수 있을 것이다.

## 뇌는 변화를 싫어한다

"요즘 아이들은 버릇이 없다."
어느 시대, 어느 나라 아이들을 막론하고 말 안 듣고 버릇없기는 마찬가지인데, 이는 부모에게 책임이 있는 것도 아니고, 아이들에게 책임이 있는 것도 아니다. 근본적인 문제는 인간의 뇌에 있으며, 어른, 아이 가릴 것 없이 인간의 뇌는 남의 말 듣기를 싫어한다. 게다가 변화하는 것은 질색이다. '하던 짓도 멍석 펴놓으면 안 한다.'는 말이 꼭 맞는 말이다. 인간의 뇌는 누구의 간섭도 받지 않고 제 맘대로 하는 것을 좋아한다. 나보다 더 고집스러운 것이 나의 뇌다. 뇌는 결코 외부에서 들어오는 정보를 그대로 받아들이는 일이 없다. 뇌는 외부 정보를 자기 맘대로 자신의 취향에 맞게 생략, 일반화, 왜곡시켜 저장한다.

**생략**
멋진 풍경이라고 생각하고 사진을 찍었는데 나중에 사진을 보니 한 가운데 전깃줄이 지나고 있다. 풍경을 눈으로 감상할 때는 분명히 없었던 전깃줄이 사진 속에 또렷이 나타난 것을 보는 일은 흔히 경험하는 일이다. 뇌는 스스로 판단해서 중요하지 않다고 생각하는 정보나 필요 없다고 판단되는 정보는 생략해 버린다. 뇌가 빼어나게 아름다운 경치는 받아들이고 볼품없다고 판단되는 전깃줄에 대한 시각 정보는 생략해 버린 것이다.

   TV 속으로 빠져 들어가기라도 할 것처럼 열중해서 축구 중계를 보고 있는 남편에게 몇 번씩 식사하라고 소리를 질러도 잘 알아듣지 못하는 것은 남편이 아내를 우습게 여겨서 그런 것이 아니라, 남편의 뇌가 관심이 없는 청각 정보인 아내의 목소리를 생략했기 때문이다.

  하지만 이러한 뇌의 생략 기능이 없다면 우리는 여간 불편한 삶을 살아야 하는 것이 아니다. 코끝을 예로 들기 위해 한쪽 눈을 감아보라. 안 보이던 코끝이 보일 것이다. 혹 안경을 썼다면 안경테까지 보이게 될 것이다. 우리의 눈은 코끝의 시각 정보나 안경테의 시작정보를 연신 뇌에 전달하지만 뇌는 그것들이 중요하지 않다는 판단을 내리고 생략해버리기 때문에 느끼지 못할 뿐이다. 만약 하루 종일 코끝이 눈에 아른거리거나 세상이 안경테 속에 갇혀 있는 그림만 본다면 무슨 일을 할 수 있겠는가? 눈에 보이는 코뿐만 아니라 코끝을 누르는 안경의 무게도 큰 문제다. 코 역시 하루 종일 안경 무게의 느낌을 끊임없이 뇌에 전달하지만 뇌는 안경의 무게 역시 사소한 것이라고 판단하고 감각 정보를 생략해버린다. 이와 같이 뇌는 중요하지 않다고 판단되는 정보, 관심 없는 정보를 생략한다.

  끊임없이 들려오는 엄마의 잔소리가 아이들의 뇌에 어떻게 저장될까? 아마도 대부분 아이들의 뇌는 엄마의 목소리를 중요하지 않은 정보라고 판단하고 생략하고 있을지도 모른다.

**일반화**

컴퓨터가 18개월마다 2배씩 똑똑해지고 있다. 세계적인 물리학자 스티븐 호킹 박사는 머지않아 인류의 식량, 발전소, 식수와 하수의 처리, 금융 등등 인간의 생활에 필요한 시스템의 통제권을 인공지능에게 넘기게 될 것이라고 예측하고 있다. 그 때가 되면 인공지능이 10만년 동안 누려온 인류의 지구 지배를 종식시킬 수 있을지도 모른다고 경고하고 있다.

그러나 걱정할 것 없다. 컴퓨터는 새로운 것을 보고 듣고 느껴 일반화할 수 있는 능력이 없기 때문이다. 인간은 아장아장 걷기 시작하면서부터 일반화의 탁월한 능력을 가지고 있다. 어린아이는 몇 번 안 보고도 아주 쉽게 멍멍이와 야옹이를 구별할 수 있다. 그러나 컴퓨터가 수많은 품종의 개와 수많은 품종의 고양이를 식별할 수 있는 인공지능을 갖게 하는 일은 요원한 일이다.

집안의 귀염둥이 치와와도 멍멍이고, 마당에 있는 진돗개 역시 멍멍이라는 것을 알 수 있는 것은 인간의 뇌가 여러 종류의 멍멍이에 대한 각각의 정보를 일반화하여 저장할 수 있기 때문이다. 뇌가 갖고 있는 일반화 능력은 합리적인 예측을 가능하게 한다. 일반화는 오른쪽 깜빡이를 켠 자동차는 모두 우회전 할 것이라는 예측을 가능하게 하며, 자신의 경험을 유용한 정보로 활용할 수 있게 만들어준다. 건물에 달려 있는 수많은 종류의 문들은 각각 열리는 방식이 다르다. 손잡이를 돌려서 여는 문, 앞으로 밀어서 여는 문, 당겨서 여는 문, 옆으로 밀어서 여는 문, 그냥 가까이 가기만 해도 열리는 자동문, 버튼을 터치해야 열리는 자동문 등 수없이 많은 문이 있지만 그 정보들을 일반화하여 두었기 때문에 사람들은 새롭게 만나는 어떤 종류의 문도 힘들이지 않고 열 수 있는 것이다.

## 왜곡

인간의 뇌는 자신이 이미 알고 있는 경험과 지식을 매우 소중하게 생각한다. 배운다는 것은 이미 알고 있는 정보에 새로운 정보를 연결시키는 행위로, 인간의 뇌는 자신이 이미 알고 있는 정보와 나중에 들어온 정보가 다를 경우 그것을 마음대로 해석하여 왜곡된 결론을 내린다. 이 때 이미 알고 있는 것이 옳은지, 나중에 들어온 정보가 옳은지에 대한 판단은 그 다음 문제다.

"이거 엄마가 특별히 만든 거야. 엄마가 먹어보니 정말 맛있게 되었더라."

엄마가 이렇게 말하면서 음식을 내 놓으면 아이는 자신의 뇌에 음식이 맛있을 것이라는 사전 정보를 기록하게 된다. 아이가 곧 음식을 먹을 때 아이의 뇌는 음식이 맛있다는 사전 정보에 새로 들어온 음식의 맛을 연결시키게 되는데, 어지간하면 아이는 엄마가 만들어준 음식을 맛있게 먹게 된다. 고급 식당 메뉴에 음식의 맛에 대한 설명이 상세하게 기록되어 있는 것도 그런 이유다.

"음식이 좀 짜게 된 것 같은데 입에 맞을지 모르겠어요."

손님에게 이렇게 겸손한 말을 할 필요가 없다. 뇌는 음식이 짜다는 사전 정보 때문에 사실은 짜지 않더라도 음식 맛을 짜게 느낄 수 있기 때문이다. 이미 갖고 있는 선입관은 옳고 그름에 상관없이 왜곡을 일으키는 첫 번째 원인이다.

뇌가 가진 중요한 임무 중의 하나는 신속한 판단으로, 위급 상황에서 신속한 판단은 곧 생명과 직결된다. 바로 이 신속한 판단이 왜곡의 주범이 되기도 한다. 중국 한나라 때 명장이었던 이광이 사냥을 나갔을 때였다. 갑자기 눈앞에 호랑이가 나타나자 이광은 있는 힘을 다해서 활을 쏘았고 호랑이가 쓰러졌다. 호랑이가 꼼짝도 하지 않기에 한시름 놓고 가까이 다가가 보니 호랑이만한 바위에 화살이 꽂혀 있었다. 스스로 자신의 활솜씨에 놀라 다시 쏘아보았지만 바위에 화살이 박힐 리가 없었다. 이와 같이 뇌는 신속하게 자신의 목숨을 구해야 할 상황이 벌어지면 놀라운

힘을 발휘하게 만든다.

우리나라 아이들은 당연히 무지개가 7색깔인 줄 알고 있다. 영국과 미국 아이들은 무지개가 6색깔이라고 대답한다. 프랑스나 중국 아이들에게 무지개 색깔은 다섯 색깔이다. 왜곡이란 그렇게 집단 문화 속에서 일어나기도 한다.

### 변화를 싫어하는 뇌

누구의 간섭도 받기 싫어하며 생략과 일반화와 왜곡을 일삼는 뇌가 가장 고통스럽게 생각하는 것은 변화다. 하루 30개비의 담배를 30년 동안 피우면 32만 8,500개비다. 암에 걸릴 확률은 30~40%, 그런데도 담배를 못 끊는 사람들이 많다. 그 이유가 바로 변화를 싫어하는 뇌의 특징 때문이다. 현대의 뇌신경과학은 왜 인간을 변화시키는 일이 그렇게 어려운지 그 원인에 대하여 여러 가지 주요한 사실을 발견하였다.

변화가 어려운 첫 번째 이유는 안전과 관련된 기억의 본질 때문이다. 사람들은 자동차에 앉으면 별다른 '생각 없이' 기계적으로 자동차 운전을 한다. 우리나라에서는 앞에서 차가 나타나면 이런 저런 생각하지 않고 무조건 오른쪽으로 핸들을 돌린다. 우리나라의 자동차는 우측통행을 해야 하기 때문이다. 우리나라 사람이 좌측통행을 하는 유럽에 가서 운전을 할 때는 어떤가? 좁은 길에서 마주 오는 차를 만날 때마다 정신을 바짝 차려야 한다. 좌회전 우회전 할 때마다 미리 가야 할 차선을 생각하지 않고 한국에서의 습관대로 했다가는 역주행하기 십상이다. 뇌는 이미 기억된 일을 할 때는 거의 힘이 안 드는데, 새로운 일은 하려면 무척 힘이 많이 들도록 만들어졌다. 그래야 안전을 보장할 수 있기 때문이다.

변화가 어려운 두 번째 이유는 새로운 기억에는 에너지가 많이 소모되기 때문이다. 새로운 기억을 저장하는 작동기억(Working Memory)을 움직이려면 에너지가 많이 드는데, 그와 반대로 기저신경절(Basal Ganglion)은 익숙한 행동, 일상적인 행동이 저장된 곳인데 극히 적은 에너지로도 작동이 가능하다. 술주정뱅이가 고주망태가 되어서도 집을 잘 찾아갈 수 있는 것은 기저신경절에 저장된 기억이 힘들이지 않고 되살아나기 때문인데, 집을 옮긴 술주정뱅이는 상당 기간 조심하지 않으면 술이 취했을 때마다 옛집을 찾아가게 될 것이다.

인간의 뇌가 변화를 싫어하게 된 또 하나의 이유는 뇌의 근본적 기능과 관련이 있다. 인간의 뇌는 소위 '오류(Error)'라고 하는 것을 찾아내기 위해 특별히 강력한 기능을 진화시켜 왔는데, 이것은 뇌가 예상하고 있는 것과 현실의 차이를 감지하는 것이다. 엄마가 아들에게 100점을 맞으면 상을 주겠다고 했다. 아들은 적어도 로봇 정도는 사주겠거니 하고 기대했는데 상을 받고 보니 책 한 권이었다. 이럴 때 아이의 뇌에서는 불꽃이 튀게 된다. 이러한 강렬한 오류 신호는 뇌의 안와전두피질(Orbital Frontal Cortex)에서 생성된다. 안구 위에 위치한 이곳은 뇌가 두려움을 느끼는 편도체와 연결되어 있으며, 편도체와 안와전두피질은 포유동물의 뇌에서 가장 오래된 부분으로, 진화 역사의 산물이다. 이 부분들이 활성화되면 전두엽에서 신진대사 에너지를 끌어내며, 그것은 좀 더 높은 차원의 기능을 조장하거나 지원한다. 이 전두엽 부위는 특별히 인간만이 잘 발달되어 있으며, 영장류 이외의 동물에게는 존재하지 않는다. 동물은 본능이 이와 같은 일을 대신 한다.

　이러한 오류 발견기능이 잘못되면 강박신경증(OCD)을 일으킨다. 건강한 사람은 '손이 더럽다'는 경고를 받으면 손을 씻음으로써 경고가 해제된다. 그러나 강박증이 있는 사람은 '손이 더럽다'는 경고를 받았을 때 손을 씻어도 경고가 해결되지 않고 또다시 '손이 더럽다'는 신호를 받게 된다. 그래서 강박증이 있는 사람은 계속적으로 반복해서 손을 씻게 되며, 뇌가 변함없이 과거의 일을 되풀이하게 만드는 것이다. 그것을 고치려고 하면 할수록 신경회로는 더욱 더 기본신경계의 참호 속으로 숨어버리게 되는데, 강박신경증이 없는 사람들도 일상적인 습관을 바꿀 때마다 오류기능이 작동된다. 그러므로 변화를 위해서는 매우 강력한 의지가 필요하다.

# 의식 변화의 6단계를 관찰하라

로버트 딜츠(Robert Dilts)는 인간의 의식을 변화시킬 수 있는 방법을 6단계로 설명했다. 딜츠가 말하는 의식 변화의 차원(Neurological Level)은 낮은 단계로부터 환경(Environment), 행동(Behavior), 능력(Capability), 신념(Belief), 정체성(Identity) 그리고 영성(Spirit)의 단계로 되어 있다.

우리는 어떤 문제가 발생했을 때 즉각적으로 그 문제가 속한 단계에 들어가 문제를 해결하려고 애쓴다. 그러나 그것은 별로 효과가 없다. 즉각적인 조치로 문제가 해결되었다고 생각할 수도 있지만, 결국 같은 문제가 또다시 형태를 바꾸어 일어나기 때문이다. 본질적으로 문제를 완전히 해결하려면 문제가 일어난 단계가 아니라, 그보다 상위 단계에서 해결책을 찾아야만 한다. 그래야 아래 단계의 문제가 자연스럽게 완전히 해결된다.

## 환경(Environment) 적응

환경이란 나 이외에 내가 반응하는 모든 대상을 말한다. 좁은 의미로는 내가 보고 듣고 느끼는 주위환경을 말하며, 넓은 의미로는 나의 오감의 범위를 벗어난 나의 의식 전체를 뜻한다. 더 나아가서는 구체적인 모습으로 내가 반응하는 사회, 국가, 세계, 우주와 같은 차원의 환경을 말한다.

맹자의 어머니는 자녀교육에서 환경이 차지하는 비중을 매우 높다고 생각했기에 맹자를 위해 3번씩이나 집을 옮겼고, 환경을 중요시 했던 맹자의 어머니 덕분에 강남 엄마들은 맹모삼천지교(孟母三遷之敎)를 금과옥조로 여기고 있는데, 교육에 있어서 환경이 중요한 것은 틀림없지만, 로버트 딜츠는 환경을 가장 낮은 단계의 변화 요인으로 보았다.

우리는 보통 잘 되면 내 탓이고 안 되면 남의 탓을 한다. 남의 탓 중에 가장 먼저 머리에 떠오르는 것이 내가 처한 환경으로, 내가 지금 있는 곳, 주위에 있는 사람, 눈에 보이는 것, 귀에 들리는 목소리, 그리고 그러한 것들과의 관계이다. 의외로 사람들은 환경의 영향을 많이 받는데, '옆에 사람이 있으면 신경이 쓰인다.', '사람을 처음 만나면 두렵다.', '여러 사람 앞에 서면 떨린다.', '밀폐된 공간이 두렵다.', '시험장에 들어가면 생각이 막혀버린다.' 등과 같은 공통점을 갖고 있다. 그럼에도 불구하고 우리의 의식에 영향을 끼치는 여러 가지 요인 중에서 가장 영향력이 적은 것이 환경이다. 왜냐하면 환경을 바꾸기는 어렵지만 나의 행동을 바꿀 수 있으면 나를 힘들게 했던 환경에서 간단하게 벗어날 수 있기 때문이다.

# 행동(Action/Behavior) 발달

"여보! 계속 강북에서 아이들을 키울 셈이에요?"
"강북이 어때서 그래. 일부러 아이들 교육 때문에 농촌으로 가는 부모도 있어!"
"그런 애들은 그런 애들이고요. 우리 애는 바퀴벌레를 보면 기절하는 애잖아요. 벌레가 우글거리는 산골에서 애를 키우겠다고요?"

○○ 엄마의 고집은 아무도 꺾을 수 없었다. 강남으로 이사하는 대신 ○○이는 강북에 있는 명문 사립초등학교에 입학했다. 엄마는 학교의 시설을 둘러보고 매우 만족했으며, 선생님을 만나보고 그 선생님은 아마도 강남 선생님과 비슷할 것이라는 생각을 했다.

○○ 엄마는 그런 사립초등학교에 입학한 ○○이 자랑스러웠다. 유치원에도 안 보내고 엄마 혼자서 길렀지만 ○○이는 이미 한글은 문제없이 읽고 쓸 줄 아는 데다가 영어 알파벳은 물론 간단한 회화도 가능하니 아무리 사립학교라지만 우등생이 될 것이라고 꿈을 꾸었다.

그런데 문제는 엉뚱한 곳에서 터졌다. 엄마 혼자서 기른 탓인지 ○○이는 엄마가 없으면 화장실을 가지 못했다. 결국 ○○이는 학교에 간 첫날 오줌을 싸고 말았다. 그 사건으로 ○○이는 오줌싸개라는 별명을 얻고 말았고, ○○이에게 사립초등학교는 최악이었다.

결국 ○○ 엄마는 ○○이를 공립초등학교로 전학시켜야 했다. ○○이가 만난 사립학교는 ○○이에게 최악의 환경이 되고 말았던 것인데, 환경에 문제가 있다고 환경 자체를 바꿀 수는 없으며,

내가 바뀌는 수밖에 없다.

　환경에 문제가 있을 때 해결하는 방법은 행동이다. ○○이에게 사립학교라는 환경이 문제가 된다고 해서 학교나 친구들을 바꿀 수는 없기 때문에 결국 ○○이가 전학을 하는 것으로 해결이 된 것이다. 이러한 결과는 우리 삶에 있어서 환경보다 더 큰 영향을 미치는 것이 행동이라는 것을 말해주고 있으며, 이때의 행동이란 능력이 있고 없고와 관계없이 일어나는 여러 가지 단순한 행동을 가리킨다.

## 능력(Capability) 개발

○○○ 부장은 수입 자동차 세일즈맨이다. 신입사원 시절 그의 판매 실적은 뒤에서부터 세는 편이 빨랐다. 처음에는 할당 받은 지역이 별로 좋은 곳이 아니었으므로 본인도 그러려니 했다. 말하

자면 수입 자동차를 판매하기에는 환경이 나쁜 곳이었다. 입사 3년 차까지 두각을 드러내지 못한 ○○○ 씨는 환경 탓만 하고 있을 수가 없었다. 주어진 환경에서 새벽부터 밤늦은 시간까지 영업시간을 늘리고 열심히 뛰어다녔다. 그러나 여전히 판매 실적은 올라가지 않았다.

○○○ 씨는 NLP를 공부하면서 나쁜 환경이나 행동의 약점을 극복하려면 능력이 필요하다는 것을 깨달았다. 그는 시간을 내어 커뮤니케이션에 관한 공부를 했다. 그의 고객을 대하는 태도나 고객을 위한 서비스가 누구도 따라갈 수 없는 경지에 이르자, 그의 판매실적이 올라가기 시작했다. 그의 영업 지역이 바뀌자, 그의 영업 실적은 회사 전체에서 일등 자리를 차지하게 되었다.

우리의 의식 변화에 환경이나 행동보다 더 큰 영향을 끼치는 것은 능력이다. 능력이란 우리가 무엇인가를 할 수 있는 힘, 재능, 기술 등을 말한다.

## 신념(Value/Belief) 확립

공립학교로 전학을 한 ○○은 생각보다 새로운 학교생활에 잘 적응을 했다. 그 동안의 자초지종을 얘기하고 선생님으로부터 많은 도움을 받았으며, 아이들과의 관계도 좋았고, 친구도 잘 사귀었지만 또 다른 문제가 생겼다. 초등학교의 공부라는 게 공부랄 것도 없지만 ○○은 받아쓰기 시험에서 항상 반도 더 틀렸다. 엄마는 약이 올랐다. 한글을 다 깨우친지 벌써 일 년이 지났는데 어떻게 받아쓰기에서 백점을 못 맞는지 이해할 수가 없었다.

○○ 엄마의 신념은 미리 공부를 시키면 우등생이 될 것이라는 데 있었고, 선행학습을 시키면 학업에 흥미를 잃을 수도 있다는 것은 애써 생각하지 않은 것이다. 신념은 환경과 행동과 능력의 변화를 일으킬 수 있는 요술쟁이지만, 잘못된 신념은 모든 것을 망가뜨리고 만다. ○○ 엄마는 드디어 본인이 금과옥조로 여기던 교육에 관한 신념에서 벗어나 이제는 '자녀교육은 가르치는 것이 아니라 배우고 싶도록 만드는 것'이라는 사실을 믿고 있다.

　산촌학교로 전학한 지 1년이 된 ○○이는 곧 5학년이 된다. 엄마가 없어도 친구들과 잘 어울리며 건강하게 지내는 넉넉한 모습의 시골학생이 된 것이다.

## 정체성(Identity) 찾기

**정체성의 혼란**

중학교 3학년인 ○○이 갑자기 만사에 의욕이 없이 흐느적거리며 힘없는 낙지인간이 되어버렸다. ○○ 엄마의 얘기로는 캐나다로 유학을 가기 위해 이런 저런 검사를 했는데 ○○이 그 평가서를 읽어본 다음부터 그렇게 변했단다. 그 평가서를 보니 ○○의 IQ가 85라고 적혀 있었다. 아무래도 자신의 IQ를 보고 충격을 받은 것 같았다.

"○○아, 너 꽃미남이구나. 여자 친구들 많겠다. 하하."
"……."

코칭의 첫 순간은 언제나 얼음 속에 갇힌 느낌이다. 경력에 관계없이 모든 코치들이 가장 힘들어 하는 시간은 첫 라포를 형성하는 시간, 즉 서로 마음의 다리를 놓는 시간이다.

"몇 학년이더라?"
"삼학년이요."

한참동안의 질문 끝에 얻어낸 그 한 마디에 그나마 안도의 숨을 내쉬며 질문을 이어갔다.

"○○아! 너는 너 자신을 어떤 아이라고 생각하니?"
"책임감이 없고요, 목적의식도 없고요, 자신감도 없고요, 집중력도 없어요. 그리고 머리도 나쁘고요."

역시 ○○은 캐나다로 보내려던 자신에 관한 평가서를 줄줄 외우고 있었다.
"너 인지 센터에서 만든 서류를 다 보았다면서?"
"네."
"네가 지금 한 얘기가 모두 다 거기 쓰여 있는 거지?"
"네."
"네가 한 번 보고 그걸 다 외우는 걸 보니 머리 나쁜 아이가 아니구나. 혹시 너 IQ 검사할 때 시험보기 싫어서 대충 찍은 거 아니었니?"
"……."
뒤통수를 긁으며 멋쩍어 하는 순간 ○○의 눈동자가 반짝 빛나는 것이 느껴졌다. ○○이 인지 센터의 설문지를 쓸 때 마치 시험 보는 것 같았을 테니 얼마나 귀찮았는지 짐작이 갔다.

"틀림없어. 네가 제대로 읽고 썼을 리가 없지."
"네, 맞아요. 대충 찍었어요."
"너 초등학교 다닐 때 친구들이 많았겠다. 그렇지?"
"네."
"그 친구들이 너보고 어떤 아이라고 했는지 기억나니?"
"웃긴돌이라고 했어요. 제가 말을 하면 애들이 얼마나 잘 웃고 재미있어 했는지 몰라요."
"그렇구나. 너 컴퓨터 게임하면서 밤새워 본 적 있니?"
"네. 밤 새웠다고 무지 야단 맞았어요."
"그러니까 넌 웃긴돌이가 맞구나. 밤 새워 게임할 수 있는 걸 보니 집중력도 대단하고."
"……."
"넌 머리가 좋고, 유머도 있고, 집중력도 있고, 끈질기게 인내력도 많은 애구나. 그렇지?"
"네. 그런 것 같기도 해요."

4시간에 걸친 긴 코칭이 끝났을 무렵 ○○은 까불까불 말도 잘하고 웃기는 소리도 잘하는 옛날 모습으로 변했다. 일주일 후에 ○○이 어머니와 함께 다시 왔다. ○○ 어머니는 나를 보자마자 눈물을 주르륵 흘렸다. 정체성이 일시에 ○○의 모든 것을 바꿨다가 다시 제자리로 돌려놓은 신비한 일을 한 것이다.

## 정체성을 찾는 방법

소크라테스 이래 '너 자신을 알라!'는 모든 지식인들의 화두가 되었다. 그리고 그것을 확실하게 찾은 사람은 없다. 왜냐하면 인간에게는 수많은 정체성이 혼합되어 들어 있기 때문이다. 한 사람이 부모이면서 자식이 되고, 상관이면서 부하가 되고, 갑이면서 을이 된다. 그 중 하나를 찾았다고 해서 나를 찾은 것은 아니다.

내 안에 있는 정체성을 찾는 방법은 사실 그리 어려운 일은 아니다. 공원에 나가서 아무 꽃이나 가장 눈에 먼저 띄는 꽃을 나라고 가정한다. 그리고 나의 정체성을 찾을 수 있는 질문을 하면 된다. 예를 들어 처음 눈에 뜨인 꽃이 무궁화라면 이렇게 질문하라.

'무궁화의 꽃잎과 내가 닮은 점은 무엇인가?'
'무궁화의 색깔과 내가 닮은 점은 무엇인가?'
'무궁화의 잎사귀와 내가 닮은 점은 무엇인가?'
'무궁화의 줄기와 내가 닮은 점은 무엇인가?'
'무궁화의 떨어진 꽃이 나와 닮은 점은 무엇인가?'
'무궁화의 습성이 나와 닮은 점은 무엇인가?'
'무궁화의 의미가 나와 닮은 점은 무엇인가?'

무궁화를 내 정체성의 거울로 활용하는 것이다. 무궁화라는 거울에 내 모습이 그대로 비치게 될 것이다. 그것 하나하나가 모두 나의 속성이다. 반드시 꽃이 아니라 어떤 사물이라도 좋다. 바위도 좋고, 하늘의 구름도 괜찮다.

### 셀프 토크(Self Talk)

정체성을 확립하면 환경, 행동, 능력, 신념에서 문제가 되는 모든 것을 일시에 변화시킬 수 있다. 자신이 그러한 정체성을 발견하여 그런 정체성을 가진 인간이 되고 싶을 때 그 정체성이 나라는 확신을 얻기 위한 기본적인 방법 중의 하나가 셀프 토크이다.

나의 정체성을 '험한 세상의 등대'라고 해보자. 인터넷에서 쓸 ID나 별명, 이메일 주소 등을 등대 혹은 Lighthouse라고 정한다. 그러면 매일 등대를 접하게 될 것이다. 가끔 문자 혹은 카톡 혹은 이메일로 자신의 스마트 폰에 '나는 험한 세상의 등대'라고 보낸다. 혼잣말로 '나는 험한 세상의 등대'라고 읊조리는 것도 효과가 있다. 책상 앞에 등대의 사진을 걸어두고 자신의 지표로 삼는 것도 좋은 방법이다.

## 영성(Spirituality) 접근

인간의 오감은 감각기관으로부터의 입력 데이터가 없으면 기능을 수행할 수 없다. 그러나 인간의 영성은 입력 데이터 없이도 자유롭게 상상하고 접근할 수 있는 영역이다. 영성은 창조되는 것도 아니고 파괴되는 것도 아니다. 그저 형태가 바뀔 뿐이다. 나의 본질은 영성이고 그 영성 때문에 나의 본질은 사라지지 않고 영원히 존재하는 것이다. 또한 영성의 세계는 시간도 공간도 제약이 없다. 영성은 모든 환경, 행동, 능력, 신념, 정체성을 한꺼번에 변화시킬 수 있는 인간만이 가지고 있는 특별한 존재다.

기독교에서는 기도로 영성에 접근하고, 불교에서는 참선으로 영성에 접근하며, 일반인들은 마음 챙김(Mindfulness)의 방법으로 영성에 접근한다. 여기서는 명상을 통하여 영성에 접근하는 법을 배우게 될 것이다.

　기독교인들에게 있어 영성은 유일신 하나님과 관련된 용어다. 신학의 주제이고, 초자연적인 삶의 본질이며, 그리스도인의 성품과 덕성, 자질의 성장 발달을 주관한다.

　불교인들에게 영성은 곧 불성(佛性)이다. 불성은 깨달음의 본성이고, 이는 참선을 통하여 접근할 수 있는 것이다.

　일반인들에게 통용되는 영성은 인간의 진실한 노력으로 도달하는 궁극적인 가치를 의미한다. 명상을 통하여 탐욕에 가려져 있는 온전한 자신을 발견할 수 있다.

# 변화를 위한 행복 명상 수업

"만세!"
"앉아!"
"일어서!"

이런 명령은 정상인이라면 얼마든지 따라할 수 있다. 몸을 움직이는 일은 그야말로 누워서 떡먹기다.

"기뻐하라!"
"슬퍼하라!"
"감사하라!"

이런 명령은 수련을 쌓지 않으면 여간해서 따라 하기 힘들다. 그렇지만 다음의 몇 가지 간단한 생각의 틀 바꾸기 연습을 하면 팔 다리를 맘대로 움직일 수 있듯이 생각도 마음대로 움직일 수 있게 될 것이다. 이러한 간단한 명상은 누구나 언제든지 가볍게 해볼 수 있다. 자신의 생각 틀을 바꾸는 것은 물론 자녀들의 생각의 틀을 바꾸는 데도 적극적으로 활용하기 바란다.

## 생각 뒤집기

우리를 힘들게 하는 것은 일어난 사건 그 자체가 아니라, 그 사건에 대한 우리의 해석이다. 우산 없이 외출을 했다가 비를 만나 물에 빠진 생쥐가 되었다면 재수가 없는 날이다. 그러나 가뭄에 논밭을 돌아보던 농부가 비를 만나면 옷이 젖는 것이 문제가 아니라, 덩실덩실 춤을 출 일이다. 야구장에 폭우가 쏟아져 게임이 취소되면 지고 있던 팀에게는 행운의 비이고, 이기고 있던 팀에게는 불운의 비가 된다.

"빌어먹을, 이 비는 도대체 언제 그치는 거여?"

비가 퍼붓기 시작하자, 세차장 김 사장은 땅이 꺼져라 한숨을 쉬었다. 한숨을 돌린 아르바이트 대학생이 김 사장의 말을 받았다.

"비가 와야 세차 손님이 많아지는 거 아닌가요? 내일은 우리 세
  차장 불티나겠는데요."
"네 말이 맞구나. 앞으로는 비 오면 박수를 쳐야겠네."

부정적 사건이나 현상을 만났을 때 이를 긍정적으로 재구성하

는 것을 무한긍정이라고 한다. 사고의 패턴을 무한긍정으로 바꾸기만 하면 세상에 걱정할 일이 없다.

축구 선수였던 한 대학생이 자동차 사고로 다리가 부러졌다. 깁스를 하고 병실에 갇혀 있자니 답답하기 그지없었다. 하지만 그는 며칠이 지나면서 모든 것을 포기하고 모처럼 조용한 시간을 갖게 된 것이 다행이라고 무한긍정을 했다. 그러다가 어느 간호사로부터 싸구려 기타를 하나 선물 받아 음악공부를 했다. 20개월이 지나 퇴원할 무렵에는 제법 자작곡을 만들어 음악을 즐길 정도가 되었다. 퇴원 후 법대를 졸업하고 변호사가 되었던 그는 1968년에 바인도른(Beindorn)에서 열린 스페인 가요제에서 그랑프리를 차지하게 된다. 결국 그는 세계적으로 유명한 음악가가 되었는데, 그가 바로 스페인의 국민가수로 불리는 라틴발라드의 황태자 훌리오 이글레시아스다. 생각의 틀을 바꾸면 새로운 길이 보인다.

"우리 아이는 우유부단해서 큰일입니다."
"우유부단한 것이 아니라 생각이 깊어서 그렇습니다."
꿈보다 해몽이라는 말이 꼭 들어맞지 않은가?

춘향이 옥중에서 꽃이 지고, 거울이 깨지며 허수아비가 매달린 꿈을 꾸자 죽을 꿈이라고 절망하는 장면에 판수가 나타나 해몽하는 장면이 있다. 판수는 꽃이 졌으니 열매를 맺을 것이요, 거울이 깨졌으니 소리가 들릴 것이며, 허수아비가 매달렸으니 만인이 우러러보게 될 것이라고 해몽을 했다. 그야말로 이리 보면 죽을 꿈이요 흉몽인데, 저리 보면 영화를 누릴 꿈이요 길몽이 되어 버리는 것이다.

## 무지개 명상놀이

마음을 비우는 무념무상(無念無想)의 경지는 해탈의 경지다. 아무나 쉽게 되는 일이 아니다. 잠시 마음이 비워진 듯하면, 별의별 상념이 다 비집고 들어온다.

"보름달 속에서 방아를 찧고 있는 토끼를 상상해 보세요."
"보름달 속에 있는 토끼를 없애보세요."
토끼의 모습이 점점 더 분명해진다. 이럴 때 이렇게 말해보라.

"보름달 속에서 방아를 찧는 거북이를 상상해보세요."
조금 전까지 방아를 찧던 토끼는 온데간데없이 사라지고 토끼 대신 거북이가 방아를 찧게 될 것이다. 무지개 명상놀이는 내 생각을 내 마음대로 색칠할 수 있는 명상연습법이다. 몇 번 연습하지 않아도 무지개다리를 맘대로 건너다닐 수 있는 능력을 기를 수 있게 된다.

① 편안한 자세로 앉아서 눈을 감는다.
② 온몸을 이완하여 편안한 상태로 앉는다.
③ 천천히 호흡을 하며 자신의 숨소리를 듣는다. (7회 이상)
④ 눈을 감은 채 마음속으로 둥그런 쟁반을 그린다.
⑤ 둥그런 쟁반을 천천히 빨간색으로 채운다.

⑥ 빨간색 쟁반을 확인한다.

⑦ 빨간색 쟁반을 주황색으로 채운다.

⑧ 주황색 쟁반을 확인한다.

⑨ 주황색 쟁반을 노란색으로 채운다.

⑩ 노란색 쟁반을 확인한다.

⑪ 노란색 쟁반을 초록색으로 채운다.

⑫ 초록색 쟁반을 확인한다.

⑬ 초록색 쟁반을 파란색으로 채운다.

⑭ 파란색 쟁반을 확인한다.

⑮ 파란색 쟁반을 남색으로 채운다.

⑯ 남색 쟁반을 확인한다.

⑰ 남색 쟁반을 보라색으로 채운다.

⑱ 보라색 쟁반을 확인한다.

⑲ 보라색 쟁반을 투명하게 만든다. (실패하면 1번부터 다시 한다.)

⑳ 투명한 쟁반을 확인한다.

㉑ 투명한 쟁반에 10년 후 자신이 이루기 원하는 꿈을 그려 넣어 본다.

㉒ 무엇이 보이는가?

㉓ 무엇이 들리는가?

㉔ 무엇이 느껴지는가?

㉕ 자신이 이루기 원하는 꿈을 충분히 보고, 듣고, 느낀다.

\* 여러 번 반복하면 자신이 꿈꾸는 목표가 자신의 무의식을 움직이게 된다.

## 행복한 동굴놀이

행복한 동굴놀이는 자신감을 상실했거나 마음이 불안할 때 활용하면 좋다. 행복한 마음상태를 불러내기 위해서는 행복한 과거가 있으면 좋다. 만일 행복한 과거가 떠오르지 않으면 미래에서 행복을 가져올 수도 있다. 미래에 꿈이 이루어진 상황을 상상하면서 그 때 느끼기를 바라는 행복한 마음상태를 불러 오면 된다. 행복한 심신상태를 불러올 준비가 되었으면 행복한 동굴놀이를 시작해보겠다.

① 그동안 경험했던 행복한 심신상태를 불러와서 충분히 느낀다.
② 눈앞에 행복의 동굴이 있다고 상상한다.
③ 행복의 동굴이 보이는가?
④ 행복의 동굴로 들어간다.
⑤ 무엇이 보이는가?
⑥ 무엇이 들리는가?
⑦ 어떤 느낌이 드는가?
⑧ 보고 듣고 느끼는 것을 충분히 체험한다.
⑨ 동굴 밖으로 나와 현재의 상태로 돌아온다.
⑩ 다시 눈을 감고 행복의 동굴로 들어간다.
⑪ 조금 전 느꼈던 행복한 상태를 체험한다.
⑫ 동굴 밖으로 나와 현재의 상태로 돌아온다.

\* 동굴 밖에서도 행복한 마음상태가 남아 있으면 성공한 것이며, 그렇지 않으면 ①~⑫를 반복한다.

## 쉬익 바꾸기

○○이는 자다가도 치킨 소리만 들으면 벌떡 일어날 만큼 치킨을 좋아한다. 치킨이 좋은 이유는 ○○이가 뇌에 저장된 세부 감각요소를 즐기기 때문이다. 노릇노릇한 색감, 씹을 때마다 들리는 바삭거리는 튀김옷 씹는 소리, 입속에서 느껴지는 깔끔한 느낌과 고소한 맛과 냄새가 치킨을 받쳐주고 있다. 만일 이것을 까만 곰팡이 색깔, 찔꺽거리는 소리, 물컹거리는 느낌과 하수구 냄새 등으로 바꿀 수만 있다면 다시는 치킨 먹을 생각을 못하게 될 것이다. ○○이가 치킨을 먹지 못하도록 만드는 비법이 쉬익 바꾸기에 들어 있다.

① 눈을 감고 마음속으로 오른손 위에 맛있는 치킨을 올려놓는다.
② 무엇이 보이는가?
③ 무엇이 들리는가?
④ 무엇이 느껴지는가?
⑤ 눈을 감고 마음속으로 왼손 위에 상한 치킨을 올려놓는다.
⑥ 무엇이 보이는가?
⑦ 무엇이 들리는가?
⑧ 무엇이 느껴지는가?
⑨ 오른손의 맛있는 치킨과 왼손의 상한 치킨을 번갈아 상상한다.
⑩ 오른손의 치킨을 크게 만들어 눈앞에 두고, 왼손의 치킨은 작게 하여 멀리 둔다.

⑪ 쉬익 소리를 내며 오른손과 왼손을 바꾼다.
⑫ 왼손의 상한 치킨이 가까이 다가오는 것을 확인하고, 오른손의 맛있는 치킨이 사라지는 것을 확인한다.
⑬ 현재 상태로 돌아온다.

\* 5회를 반복한 후 치킨을 생각하면 항상 상한 치킨이 떠올라 치킨을 먹고 싶은 생각이 사라지게 된다.

## 삼년고개 프로세스

새해가 되면 여러 가지 결심을 한다. 가장 많은 결심이 금연을 하겠다는 결심이다. 그러나 대부분 작심삼일에 걸려 실행이 깨지고 만다. 이 때 결심을 살리는 비법 중의 하나가 삼년고개 프로세스다. 물론 금연뿐만 아니라 다른 결심에도 잘 듣는 비법이다.

삼년고개는 한 번 넘어지기만 하면 3년밖에 못 산다고 해서 삼년고개라는 이름이 붙여졌다. 산에서 나무를 해오던 할아버지가 삼년고개에서 넘어졌다. 할아버지는 '이제 난 3년 밖에 못 살겠구나' 하고 병석에 드러눕게 되었다. 그 때 한 청년이 사연을 듣고 '한 번 더 넘어지면 6년을 사실 것이고, 또 한 번 더 넘어지면 9년을 사실 것이 아닙니까?'라고 했다. 할아버지는 그 길로 삼년고개에 가서 여러 번 구른 덕분에 오래오래 살았다고 한다.

작심 3일이라고 했으니 결심을 새로 할 때마다 결심이 3일씩 연장되는 것이다. 처음 결심할 때의 마음상태를 그대로 불러와서 다시 결심을 재연하면 결심이 깨지는 것을 막을 수 있게 된다.


## 스크루지 프로세스

이 변화 프로세스는 영국의 소설가 찰스 디킨스의 소설, 크리스마스 캐럴에 나오는 구두쇠 스크루지의 이름을 땄다. 스크루지는 매우 인색한 구두쇠로 평생 누구에게도 도움을 준 적이 없는 사람이었다. 어느 크리스마스 이브에 스크루지가 꿈을 꾸었는데 꿈 속에서 지옥의 고통을 맛보게 되었다. 꿈에서 깬 스크루지는 개

과천선하여 착한 사람이 되었다.

　스크루지 프로세스는 스크루지가 지옥의 고통을 맛보듯이 결심이 깨어져 고통스러운 나의 미래와 결심이 완성되어 즐거운 나의 미래를 비교하는 것이다.

　당뇨로 고생하는 ○○○ 씨는 다음과 같은 스크루지 프로세스로 술을 끊었다.

① "나는 새해부터 술을 마시지 않는다."고 결심한다.
② 편안한 자세로 앉아 눈을 감는다.
③ 5년 전으로 시간 여행을 가서 술을 마시고 있는 나를 본다.
④ 현재를 거쳐 5년 후로 시간여행을 한다.
⑤ 5년 후의 내가 눈이 멀고, 두 다리가 잘려 휠체어에 앉아 있는 모습을 본다.
⑥ 당뇨병 합병증으로 고통을 받고 있는 자신의 모습에서 고통을 느껴본다.
⑦ 현재로 돌아와서 눈을 뜨고 아직 당뇨병 합병증에 걸리지 않은 나를 확인한다.
⑧ 몸을 움직여 신체의 생리상태를 최고의 상태로 만든다.
⑨ 다시 눈을 감고 술을 끊은 현재의 나를 본다.
⑩ 5년 후로 시간여행을 가서 건강하고 즐겁게 생활하는 나의 모습을 본다.
⑪ 5년 후 술을 끊은 나의 건강한 모습에서 행복과 즐거움을 충분히 느껴본다.
⑫ 현재로 돌아와서 당뇨를 앓고 있는 나와 건강한 나를 비교한다.
⑬ "나는 새해부터 담배를 끊는다."를 다시 결심한다.

## 자랑하기 프로세스

유치원에 다니는 ○○이는 엄마나 아빠보다 로봇을 더 좋아한다. ○○이의 로봇은 끌어안아야 될 만큼 커다란 것에서부터 손가락 크기의 작은 것까지 다양하다. ○○이는 그 많은 로봇의 이름을 다 외우고 있을뿐더러 그 로봇들과 얘기를 나누며 잘도 논다.

　○○이의 부모는 ○○이가 왜 그렇게 로봇을 좋아하는지 관찰해본 결과 뜻밖의 사실을 알게 되었는데, ○○이에게 끊임없이 새로운 로봇이 필요한 이유는 친구들에게 자랑하기 위해서였다. 놀랍게도 자랑하고 싶은 마음이 엄마, 아빠, 로봇보다도 더 우선이었던 것이다.

　얼리어답터(Early Adapter)로 소문이 난 김 교수가 손목에 찬 커다란 시계를 보여주며 자랑을 했다.

　"시계야? 뭐가 그렇게 커요?"
　"스마트 워치! 전화도 되고, 이메일도 확인할 수 있어요."
　"스마트 폰 있으면 됐지 뭐 하는데 그게 필요해요?"
　"작잖아요. 운동할 때 좋아요."
　"김 교수는 운동 별로 안 좋아하지 않아요?"
　"솔직히 말할까요? 실은 자랑하려고 하나 샀어요."

　뭔가 변화의 결심이 필요할 때는 '자랑하기 프로세스'를 가동하면 좋다. 가족, 친구, 친지들에게 처음 결심을 알린 후, 그 다음 진전된 사항을 성공할 때까지 지속적으로 알려주며 자랑을 하는 것이다.

예를 들어 담배 끊는 얘기도 대단한 자랑거리가 될 수 있다. 남자들이 군대 얘기만 나오면 끝이 없듯이 금연 얘기가 나와도 자랑이 끝없다. 처음 담배 배우던 장면부터 담배 끊다가 실패한 얘기, 그리고 결국 성공한 얘기까지 말이다.

# 자녀의 마음 읽기

## 마음의 창

손자병법(孫子兵法)에 이르기를 지피지기(知彼知己)면 백전불태(百戰不殆)라고 했다. 적을 알고 또 나를 알면 백번을 싸워도 결코 위태롭지 않다는 말이다. 부모가 아이를 알고 자신을 알면 양육에 무슨 문제가 있겠는가? 아이들 마음을 해킹한다는 것이 그리 어려운 일은 아니다. 내가 솔직하게 내 마음을 들여다보면 그게 바로 내 아이의 마음이다. 그러니 아이들 마음을 해킹하는 것은 자신에게 얼마나 솔직한가에 달렸다. 변화심리학으로 불리는 NLP(신경언어프로그래밍, Neuro-Linguistic Programing)는 자녀들의 마음을 해킹할 수 있는 소소한 방법들을 여러 가지 알려주고 있다.

아이를 자세히 관찰하여 물밑생각을 읽어내는 것을 캘리브레이션(Calibration)이라고 하는데, 캘리브레이션을 통하여 예민하게 관찰하면 아이와 라포가 형성되어 있는지 혹은 끊어졌는지를 알 수 있다.

시각을 통한 캘리브레이션은 얼굴 표정, 안색, 자세, 시선, 제스처, 입술 모양, 손짓 발짓, 호흡 속도, 동공의 크기, 어깨 움직임, 눈썹의 움직임, 눈 깜빡임, 땀 등을 자세히 관찰함으로써 이루어지며, 청각을 통한 캘리브레이션은 목소리 톤, 말의 속도, 리듬, 억양, 말수, 이야기 내용, 웃음, 호흡, 한숨, 말투 등을 관찰함으로써 이루어진다.

체각을 통한 캘리브레이션은 체온, 분위기, 악수의 감촉, 껴안을 때의 감촉, 냄새 등을 자세히 관찰함으로써 이루어지는데, 캘리브레이션의 달인이 되면 라포 형성에 필요한 기술을 어렵지 않게 익힐 수 있다.

가정교육에서 가장 큰 비극은 부모가 자기 자식에 대해서 잘 모른다는 것이다. 대부분의 부모는 자녀의 감각체계와 사고체계가 어떻게 이루어졌는지, 자녀의 물밑생각이 무엇인지 잘 모른다. 어떤 부모는 가정교육이 잘못되는 원인이 제대로 따라오지 못하는 아이들에게 있다고 생각하는데, 교육의 평가는 가르치는 내용에 있는 것이 아니라, 학습자의 반응에 있다. 부모지능을 제대로 작동시키는 작업은 자녀들의 마음의 창을 여는 것으로부터 시작된다.

## 선행감각체계

시각, 청각, 체각 중에서 가장 먼저 느끼는 감각을 선행감각체계라고 한다. 통계적으로 살펴보면 시각을 선행감각체계로 가진 사람이 가장 많으며, 그 다음이 청각, 체각 순이다.

앞서 설명한 바 있지만, 인간은 다섯 개의 감각기관을 통하여 바깥세상의 정보를 받아들인다. 눈을 통하여 이미지를 받아들이고, 귀를 통하여 소리를 듣고, 코로 냄새를 맡으며, 혀로 맛을 보고, 피부로 감각을 느낀다. NLP에서는 이러한 감각체계를 3가지로 나누는데 시각체계, 청각체계 그리고 코와 혀와 피부를 한꺼번에 묶어 체각체계로 분류한다. 각각의 감각기관을 통하여 뇌로 들어온 정보는 뇌의 정해진 위치에 저장되었다가 생각과 판단의 자료로 쓰인다. 사람에 따라 선행감각에 차이가 있으며, 어떤 사람은 시각체계가 가장 잘 발달되었는가 하면, 어떤 사람은 청각체계가 가장 많이 발달되었고, 또 어떤 사람은 체각체계가 잘 발달되어 있다.

교통사고 현장을 본 사람들에게 그 장면에 대해 설명을 부탁하면, 시각체계가 잘 발달된 사람은 우선 자동차가 부딪치는 장면을 설명할 것이다. 청각체계가 발달된 사람은 자동차가 부딪치는 소리를 우선 설명할 것이고, 체각체계가 발달된 사람은 사고의 끔찍한 장면부터 설명할 것이다. 물론 자신이 선호하는 감각체계를 떠올린 다음 다른 감각체계가 작동을 시작한다.

시각체계가 잘 발달된 자녀가 화가가 된다거나 청각체계가 잘 발달된 자녀가 음악가가 되겠다면 두말할 나위 없이 금상첨화다. 그러나 만일 시각체계가 가장 많이 발달된 자녀에게 음악공부를 강요하는 부모가 있다든가, 청각체계가 발달된 자녀에게 골프선수가 될 것을 강요한다면 어떤 결과가 나타나겠는가?

대학생인 ○○이는 자주 인사성이 없다는 얘기를 듣는데, 그것은 ○○이가 사람을 한두 번 봐서는 영 알아보지 못하기 때문이다. 그런데 ○○이는 눈으로는 사람을 잘 구별하지 못하지만 목소리를 들으면 누군지 금방 알아낸다. 일 년 전에 통화했던 사람이 다시 전화를 걸어와도 금방 누군지를 파악하는 이유는 ○○이가 시각체계는 매우 약한 반면 청각체계가 매우 강하기 때문이다.

○○이의 방은 항상 어지럽다. 책상에 갖가지 물건이 널려있는 것은 물론 방바닥에 책과 옷이 널려 있어 발 디딜 틈이 없다. 그러나 ○○이의 눈에는 그게 아무렇지도 않다. ○○이는 청각형이기 때문이다. 시각형인 ○○이 엄마는 ○○이의 방을 볼 때마다 못 참고 잔소리를 퍼붓는다. 귀로 들리는 소리에 민감한 청각형인 ○○이와 어질러놓은 꼴을 못 보는 시각형의 ○○이 엄마는 견원지간이 될 수밖에 없는 운명이었지만, 선호 감각체계에 대한 설명을 듣고 나서부터 서로를 이해하게 되었고 둘 사이에 평화가 이루어졌다.

**시각형**

오감 중에서 시각이 가장 발달되어 있는 아이를 시각형이라고 말한다. 전형적인 시각형 아이는 한 번 본 것은 잊어버리지 않으며, 영어 단어 하나를 암기할 때도 그림을 연상하면 쉽게 외울 수 있다.
   이런 시각형 아이들은 대체로 자신감이 있고, 목표가 뚜렷하다. 시각형 아이들은 주로 자신이 직접 경험한 사건에 대한 이미지를 떠올리면서 대화를 한다. 이들은 '~해 보인다.' '마음의 문을 열고' '명확한' 등과 같은 시각적인 서술어를 많이 사용한다.

시각형은 다음과 같은 특징을 보고 구별할 수 있다.

① 눈동자가 왼쪽 위 혹은 오른쪽 위를 자주 올려다본다.
② 빠른 영상을 쫓아가며 말을 해야 하므로 말이 매우 빠르다.
③ 목소리는 단조롭다.
④ 사물의 모양에 관심이 많고, 물증을 보고 싶어 한다.
⑤ 두 손을 휘저으면서 얘기하고, 말할 때 그림을 묘사하는 일이 많다.
⑥ 멋지고 개성 있는 옷, 자신을 가꾸는 일에 많은 시간을 투자한다.
⑦ 겉모양을 중시하기 때문에 날씬하고 깔끔한 모습이다.
⑧ 주로 머리를 들고 얘기하며, 가슴으로 큰 숨을 쉰다.
⑨ 긴장한 톤으로 얘기를 하며, 고음과 콧소리를 많이 내는 경향이 있다.
⑩ 때로 심각한 생각을 할 때는 얼굴이 창백해지기도 한다.

**청각형**

오감 중에서 청각이 가장 발달된 아이를 말한다. 전형적인 청각형 아이는 몇 달 전에 들은 전화 목소리의 주인공을 금방 알아낼 수 있다. 영어 단어 하나를 암기할 때도 소리 내어 읽으면서 귀로 들으면 쉽게 외울 수 있다.

청각이 발달된 자녀는 다정다감하고 친절하며, 이 아이들은 주로 기억 속의 어떤 소리를 떠올리면서 대화를 한다. 따라서 이런 아이가 대화를 할 때는 기억 속에 있는 어떤 소리를 상상하고 있거나 들어보지 못했어도 상상할 수 있는 어떤 소리를 떠올리며 대화를 한다. 이들은 '~하게 들린다' '귀를 기울여' '귀청이 떨어지게'와 같은 청각적인 언어를 많이 구사한다.

청각형은 다음과 같은 특징을 보고 구별할 수 있다.

① 눈동자가 귀와 수평을 이루며 좌우로 움직인다.
② 말하기를 즐기며 소리에 민감하게 반응한다.
③ 부드럽고 섬세하며, 감정이 풍부한 목소리를 갖고 있다.
④ 몸을 별로 움직이지 않으며, 움직이더라도 좌우로만 움직인다.
⑤ 옷에 대해 자신은 유행에 민감하며 자신이 있다고 생각하지만 객관적으로는 그렇지 못하다.
⑥ 횡경막 혹은 가슴 전체로 편안하게 숨을 쉰다.
⑦ 겉모습은 말쑥한 시각형과 편안한 체각형의 중간 정도이다.
⑧ 마치 무엇인가 엿듣는 것처럼 귀를 기울이고 상체를 앞으로 숙인 채 얘기를 나눈다.
⑨ 방송인, 교사, 변호사, 카운슬러, 작가들이 주로 청각적 유형에 속한다.

**체각형**

체각이 발달된 아이들은 꼼꼼하고 신중해서 믿을만하다. 전형적인 체각형의 아이는 모든 것을 직접적인 느낌으로 기억한다. 역사 공부를 할 때 내가 직접 그 때 그 인물이 되어 체험한 것처럼 상상을 하면 쉽게 이해하고 암기할 수 있다.

이런 아이들은 주로 기억 속의 어떤 느낌을 떠올리면서 대화를 한다. 이들은 '~한 느낌' '짜릿한 맛' '까칠한'과 같은 체각적인 언어를 많이 구사한다.

체각형은 다음과 같은 특징을 보고 구별할 수 있다.

① 눈동자가 자신의 감정을 들여다보듯 자주 머리를 숙여 아래쪽을 향한다.
② 음성은 낮고 동작은 느긋하다.
③ 느리게 말을 하며 불필요할 정도로 자세한 묘사를 끝없이 늘어놓는다.
④ 상황이 확실하고 체계적이며 정상적이라는 느낌이 들어야 편안하다.
⑤ "그만하시고 결론을 말하시죠."라는 말을 자주 듣는다.
⑥ 사물의 느낌을 즐긴다.
⑦ 점잖은 색깔의 의류를 좋아한다.
⑧ 주로 불그레한 얼굴을 하고 있다.
⑨ 아랫배까지 내려가는 복식호흡을 즐긴다.
⑩ 배관공, 전기기술자, 목수, 예술, 의료, 식품 산업 분야의 종사자가 많다.

**세부감각요소**

뇌에 저장된 감각체계를 크게 시각, 청각, 체각으로 분류했는데, 이 각각의 감각체계는 좀 더 구체적인 세부감각요소로 저장되어 있다.

먼저 시각체계의 세부감각요소는 명암, 색깔, 투명도, 크기, 위치, 동작, 속도, 방향 등이며, 청각체계의 세부감각요소는 음량, 음색, 빠르기, 크기, 입체성 등이다. 또한 체각체계의 세부감각요소는 느끼는 위치, 강도, 압력, 촉감, 온도, 질감 등이다.

치킨을 좋아하는 아이가 치킨을 생각할 때 함께 떠올리는 세부감각요소는 노르스름하면서 밝고 투명한 색깔, 바삭거리는 느낌, 고소한 냄새, 뽀글뽀글 튀기는 소리 등인데, 아이가 치킨을 좋아하지 않도록 하려면 튀김의 세부감각요소를 바꿔주면 된다. 세부감각요소가 바뀌게 되면 아이는 치킨을 생각하기만 해도 구역질을 하게 되며, 노르스름한 치킨의 색깔을 검게 바꾸고, 치킨의 고소한 냄새를 시궁창의 시큼한 냄새로 바꾸면 당장 튀김을 못 먹게 되어 버린다.

**유형별 언어 비교**

시각형: 이 계획을 어떻게 보십니까?
청각형: 이 계획이 어떻게 들리십니까?
체각형: 이 계획을 어떻게 느끼십니까?

시각형: 많이 본 적이 있다.
청각형: 많이 들어본 적이 있다.
체각형: 많이 접해본 적이 있다.

시각형: 할 수 있는 방법을 보여주세요.
청각형: 할 수 있는 방법을 말해주세요.
체각형: 할 수 있는 방법을 지적해주세요.

시각형: 색깔이 휘황찬란합니다.

청각형: 색깔이 요란합니다.

체각형: 색깔이 정신없다는 느낌입니다.

## 선행감각 테스트

① 당신은 바닷가에 있는 세 개의 펜션 중에서 어떤 곳을 선택하겠는가?

    가. 바다가 잘 보이는 펜션

    나. 파도 소리가 잘 들리는 펜션

    다. 안락한 펜션

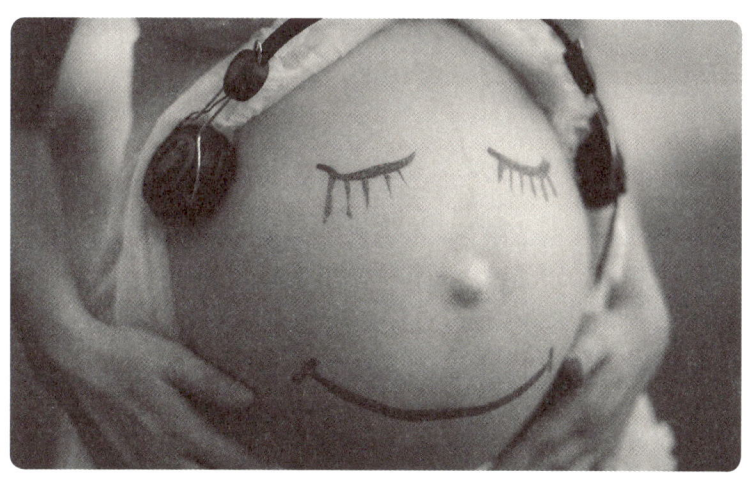

② 아이가 학교에 가기 싫다고 한다. 그럴 때 당신이 가장 먼저 하는 일은?
   가. 학교에 보낼 방법을 찾아본다.
   나. 전문가와 이야기를 나눈다.
   다. 무엇이 문제인지 꼼꼼히 따져 본다.

③ 같은 가격이라면 어떤 차를 사겠는가?
   가. 모양과 색상이 멋진 차
   나. 엔진소리가 좋은 차
   다. 승차감이 좋은 차

④ 어제 음악회를 다녀왔다. 친구에게 어떻게 설명할 것인가?
   가. 음악회의 전체적인 광경을 설명한다.
   나. 어제 들었던 음악에 대해 설명한다.
   다. 음악을 듣고 느꼈던 감정을 설명한다.

⑤ 여가 시간에 가장 하고 싶은 것은?
   가. TV나 영화를 본다.
   나. 음악을 듣는다.
   다. 스포츠를 즐긴다.

⑥ 여행할 때 비행기 안에서 주로 무엇을 하는가?
   가. 영화 감상
   나. 음악 감상
   다. 독서

⑦ 소문을 확인하기 위해 당신은 어떻게 하는가?
　　　　가. 증거를 찾아본다.
　　　　나. 다른 사람의 이야기를 들어본다.
　　　　다. 직관적으로 판단한다.

⑧ 사람들의 의견이 분분할 때 당신은 어떤 것을 우선하는가?
　　　　가. 괜찮아 보이는 것으로 결정한다.
　　　　나. 그럴 듯한 말을 따라 결정한다.
　　　　다. 육감으로 결정한다.

⑨ 평소 당신의 말 빠르기는 다른 사람들에 비해서 어떤 편인가?
　　　　가. 빠른 편이다.
　　　　나. 보통이다.
　　　　다. 느린 편이다.

⑩ 평상시에 당신의 호흡은 어떤 편인가?
　　　　가. 가슴 위쪽에서 이루어지는 것처럼 느껴진다.
　　　　나. 가슴 아래쪽에서 이루어지는 것처럼 느껴진다.
　　　　다. 복부에서 이루어지는 것처럼 느껴진다.

⑪ 낯선 도시를 여행할 때 당신은 어떻게 하는가?
　　　　가. 지도를 이용하여 찾아다닌다.
　　　　나. 사람들에게 물어서 찾아다닌다.
　　　　다. 자신의 직관에 따라 찾아다닌다.

⑫ 옷을 살 때 당신의 기준은 무엇인가?
    가. 색상과 스타일이 우선이다.
    나. 판매원의 조언이 우선이다.
    다. 입은 후 편한 옷을 고른다.

⑬ 당신의 문제 해결 속도는 어떤 편인가?
    가. 빠르다.
    나. 보통이다.
    다. 느리다.

⑭ 스트레스를 해소하기 위해 당신이 가장 많이 하는 일은 무엇인가?
    가. 영화를 보거나 아름다운 그림을 감상한다.
    나. 음악을 듣는다.
    다. 편안한 자세로 휴식을 취한다.

⑮ 당신은 어제 만난 사람의 무엇이 기억나는가?
    가. 얼굴 모습이나 옷차림
    나. 목소리
    다. 그 사람의 느낌

⑯ 싸운 후에 당신은 상대방의 어떤 모습이 가장 기억에 남는가?
    가. 달아오른 얼굴
    나. 성난 목소리
    다. 화난 마음상태

⑰ 당신은 다음 중 어떤 것에 가장 민감한가?
　　가. 실내의 가구배치나 색상
　　나. 주변의 소음
　　다. 옷의 촉감

⑱ 누군가가 부탁을 하면 당신은 어떤 반응을 보이는가?
　　가. 눈으로 보고 확인이 되면 들어 준다.
　　나. 애절한 목소리로 부탁해오면 거절하지 못한다.
　　다. 나의 느낌이 옳다고 여겨지면 들어준다.

⑲ 대화를 할 때 당신의 시선은 어떻게 움직이며 어떤 행동을 하는가?
　　가. 주로 위를 보며 손을 많이 움직이는 편이다.
　　나. 수평으로 움직이며 동작을 많이 하지 않는 편이다.
　　다. 아래를 보며 동작이 느리다.

⑳ 다음 중 당신이 받고 싶은 생일 선물은?
　　가. 꽃
　　나. 음반
　　다. 뷔페 이용권

'가'가 많으면 시각형, '나'가 많으면 청각형, '다'가 많으면 체각형이다.

## 눈동자를 보고 아이의 마음을 읽는 법

우리의 눈동자는 마치 뇌의 한 부분인 것처럼 움직인다. 때문에 눈동자를 한 곳에 고정시키고 생각을 하라고 하면 매우 불편함을 느끼게 되는데, 정말 그런지는 다음과 같은 실험을 해보면 알 수 있다.

1. 편안한 자세에서 눈을 한 곳에 고정시킨다.
2. 지금 살고 있는 집의 장점 다섯 가지를 생각해본다.
3. 지금 살고 있는 집의 단점 다섯 가지를 생각해본다.

아마 한두 가지 생각을 하다 보면 뭔가 막히거나 불편하다는 느낌이 올 것이다. 그것은 눈동자를 고정시키면 생각이 고정되기 때문으로, 생각에 따라 위치를 바꾸는 눈동자는 시각정보에 접근하느냐, 청각정보에 접근하느냐, 체각정보에 접근하느냐에 따라 그 위치가 다음과 같이 달라진다.

**위로 향하는 눈동자(시각)**
영상을 떠올릴 때는 눈이 위쪽을 향하는데, 위로 올라가되 왼쪽 위로 올라갈 때와 오른쪽 위로 올라갈 때 떠올리는 영상이 다르다. 눈동자가 왼쪽 위로 올라갈 때는 과거 언젠가 보았던 영상을 떠올리는 것이며, 반대로 눈동자가 오른쪽 위로 올라갈 때는 본 적이 없는 장면을 구성하는 것이다.

눈이 퍼렇게 부어 있는 아이를 보고 아이의 엄마가 다음과 같이 다그친다.

"누구하고 싸웠기에 그 모양이 됐니?"

아이가 친구하고 싸우던 장면을 떠올리면서 학교에서 있었던 일을 얘기하기 시작하면 눈동자가 왼쪽 위를 향하게 된다. 그러나 엄마에게 야단맞을까 봐 다른 핑계를 대려고 한다면 아이의 눈동자는 오른쪽 위를 향하게 된다. 따라서 아이의 눈동자를 잘 살펴보면 아이의 말이 거짓인지 아닌지 쉽게 판단할 수 있다.

### 가운데에서 움직이는 눈동자(청각)

소리를 떠 올릴 때 눈동자는 눈의 가운데 위치에서 좌우 양쪽 귀 방향으로 움직이게 된다. 이때 눈동자가 왼쪽 귀 방향으로 움직이면 과거에 들어본 일이 있는 소리를 떠올리는 것이고, 눈동자가 오른쪽 귀 방향으로 움직이면 들어본 적이 없는 소리를 상상하는 것이다.

"엄마는 기분이 좋을 때 어떤 웃음소리를 내지?"라는 질문을 하면, 아이는 눈동자를 왼쪽 귀 방향으로 움직이면서 엄마의 웃음소리를 떠올린다. 하지만 한 번도 기린의 울음소리를 들어본 적이 없는 아이에게 "기린은 어떻게 울까?" 하는 질문을 한다면, 기린의 울음소리를 상상하느라 아이의 눈동자는 오른쪽 귀 방향으로 움직이게 될 것이다.

### 아래로 향하는 눈동자(체각)

뭔가 깊은 생각에 빠지면 눈을 내리깔게 되며, 눈동자가 아래쪽을 향하게 된다. 이때 눈동자가 오른쪽 아래를 향하고 있으면, 예전에 느꼈던 어떤 느낌의 기억을 떠올리고 있는 것이며, 눈동자가 왼쪽 아래를 향하고 있으면 자기 자신과 내적 대화를 하고 있는 것이다.

### 동공의 비밀

똑같은 인물 사진을 한쪽은 동공을 크게, 또 한쪽은 동공을 작게 만들어 전시하고, 지나가는 사람들에게 인상이 좋은 쪽에 스티커를 붙여 달라는 주문을 했다. 물론 사람들은 두 사진의 차이를 눈치 채지 못했고, 이유를 모른 채 동공이 큰 사람에게 더 많은 스티커를 붙였다.

사람은 좋아하는 것을 보면 동공이 커지게 되어 있는데, 아기를 예뻐하는 사람들이 아기를 보면 동공이 커지지만, 미혼자들은 보통 아기를 봐도 별 반응이 없다. 아기는 상대방의 눈동자를 보고 자기를 좋아하는지 좋아하지 않는지를 판단하게 된다.


## 보디랭귀지

### 피노키오의 코

피노키오는 거짓말을 할 때마다 코가 길어진다. 동화를 읽은 아이들은 피노키오처럼 코가 길어질까 봐 거짓말을 할 때마다 망설이게 되는데, 어른들 또한 거짓말을 하면 코가 길어진다고 생각하고 있는 것은 아닐까? 미국 대통령 클린턴이 증언대에서 모니카 르윈스키에 관한 대답을 할 때 무려 26회나 코를 만졌다는 재미있는 일화를 보면 그것이 사실일 수도 있다는 생각을 하게 된다.

사람은 의식적으로 거짓말을 잘 꾸며댈 수 있지만, 몸은 거짓말 연습을 많이 해보지 않았기 때문에 입이 거짓말을 하게 되면 많이 어색해 한다. 가까운 사이일수록 몸이 하는 거짓말을 눈치 채기 쉬운데, 아이들의 거짓말은 얼굴과 표정에 훤히 드러난다.

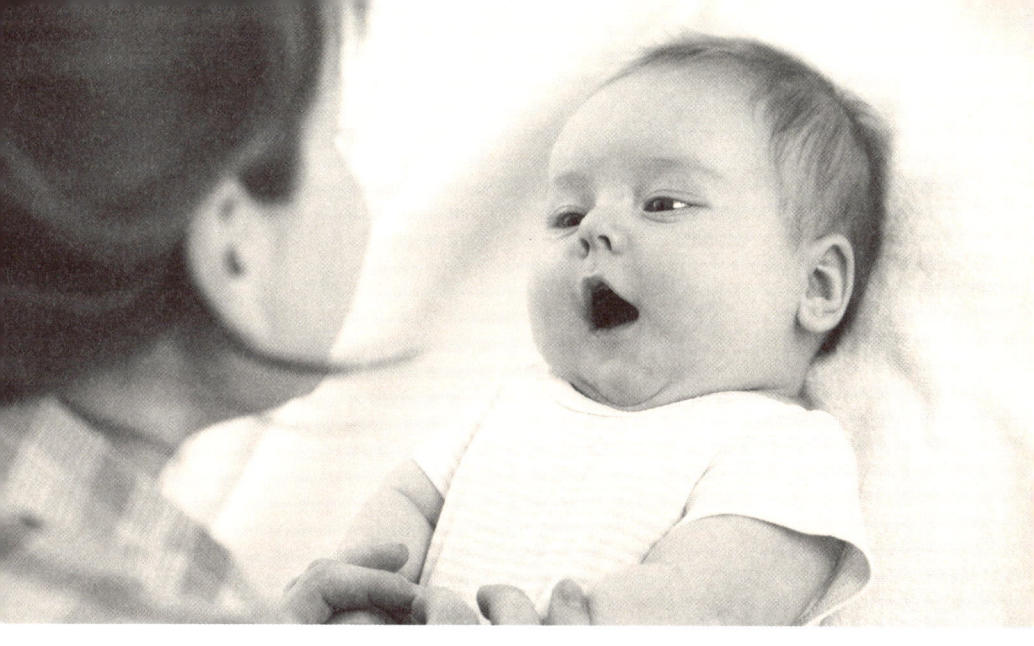

몸으로 거짓말을 해야 하는 직업을 가진 사람들도 있는데, 거짓된 보디랭귀지를 가장 잘하는 직업은 배우로, 일류 배우가 되기 위해서는 몸이 거짓말을 할 수 있게 되기까지 피나는 노력을 해야 한다. 그밖에 외교관, 정치가, 변호사, 마술사, 세일즈맨도 예외는 아니다. 물론 사기꾼들도 나름대로 가짜 보디랭귀지를 끊임없이 연마하고 있을 것이다. 공개방송 중에 어쩌다 무대에 불려 올라간 방청객의 모습과 사회를 보고 있는 방송인의 모습을 비교해보면 보디랭귀지 연기가 얼마나 힘든 것인지 금방 이해할 수 있을 것이다.

아이들의 거짓말 동작을 몇 가지만 살펴보자.
첫째, 거짓말을 할 때는 손동작이 줄어드는데, 무의식중에 자연스럽게 움직이던 손이 멈추게 되면 거짓말을 하고 있다고 의심해도 좋다. 거짓말을 할 때 무의식적으로 움직이는 손은 주인의 거짓말과 다르게 움직일 수 있기 때문에 아예 손을 움직이지 못하게 잡고 있거나 혹은 깔고 앉으며, 호주머니 속에 넣어버리기도 한다.

둘째, 거짓말을 할 때는 손으로 얼굴을 가린다. 특히 턱, 입술, 코, 귀 등을 만지거나 문지르는 일이 많다. 가장 흔한 동작은 입을 가리거나 코를 만지는 것인데, 그것은 거짓말 하는 입을 단속하라는 뇌의 지시에 따른 것이다. 피노키오가 거짓말을 할 때마다 코가 길어진다는 설정 또한 바로 이러한 이유 때문이다.

셋째, 거짓말을 할 때는 안절부절 못하는 모습을 볼 수 있다. 의자에 앉아 있는 아이가 옴찔옴찔 자주 몸을 움직이는 것은 빨리 그 자리를 피해 도망가고 싶다는 무의식의 표시다.

넷째, 거짓말을 할 때는 매우 짧은 순간이지만 미묘한 표정을 짓게 된다. 비교적 거짓말 훈련을 잘 받은 신체 부위인 얼굴은 의식적으로 거짓 표정을 짓는 일이 가능하다. 그러나 거짓 표정을 짓는 것을 알아챈 뇌가 바로 거짓말 하지 말라는 메시지를 보내므로 아주 짧은 시간 미묘한 표정이 나타나는 것인데, 훈련을 받은 사람들은 확실하게 이러한 표정을 구별할 수 있지만 일반인들은 쉽게 알아채지 못한다.

많은 대중들 앞에서 마음에도 없는 말을 해야 하는 정치인들이 몸을 가리기 위해 탁자를 사용하는 이유 또한 이와 무관하지 않으며, 범인을 취조하는 방에 몸을 가릴 만한 것을 두지 않는 이유도 거짓말 하는 범인을 관찰하기 위해서다.

## 메라비언의 법칙

미운 일곱 살은 옛날 말로, 요즘은 네 살이면 살살 거짓말을 시작한다. 이 때 하는 거짓말은 주로 자신의 잘못을 숨기기 위한 거짓말이다. 여섯 살쯤 되면 제법 논리적인 거짓말을 할 줄 알게 된다.

"이모 예뻐?"

"응. 우리 이모가 세상에서 제일 예뻐."

엄마가 나중에 살짝 물어보면 세상에서 제일 예쁜 건 다시 엄마란다. 왜 이모한테 거짓말을 했느냐고 물어보면 이모가 속상해 할까 봐 그랬다고 한다. 이런 하얀 거짓말만 하는 것이 아니다. 갈수록 거짓말이 본격화되지만 엄마는 아이가 하는 거짓말을 빤히 들여다볼 수 있다. 엄마는 아이들이 하는 말만 듣는 것이 아니라, 몸이 하는 얘기를 모두 눈치 챌 수 있기 때문이다.

중요한 상담은 반드시 당사자들이 직접 만나 얼굴을 보면서 한다. 요즘은 통신 기술이 놀라울 정도로 발달되어 화상 회의가 실제 상황과 다를 바 없어 보이지만, 화상회의로는 상대방의 미묘한 반응을 모두 알아챌 수가 없다. 커뮤니케이션에서 말이 차지하는 비율은 극히 일부분으로 말만으로는 상대방의 생각을 정확하게 읽을 수 없기 때문이다.

UCLA의 심리학과 메라비언(Albert Mehrabian) 교수의 연구에 의하면 커뮤니케이션에서 언어적 표현이 차지하는 비율은 겨우 7%밖에 되지 않으며, 보디랭귀지 55%, 목소리 38%로, 보디랭귀지가 목소리보다 더 큰 비중을 차지한다고 한다. 결국 상대방에게 자신이 믿을 만한 사람이라는 증거를 보여주기 위한 빠질 수 없는 요소가 바로 보디랭귀지라는 것이다.

## 공감각

뇌는 시시때때로 다섯 개의 감각기관으로부터 시각정보, 청각정보, 체각정보를 받아들이고 있다. 각각의 정보가 모두 중요하지만 더욱 중요한 것은 감각체계 간의 협조가 이루어져야 한다는 것으로, 감각체계를 상호 연결하는 기능을 하는 것이 공감각이다. 세 개의 감각체계가 공감각을 이룰 때 자녀와의 라포 형성이 자유로울 수 있고, 자녀의 심신상태 파악이 정확하게 이루어질 수 있다. 언어가 커뮤니케이션을 담당하는 비율은 7%밖에 되지 않기 때문에 커뮤니케이션의 주가 되는 보디랭귀지와 목소리의 이해를 위해서는 감각체계를 상호 연결하는 공감각이 반드시 필요하다.

# 사람이 좋아지는 데는 이유가 있다

### 사람에 대한 신뢰, 라포를 활용하라

부처님이 설법 중에 연꽃을 들어 대중에게 보였더니 가섭 제자만이 무슨 뜻인지 알고 미소를 지었다. 이와 같이 말없이 마음을 주고받을 수 있는 경지를 염화시중(拈花示衆)의 미소라고 한다. 염화시중이야말로 라포가 가장 잘 이루어진 최상의 경지다.

부모지능을 효과적으로 활용할 수 있는 첫 관문이 바로 부모와 자녀가 만들어내는 라포의 형성이다. 부모는 자녀의 모든 상태를 이해하고 그대로 받아들여야 하며, 그를 위해서는 자녀의 잠재의식이 나타내는 여러 가지 징후를 예민한 감각으로 읽어내야 한다.

라포의 어원이 되는 프랑스어의 라포르는 의사와 환자 간의 신뢰관계의 의미로 사용되었다. 현대 심리학에서 말하는 라포는 특별히 상담자와 내담자 혹은 코치와 코치이 간의 친화관계를 나타내는 용어로 쓰고 있다. 이 말을 처음 쓰기 시작한 사람은 오스트리아의 의학자 프란츠 안톤 메스머(Franz Anton Mesmer, 1734~1815)와 프랑스의 심리학자 피에르 자네(Pierre Janet, 1859~1947)였지만, 지그문트 프로이트(Sigmund Freud, 1856~1939)가 이 용어를 쓰면서부터 널리 사용되기 시작했다.

### 우연한 라포

우연한 라포는 우연한 기회에 일시적으로 형성되었다가 자연스럽게 사라지는 라포다. 여행사에서 기획한 패키지여행을 가본 사람이면 누구나 느끼게 되는 것이 있는데, 낯선 곳에서 하룻밤을 함께 지내고 나면 낯모르던 일행들이 가족처럼 따뜻하게 느껴진다. 일주일 혹은 열흘 동안 정해진 여행을 마치고 인천공항에 돌아와 헤어질 때쯤이면 친형제나 친자매처럼 가까워져서 헤어지는 것이 아쉬워 서로 연락처를 주고받으며 다시 만날 것을 기약한다. 그러나 그들이 다시 만나는 일은 극히 드물다. 우연한 라포는 시간이 지나면 자연스럽게 사라지기 때문으로, 슈퍼마켓에서 우연히 대화를 나눴던 사람, 고속버스 옆 자리에 앉아 목적지까지 시간을 함께 했던 여행자도 여기에 속한다.

### 자연적 라포

자연적 라포는 애쓰지 않아도 저절로 형성되는 것으로, 여간해서 끊어지는 일이 없는 라포다. 자연적 라포는 동호회 등에서 형성되는 느슨한 라포에서부터 동창생들 사이에 형성되는 끈끈한 라포, 그리고 가족 간에 형성되는 아주 단단한 라포까지 그 종류가 매우 다양하다. 우리의 관심사인 부모와 자식 간의 인연은 가장 단단한 자연적 라포로, 웬만해서는 잘 단절되지 않지만 혹시 어떤 이유로 잠시 단절되더라도 시간이 지나면 저절로 복구되는 특성을 가지고 있다.

**의도적 라포**

라포는 공통 관심사가 있거나 특별한 상황에 처했을 때 일어나는 것이지만, 공통의 관심사가 전혀 없더라도 특별한 의도를 가지고, 원하는 목적을 위해 의식적으로 만드는 라포를 의도적 라포라고 한다.

　의도적 라포를 형성하려면 공감대를 찾아 상대방과 자연스러운 접촉을 시도해야 한다. 의도적 라포 형성 기술은 바로 공감대를 찾아내는 기술이라고 할 수 있으며, 처음 만난 사람과 의도적 라포를 형성하기 위해 고향, 출신학교, 복무한 군대, 직장, 취미

등등에 대해 질문 공세를 펴는 이유가 여기에 있다.

　세일즈맨과 고객의 라포, 성직자와 신도의 라포, 의사와 환자의 라포, 정치가와 유권자의 라포 등이 의도적 라포에 속하며, 요즘은 이러한 의도적 라포를 형성하기 위해 전문적인 교육훈련을 하는 기관도 많이 생겨났다.

## 라포 형성 기술

### 페이싱(Pacing)과 리딩(Leading)

인간이 낯선 곳에 가면 가장 먼저 확인하는 일이 주위 환경이 안전한가 아니면 생명에 위협이 되는가를 확인하는 일이다. 커뮤니케이션의 시작 역시 상대방이 아군인가 혹은 적군인가 하는 것을 판단하는 일로, 대화를 순조롭게 진행하려면 우선 본인이 상대의 확실한 아군임을 보여줘야 한다.

　내가 당신과 같은 편이라는 사실을 알려주는 일이 페이싱으로, 부모가 자녀에게 할 수 있는 기본적인 페이싱 방법은 호흡, 몸짓, 언어, 음성 등을 자녀와 똑같이 함으로써 자녀를 무장해제 시키는 것이다. 그리고 또 하나의 방법은 자녀의 선행감각체계를 알아서 시각, 청각, 체각 중의 하나를 우선적으로 활용하는 것이다.

　부모와 자녀가 페이싱으로 좋은 관계를 형성하게 되면 부모와 자녀가 하나가 되며, 이렇게 라포가 형성되면 자녀를 보다 나은 상태로 이끌어갈 수가 있는데, 이것을 리딩이라고 한다.

### 호흡 맞추기

아이는 편안할 때의 호흡, 초조할 때의 호흡, 고민할 때의 호흡, 슬퍼할 때의 호흡, 화났을 때의 호흡이 모두 다르다. 아이들의 이러한 호흡을 그대로 따라하는 것이 라포 형성의 첫걸음이다.

주의할 것은 호흡을 맞추되 상대방의 페이스에 말리면 안 된다는 것으로, 화난 호흡을 맞추다보면 자신도 모르게 감정이 변할 수도 있기 때문이다.

### 미러링(Mirroring)

미러링이란 글자 그대로 상대방의 거울이 되어 주는 것이다. 내가 오른손잡이라면 거울 속의 나는 왼손잡이다. 아이가 오른 손을 움직이면 엄마는 왼손을 움직이고, 아이가 왼발을 움직이면 엄마는 오른발을 움직이는 것이다. 엄마의 모습을 바라보는 아이는 거울 속에 비친 자신의 모습을 보는 것으로 착각하게 되어 친밀감을 느끼게 된다. 이 때 주의할 점은 지나치게 동작을 강조하거나 세세한 것까지 따라하다 보면 오히려 라포가 깨지는 경우가 생기게 되므로 자녀의 상태를 잘 살펴서 행동해야 한다.

거울에 비친 것처럼 보이는 상대방의 움직임에 호감을 가지는 것은 인간의 뇌에 존재하는 거울신경세포(Mirror Neuron) 때문으로, 거울신경세포는 상대방의 느낌과 연결되어 감정이입을 쉽게 만드는 기능이 있다. 특히 부모 자식 간에는 거울신경세포의 활동이 자연스럽게 이루어지므로 미러링의 효과가 크다. 자폐증 환자들과의 커뮤니케이션이 힘든 것은 그들에게 거울신경세포가 거의 없기 때문으로, 그로 인해 라포 형성이 매우 어렵다. 따라서 이러한 자폐증 환자들의 경우에는 민감한 감각을 갖추지 못했기 때문에 라포 형성을 위한 특별한 노력이 필요하다.

만일 상대가 미러링 하는 것을 눈치 채고 불편하게 생각한다면 미러링을 중지하는 것이 좋다. 그런 경우에는 동작 미러링을 피하고 상대방의 마음을 편안하게 해줄 수 있는 공감으로 라포 형성을 유도하는 것이 좋다.

### 카톡 미러링

스마트폰을 통한 가벼운 의사소통에서도 페이싱이 중요하다. 예를 들면 상대방이 'ㅋㅋ' 혹은 'ㅎㅎ'와 같은 문자를 보내왔다면, 나도 같은 문자로 답하게 되면 훨씬 더 친밀감을 느끼게 된다. 또한 같은 종류의 이모티콘을 사용하는 것도 좋은 방법이다.

### 매칭(Matching)

매칭 역시 상대방의 모든 것을 따라한다는 뜻이다. 미러링이 거울처럼 좌우까지 바꿔가면서 따라하는데 비하여 매칭은 원숭이처럼 똑같이 흉내를 내는 것이 아니라, 흉내 낸다는 분위기를 맞추는 따라쟁이 노릇을 하는 것을 말한다.

예를 들면 호흡 맞추기를 할 때 똑같이 숨을 쉬는 것이 아니라, 상대방 호흡 속도에 맞춰 몸을 좌우로 흔들며 장단을 맞추는 것과 같은 것이 매칭이다.

### 자세 따라쟁이

자세 따라쟁이란 거울 속의 나처럼 세세한 동작을 따라하는 것이 아니라, 아이의 몸동작을 전체적으로 크게 따라하는 것을 말한다.

여기서의 자세란 서있는 자세, 앉아있는 자세, 누워있는 자세 등을 말하는데, 팔짱을 낀다든지, 다리를 꼬고 앉아 있는 행동 등을 따라하는 것이 자세 따라쟁이다.

## 백트래킹(Backtracking)

백트래킹은 상대방의 말에 맞장구를 치는 것이다. 간단하게는 고개를 끄덕이는 맞장구도 있고, '그래', '응'과 같은 간단한 대꾸로 맞장구를 칠 수도 있다. 물론 상대방의 대화 내용을 곱씹는 여러 가지 백트래킹 기법들이 있지만, 기본적인 백트래킹은 다음과 같이 상대방의 키워드를 반복하는 것이다.

"배고프지 않아?"
"응 나도 배고파. 넌 뭐 먹고 싶어?"

"난 스파게티."

"응. 스파게티 좋지. 내가 잘 아는 파스타 집 있는데, 거기 가자."

### 순차 백트래킹

아이들의 말을 순차적으로 그대로 따라하면 된다.

"엄마, 나 배고파 죽겠어."

"응, 배고파 죽겠구나."

"점심 메뉴에 내가 싫어하는 생선이 나왔거든."

"점심 메뉴에 생선이 나왔구나."

### 요약 백트래킹

"엄마, 글쎄 오늘 점심 메뉴에 내가 싫어하는 생선이 나왔지 뭐야. 그래서 밥을 반도 못 먹었더니 배가 고파 죽겠어."

"점심을 제대로 못 먹었구나. 많이 배고프겠다."

## 목소리 흉내내기

메라비언의 법칙에 따르면 목소리가 의사소통에서 차지하는 비율이 38%나 된다고 하는데, 말의 빠르기, 목소리의 높낮이, 목소리의 크기 등에 주의를 기울여 소리를 흉내 내는 페이싱은 라포 형성에 많은 도움이 된다.

특별히 주의할 것은 목소리의 크기로, 아이가 목소리를 크게 낼 때 작은 소리로 이야기를 하면 훨씬 더 강한 친밀감을 느끼게 된다. 반대로 아이의 목소리가 작을 때는 큰소리로 얘기하는 것이 훨씬 좋은 효과를 얻을 수 있다. 목소리가 크고 말이 많은 사람은 말수가 적고 목소리가 부드러운 사람을 더 편안하게 느끼며 호감을 갖는다. 호들갑을 떠는 수다쟁이들이 내면이 깊어 보이는 듬직한 사람과 소통하는 것을 좋아하는 이유 또한 여기에 있다.

# 언어의 마술,
# 행복을 만드는 말을 찾아라

## 언어는 마음을 변화시키는 마법과 같다

**역사 속의 사과**

말이란 처음부터 어떤 의미를 갖고 있는 것이 아니다.

 사과라고 하면 무엇이 떠오르는가? 사과라는 말의 실마리는 사과나무에 달린 맛있는 과일에서부터 실마리가 풀리기 시작한다. 에덴동산에서 이브가 따먹은 사과, 그때 아담의 목에 걸려버린 아담의 사과(Adam's apple), 트로이 전쟁을 일으키게 된 아프로디테 여신의 사과, 백설공주가 한입 베어 물었던 독이 든 사과, 윌리엄 텔의 사과, 만유인력의 단초가 되었다는 뉴턴의 사과, 영국의 과학자 앨런 튜링이 먹고 자살했던 청산가리 사과, 그를 기리기 위해 애플에서 로고로 썼다는 한입 베어 먹은 사과 등등 수없는 연상 작용이 일어난다. 말에는 이렇게 수많은 얘기들이 숨어 있다. 말을 한다는 것은 이렇게 숨어 있는 여러 가지 의미 중에 하나를 꺼내는 작업이다. 그리고 그 말은 의식적이건 무의식적이건 또 다른 의미를 주렁주렁 달고 나타나게 된다.

언어는 보이지 않는 생각을 보고 듣고 느끼게 해주는 마술과 같으며, 생각은 매우 복잡하고 그 분량이 많아서 실제로 언어로 표현하는 생각은 그 중의 극히 일부다.

### 행복을 만드는 말

우리가 선택한 말은 바로 우리의 경험을 설명하는 말이 되고, 그것은 바로 우리의 경험이 된다. 우리가 사용하는 말에 따라서 우리의 마음상태가 변화하게 되는데, 오늘 하루 행복을 품은 말만 골라서 써보라. 내일은 행복이 나를 품게 될 것이다.

다음 단어의 어순을 바로잡아 문장을 완성해 보라. 아마도 긍정적이고 즐거운 마음상태에 머물게 될 것이다.

1. 위해 나는 태어난 사랑받기 사람이다
2. 해당화가 바다를 푸른 배경으로 아름다웠다 피어 있는
3. 바닷물에 초록빛 담그면 초록빛 두 손을 물이 파아란 들지요
4. 더하니 추억에 참 가을이 향기를 예쁘다
5. 행복한 활짝 시간이었다 웃음꽃이 피었던

### 고통을 만드는 말

다음 단어의 어순을 바로잡아 문장을 완성해 보라. 아마도 부정적이고 고통스러운 마음상태에 머물게 될 것이다.

1. 가슴을 잿빛 하늘이 누르고 내리 있었다
2. 숨이 비극적 본 후 장면을 같았다 막힐 것
3. 비가 슬픔이 내렸다 되어
4. 강물처럼 눈물이 이산가족의 흘렀다
5. 무거운 장례식장에는 가득했다 침묵이

## 숨은 말 찾아내기

○○이가 점심시간에 점심을 먹은 후 운동장 가에 있는 미끄럼틀을 거꾸로 뛰어 올라가다가 위에서 미끄럼을 타고 내려오는 아이와 부딪쳐서 떨어지는 바람에 다리가 부러졌다.

선생님은 ○○이 엄마에게 급하게 전화를 해서 "기철이가 사고를 당했습니다."라고 말했다. 선생님의 전화 한 마디로는 ○○이가 어떤 상황인지 얼마나 다쳤는지 알 수가 없다. 궁금한 것을 알고 싶으면 엄마는 질문을 해서 숨어 있는 말을 찾아내야 한다. 그런데 어떤 때 어떤 질문을 해야 속 시원하게 궁금증을 풀 수 있을까?

인간이 다섯 개의 감각기관을 통하여 들어온 정보를 뇌에 저장할 때 생략, 일반화 그리고 왜곡의 과정을 거친다고 앞서 말했다. 결국 이 말은 부모 혹은 아이들이 가지고 있는 서로에 대한 정보 또한 사실과 많이 다르다는 것을 인정해야 한다는 것이다.

뇌에 저장되어 있는 정보가 정확치 않기 때문에 정확치 않은 정보를 표현하는 언어 또한 한계가 있다. 불완전한 언어로 불완전한 정보를 표현하니 어떻게 정확한 의사소통이 이루어질 수 있겠는가? 그렇다면 정보의 원형, 즉 일반화되거나 왜곡되지 않는 정확한 정보를 찾아낼 수 있는 방법은 없을까?

부정확한 언어 속에 숨은 말을 찾아내는 방법은 질문을 활용하는 것이다. 아이들의 모호한 언어 뒤에 숨어 있는 숨은 말을 찾아낼 수 있다면 부모는 자녀와 훨씬 정확하게 의사소통을 할 수 있을 뿐만 아니라 자녀의 물밑마음까지 해킹할 수 있을 것이다.

## 생략된 말 찾아내기

**단순 생략**

"엄마! 힘들어 죽겠어!"

아이들은 엄마가 자기 맘을 다 알고 있다고 생각한다. 그래서 무엇 때문에 힘들다는 것인지, 얼마나 힘든지를 다 생략해 버리고 외마디의 말을 한다. 이렇게 단순 생략된 말을 듣는 엄마는 밑도 끝도 없이 내뱉는 아이들의 말에 당황할 수밖에 없다.

단순 생략된 말을 찾아내는 일을 스테이크를 먹는 일과 같다. 스테이크를 덩어리째 먹는 사람은 없다. 스테이크를 먹기 위해서는 한입에 먹을 수 있는 크기로 잘게 썰어야 하는 것처럼 생략된 말을 찾기 위해서는 질문을 여러 개로 쪼개서 차근차근 아이의 마음속으로 들어가야 한다.

"엄마! 힘들어 죽겠어!"
"무슨 일이 있었니?"
"얼마나 힘이 드니?"

"엄마! 학교 가기 싫어!"
"무슨 일이 있었니?"
"무엇 때문에 학교 가기 싫으니?"

## 비교 생략

"나는 공부를 못해서 속상해요."

공부를 잘 한다 혹은 못 한다는 말은 절대적인 것이 아니다. 전교에서 1등하는 아이도 공부를 못해서 속상하다고 할 수 있다. 따라서 이렇게 비교 대상이 없는 말은 "누구와 비교해서?"라고 질문하면 손쉽게 마음을 읽을 수 있다.

생략된 비교 대상을 알아내는 질문은 "무엇(누구)과 비교해서?"이다.

"이번 시험 형편없이 보았어."
"누구와 비교해서 형편없다고 생각하니?"
"언제와 비교해서 형편없다고 생각하니?"

"나, 음악에 소질 있나 봐!"
"누구와 비교해서 음악에 소질 있는 것 같니?"
"어떤 과목과 비교해 보니 음악에 소질이 있는 것 같으니?"

## 모호한 명사

"애들이 나보고 이기적이래."
애들이라니? 매우 모호한 명사다. 같은 반 아이들을 가리키는지, 학원 아이들을 가리키는지? 혹은 반 아이들 모두를 가리키는지, 자기와 친한 어떤 아이를 가리키는지 알 수가 없다.
　모호한 명사를 정확하게 알고 싶으면 "애들이라니? 어떤 애들이 그러는데?"라고 질문을 하면 된다. 모호한 명사를 찾는 질문은 "구체적으로 어떤 ~~이(가)?"이다.

"나는 우리 교장선생님을 존경해요."
"구체적으로 어떤 점을 존경하니?"

"항상 그 애들이 문제를 일으켜."
"그 애들이 누구누구니?"

"선생님이 칭찬했어."
"어떤 선생님을 말하는 거니?"

### 모호한 서술어

"학교에 가는 것이 힘들어요."

'힘들어요.' 또한 매우 모호한 표현으로, 학교가 멀어서 힘이 든다는 것인지, 친구들이 놀려서 힘들다는 것인지, 혹은 공부하는 것이 힘들다는 말인지 알 수가 없다.

이때 "어떤 점이 힘드니?"라고 질문하게 되면 구체적인 정보를 알아낼 수 있다.

모호한 서술어를 알아내는 질문은 "구체적으로 어떻게(언제, 어디서, 왜)?"이다.

"선생님이 많이 다쳤어."
"어떻게 다쳤는데?"

"친구들이 나를 도와주었어."
"어떻게 도와주었지?"

### 일반화된 말 찾아내기

**할 수 없어요**

아이들은 스스로 성공한 경험이 많지 않기 때문에 자신감이 없을 뿐만 아니라 자신의 능력을 과소평가한다. 따라서 '못해요.' '할 수 없어요.'라는 말을 많이 한다. 이러한 말을 하게 되면 스스로 능력의 한계를 설정하여 충분히 할 만한 일도 할 수 없게 되어 버린다. 우선 "나는 일등급이 될 수 없어요."라는 말을 한다면, "나는 우등생이 될 수 없어요."라는 말로 바꿔 보도록 하라. 그리고 다음과 같이 질문을 하면 한계의 벽을 깰 수 있다.

"나는 수영을 할 수 없어요."
"무엇이(누가) 수영을 못하게 한다고 생각하니?"
"만일 네가 수영을 하면 어떻게 될까?"

"나는 살을 뺄 수 없어요."
"무엇이 너를 다이어트 할 수 없게 한다고 생각하니?"
"만일 네가 다이어트에 성공하면 어떻게 될까?"

"게임을 끊을 수가 없어요."
"무엇이 너를 게임에서 빠져 나올 수 없게 한다고 생각하니?"
"만일 네가 게임을 끊는다면 어떻게 될까?"

## 절대적 일반화

"엄마는 왜 내가 하고 싶다는 일은 뭐든지 절대 안 된다고 해?" 이런 황당한 말을 자주 들어봤을 것이다. '결코', '한 번도', 혹은 '언제나', '항상'과 같은 말을 써서 한두 번 일어난 일을 절대적인 것으로 일반화하는 말이다. 하긴 '요새 애들은 버릇이 없어.'와 같은 일반화는 몇 천 년 전부터 써왔다고 하지 않는가?

이런 경우 질문은 "한 번도 아닌 경우는 없었니?"이다. 이렇게 질문하여 예외적인 사실을 확인하면 절대적으로 일반화된 통계에 대응할 수 있다.

"선생님은 항상 나만 미워해!"
"선생님이 다른 애들을 미워한 적은 한 번도 없었니?"
"선생님이 너를 미워하지 않은 적은 한 번도 없었니?"

"아무도 나를 좋아하지 않아."
"특별히 누가 너를 좋아하지 않니?"
"누군가 너를 좋아했던 적이 한 번도 없니?"

## 왜곡된 말 찾아내기

### 마음 읽기

"난 엄마가 거짓말 하는 줄 알았어."
어떻게 알았는지 궁금하지 않은가? 이럴 때 질문은 "어떻게 알았어?"라는 간단한 질문으로 충분하다.

"아빠는 엄마를 사랑하지 않는 것 같아."
"어떻게 알았니?"

"우리 선생님은 아이들을 좋아하지 않아."
"어떻게 알았니?"

### 왜곡된 동일화

"선생님이 엄마 오시래!"
아이의 말에 엄마는 가슴이 철렁 내려앉는다. 엄마는 '선생님이 오시래.'와 '나 사고 쳤어.'를 동일하게 생각했기 때문이다. 부처의 눈에는 부처만 보이고 돼지의 눈에는 돼지만 보인다는 말이 있는데, 이 말은 인간은 타인의 언어를 자신의 경험으로 풀어낸다는 말이다. 똑같은 아이들의 말이 엄마에 따라서 다르게 왜곡되어 들린다.

이 때 왜곡된 말을 찾아내는 질문은 "어떻게 A가 B를 의미하는가?" 혹은 "A일 때 B가 아니었던 적이 한 번도 없는가?"이다.

어떤 사건을 다른 사건과 동일시할 때 의문을 제기하지 않으면 아주 큰 오해가 발생할 가능성이 높다.

## 전제

"엄마가 내 생각을 조금이라도 했으면 스마트폰을 사 주었을 거야."
이 표현에서 전제는 '엄마가 내 생각을 조금이라도 하는 것'이다. 이러한 전제 속에는 엄마가 내 생각을 조금도 하지 않았다는 주관적인 생각이 감추어져 있다. 이것을 확실하게 하려면 '왜 그렇게 생각하는데?' 하고 질문을 해야 한다.

이러한 잘못된 전제를 확인하는 질문은 "어떻게 해서 그렇다고 생각하는가?"이다.

## 인과

"엄마! 나는 오빠 때문에 속상해 죽겠어."
인과란 어떤 일이 일어나면 그 결과로 또 다른 일이 일어나는 것을 말한다. 위의 말에서는 오빠가 원인이 되고 속상한 것이 결과기 된다. 이러한 인과의 패턴을 성확하게 파악하기 위한 질문은 "어떻게 A가 B의 원인이 되는가?"이다.

## 모호한 판단자

"나는 게으른 아이래요."

판단력이 불완전한 아이들은 누군가 하는 말을 듣고 흔들리는 경우가 많다. 이때 "누가 그러는데?"라고 질문을 해 보라. 출처가 불분명한 경우 객관적이고 논리적인 정보가 아닐 확률이 높다. 옆에 앉은 짝이 한 말을 듣고 자신의 정체성을 '게으른 아이'로 정해 버린다면 얼마나 위험한 일이겠는가?

모호한 판단자를 알아내는 질문은 "누가 그러는데?"이다.

"필리핀 음식은 없대."
"누가 그런 말을 하니?"

"도시에 사는 사람들은 인심이 야박하대."
"누가 그런 말을 했는데?"

# 해킹 대화법

밀튼 에릭슨(Milton Ericson, 1901~1980)은 NLP의 발전에 지대한 공헌을 한 심리학자다. 그가 독자적으로 개발한 에릭소니언 최면치료법은 그때까지 전해오던 최면술과는 전혀 다른 개념의 최면치료법이었다. 그의 심리치료법은 주로 조직적인 언어를 기반으로 하고 있는데, 여기서는 에릭슨의 언어 사용법 중에서 자녀의 마음을 들여다볼 수 있는 몇 가지 최면 대화법을 소개하고자 한다.

최면 대화법은 두루뭉술하게 추상적인 말을 큰 덩어리로 한다. 그러면 틀릴 일이 없다. 미아리 철학관을 찾아간 사람이 "아이구! 대들보가 무너지려고 하는군. 츳츳……"하는 말을 들었다고 하자. 어떤 사람은 대들보가 남편일 수도 있고, 어떤 사람은 아들일 수도 있지만 어느 집이나 대들보는 있게 마련이다. 어쩌면 족집게처럼 내 문제를 집어낼까 하는 믿음이 있을 때 최면대화법의 효력이 극대화되는 것이다. 최면대화법은 내담자 자신도 알지 못하는 영역에 숨어 있는 무의식에 접촉하여 숨은 속마음을 드러내게 만드는 것이다.

## 간접 명령

### 숨겨진 명령
"조용히 숨소리를 듣고 있으면 네 마음이 편안해질 것이다."
명령문은 아니지만 이 속에는 명령어가 숨겨져 있다. 엄마가 아이를 앉혀놓고 조용히 자신의 숨소리를 듣게 하면서 이렇게 말하면 아이는 엄마가 유도하는 대로 마음이 편안해진다.

### 숨겨진 질문
"지금 몇 시쯤 되었는지 모르겠네."
분명히 의문문이 아니고 명령문도 아닌데 옆에서 이 말을 들은 사람은 자연스럽게 자기의 시계로 눈이 가게 된다. 그리고 때로는 묻지도 않은 시간을 말해 주기도 한다. 이것은 문장 속에 숨겨진 질문이 들어있기 때문이다.

### 부정 명령
"아이들의 장점에 대해서는 그다지 생각하실 것 없습니다."
분명히 생각하실 것 없다고 했는데, 이 말을 들은 엄마들은 끊임없이 아이의 장점을 떠올리게 된다.

### 대화적 가정

 "엄마, 지금 몇 시인지 아세요?"
이러한 질문의 형식을 따르자면 '응' 혹은 '아니'로 대답하여야 한다. 그러나 엄마는 여지없이 시계를 들여다보고 몇 시인지 알려주기 마련이다.

 "○○아! 창문 열려 있니?"
 창문이 열려있는지 닫혀있는지 알아보라는 말이 아니라, 추울 때라면 창문을 닫으라는 명령이고, 더울 때라면 창문을 열라고 하는 명령이 숨겨져 있다.

## 전제

### 시간

 "30분 내로 숙제 다 하고, 우리 맛있는 짜장면 먹으러 가자."
'30분 내로'라는 시간을 말함으로써 아이가 30분 이내로 숙제를 끝낸다는 것을 전제로 한다. 또한 아이에게 30분 내로 숙제를 끝내라는 강력한 명령어가 숨어 있다.

 "아직도 영수와 친하게 지내니?"
 '아직도'라는 시간을 나타내는 말은 그동안 영수와 친하게 지냈다는 사실을 전제로 한다.

### 선택

"말로 해도 좋고, 아니면 글로 써도 좋으니 매일 아침 하루 계획을 세워라."

선택의 자유를 주는 것처럼 들리지만 역시 계획을 세운다는 사실을 전제로 한 말이다.

이때, '그렇지 않으면', '혹은', '또는'과 같은 말이 사용될 수 있다.

"명상할 때 눈을 감는 것이 좋은가요? 눈을 뜨는 것이 좋은가요?"

우리의 의식은 눈을 감는 것과 뜨는 것에 집중된다. 무의식은 이미 명상하는 것을 전제로 하고 있다는 사실을 눈치 채고 있을 것이다.

"밥을 먼저 먹을지, 아니면 숙제를 먼저 할지 결정해라."

밥도 먹고 숙제도 해야 한다는 전제가 들어 있다.

### 수식어

"어느 정도로 마음이 편안해졌니?"

이미 마음이 편안해진 것을 전제로 하며, 그 정도를 묻는 질문이다.

"아저씨 댁에 천천히 다녀와도 좋아."

아저씨 댁에 다녀온다는 사실을 전제로 해서 천천히 다녀와도 좋고 빨리 다녀와도 좋다는 말이다.

## 모호화

### 음성학적 모호함

"어제 열린 회의는 무척 회의적이었다."
'회의'와 '회의적'이라는 동음이의어에서 느끼는 모호함으로 생각을 분산시킨다.

### 통어론적 모호함

"엄마가 눈물을 흘리며 달아나는 아이를 따라갔다."
'엄마가 눈물을 흘렸는지 아이가 달아나며 눈물을 흘렸는지가 모호하다.

### 범위의 모호함

"키가 큰 남자와 여자가 함께 갔다."
'키 큰 남자'와 '키 큰 여자'일 수도 있고, '키가 큰 남자'와 '키와 상관없는 여자'가 함께 갔을 수도 있는 모호한 표현이다.

### 구두점의 모호함

"나의 몸은 아주 편안하게, 깊이 명상에 빠졌다."
몸은 편안하고, 명상은 깊었다.
"나의 몸은, 아주 편안하게 깊이 명상에 빠졌다."
명상이 편안하고 깊었다.

## 은유

어떤 상황이나 현상을 제3의 것으로 파악하는 수사법이다. 신화, 전설, 옛날이야기, 민화, 우화 등 은유, 비유, 암유 등의 수사법이 동원된다.

은유는 이야기를 듣는 사람의 잠재의식을 활성화시킴으로서 직접적인 이야기에 비해 저항감을 적게 일으키면서 자연스러운 변화를 유도할 수 있다.

### 선택적 제한 위반

"쓸쓸한 낙엽이 떨어지는 가을 어느 날"
낙엽이 어떻게 쓸쓸한 감정을 느낄 수 있겠는가? 쓸쓸한 느낌을 느낄 수 없는, 즉 선택적으로 제한이 있는 것을 넘어서 표현하게 되면 듣는 사람은 무의식적으로 그것에 자신을 적용시켜 이해한다.

### 인용

"'용서는 세상에서 가장 아름다운 마음상태'라는 말이 있습니다."
누가 했는지, 그 말이 진실인지와 상관없이 듣는 이는 그것에 대하여 이의를 제기하지 않고 받아들인다.

# 질문은 마음의 문을 여는 열쇠다

## 열린 질문을 하라

**열린 질문**

질문은 마음의 문을 여는 열쇠다. 열린 질문은 마음의 문을 활짝 열 수 있는 열쇠이며, 닫힌 질문은 마음의 문을 열 수는 없지만 두드릴 수는 있다.

열린 질문이란 누가, 언제, 어디서, 무엇을, 어떻게, 왜로 시작하는 질문을 말한다. 여행 중에 만난 사람에게 "어디서 오셨어요?", "언제 오셨어요?", "무슨 일로 오셨어요?"와 같은 말 한마디로 처음 만난 사람과 말문을 터보라. 뜻하지 않은 동반자와 지루하지 않은 여행을 함께 즐길 수 있을 것이다.

"승우야, 네 동생 예뻐, 안 예뻐?"
이런 질문에 내한 대답은 '예뻐' 아니면 '안 예뻐'로 끝이 나고

만다. 닫힌 질문이 되는 것이다.

"승우야, 네 동생 어디가 예쁘니?"

"승우야, 네 동생 어떨 때 예쁘니?"

이런 질문에 대한 대답은 생각을 하게 만들면서 마음 문을 열게 만든다. 열린 질문이 되는 것이다.

## 긍정 질문

뇌는 긍정에는 매우 친화적이지만 부정에는 매우 배타적이다.

"너, 왜 아직도 숙제 안 했니?"

"아직도 학교 안 갔어? 오늘도 지각하는 거 아냐?"

이런 말을 들은 아이는 열렸던 마음의 문을 얼른 닫아버리게 되므로, 다음과 같은 열린 질문으로 바꿔야 한다.

"언제 숙제 할 계획이니?"

"어서 학교 가야지? 어떻게 하면 제 시간에 갈 수 있을까?"

### 미래 질문

과거는 흘러갔다. 돌이킬 수는 과거를 붙잡고 늘어져봐야 소득이 없으며, 특히 아이들을 힐난하는 질문은 금물이다.

"왜 아직도 방을 안 치웠니?"
"어떻게 하루 종일 TV만 보고 있니?"

이런 말을 들은 아이는 어지러운 방과 엄마의 추궁이 뒤섞여 머릿속마저 어지러워지고 만다. 이미 하루 종일 본 TV를 어떻게 하란 말인가? 이럴 때는 미래 질문을 활용해야 한다.

"언제 방 청소 할 생각이니?"
"TV를 더 볼 게 얼마나 남았니?"


## 질문에 답이 있다

생각이란 스스로 질문하고 답하는 과정으로, 컴퓨터 속에는 이 세상의 모든 지식이 들어 있다. 그래서 컴퓨터는 우리가 질문하는 즉시 답을 내놓는다. 그러나 컴퓨터는 스스로 질문을 할 능력이 없다. 따라서 컴퓨터는 생각할 줄 모른다.

행복을 부르는 질문은 행복을 가져오고, 불행을 부르는 질문은 불행을 가져온다. 성공한 사람은 성공할 만한 질문을 했기 때문이고, 실패한 사람은 실패할 만한 질문을 했기 때문이다.

"올해가 얼마나 남았지요?"
"이틀밖에 안 남았어요."

이런 질문은 아쉬움을 불러오는 우울한 질문이다.

이번엔 '올해' 대신 '새해'라는 단어를 넣어 질문을 바꿔보자.
"새해가 얼마나 남았지요?"
"이틀밖에 안 남았어요."

질문의 두 글자가 바뀌었지만 대답은 앞의 답과 뒤의 답이 같다. 앞의 대답에는 아쉬움이 숨어 있었지만, 뒤의 대답에는 기다림과 희망을 불러오는 즐거움이 숨어 있다. 두 문장을 비교해보면 질문의 힘을 느낄 수 있을 것이다.

아이들은 질문의 달인이다. 질문은 스스로 생각하는 힘을 키워주는데, 아이들의 질문이 귀찮다고 질문을 막으면 아이들의 사고력을 떨어뜨리는 우를 범하게 된다. 소크라테스가 사용한 교육방법은 질문을 통해 학생들이 지닌 생각의 초점을 조절하고, 학생 스스로가 그 질문에 답할 수 있도록 지도하는 것이었다. 질문을 통해서 생각하는 힘을 길러주자는 것이다.

모든 질문은 답을 가지고 있다. 좋은 질문을 하는 사람은 좋은 답을 얻게 되고, 나쁜 질문을 하는 사람은 나쁜 답을 얻게 될 뿐이다. 좋은 질문은 자녀의 의욕을 불러일으키지만, 나쁜 질문은 자녀의 의욕을 저하시킨다. 얼마나 탁월한 삶, 행복한 삶을 살 수 있는가는 얼마나 지속적으로 좋은 질문을 할 수 있는가에 달려 있다.

질문은 스스로 문제 해결을 할 수 있도록 도와주는 기능이 있다.
다음과 같은 질문들은 문제 해결을 도와줄 뿐만 아니라 새로운 아이디어를 창출할 수 있는 질문들이다.

"어디서 문제가 발생했지?"

"그게 어느 정도 문제가 되는 거니?"

"어떻게 하면 이 일을 잘 풀어낼 수 있겠니?"

"우리가 잘못 하고 있는 것이 뭘까?"

"다른 좋은 방법은 없을까?"

"그 방법의 단점은 뭐였어?"

"이 생각은 어때?"

"이 방법과 저 방법의 차이는 뭐지?"

"누가 이걸 가장 잘 해결할 수 있을까?"

## 질문으로 심신상태를 바꾼다

"나는 행복하다."

"나는 행복하다."

"나는 행복하다."

행복을 끝없이 반복하면 행복해질 수 있을까? 인간은 긍정적인 마음을 가지면 행복해진다고 했으니 "나는 행복하다."는 말을 반복하면 행복해질 수도 있을 것이다. 그러나 행복한 심신상태로 가는 더 빠른 지름길이 있다. 반복이나 확신보다 더 탁월한 방법은 질문을 하는 것이다.

다음과 같이 질문해보라.

"오늘 나를 행복하게 하는 것은 무엇일까?"

이런 질문을 받은 우리의 뇌는 눈 깜짝할 사이에 내가 행복한 이유에 초점을 맞추게 되고, 행복한 이유를 생각해 낼 것이다. 얼마나 간단한 방법인가?

"내 인생에서 가장 행복했던 시간은 언제였지?"

이렇게 질문하면 우리의 뇌는 자신이 가장 행복했던 시간과 장소로 즉시 이동하게 된다. 그리고 그 때의 심신상태를 그대로 재현하게 된다. 성공이란 자신이 원하는 꿈을 이루었을 때 느끼는 심신상태를 맛보기 위한 것이며, 돈을 많이 버는 이유는 부자가 되었을 때 느끼는 심신상태를 맛보기 위한 것이다.

## 질문은 망각을 도와준다

인간이 한꺼번에 여러 가지 일을 하는 것처럼 보이지만 사실 뇌는 동시에 두 가지 이상의 일을 할 수 없다. 뇌가 한꺼번에 두 가지 임무를 수행할 수 없는 것은 각 임무가 서로 같은 신경세포를 이용하겠다고 경쟁을 벌이기 때문이다. 한 가지 일을 하면서 다른 일을 하려고 하면 뇌는 순간적으로 멈춰버린다. 생각을 바꾸는 일은 전전두엽 피질이 담당하고 있는데, 그 과정이 순간적으로 일어나긴 하지만 최소 300ms의 시간이 필요하다. 따라서 운전을 하면서 전화를 하는 일이 대단히 위험한 일이라고 하는 것이다.

인터넷에서 두 개의 동영상을 다운받을 때 컴퓨터가 마치 두 개의 동영상을 한꺼번에 다운받고 있는 것처럼 보이지만, 사실은 아주 짧은 시간씩 서로 교차하면서 번갈아 다운을 받는 것이다.

정말 뇌가 한 번에 한 가지씩 일을 하는지 잠시 책 읽기를 멈추고 재미있는 놀이를 하면서 함께 뇌의 상태를 확인해 보기로 하자.

① 방 안에 있는 검은 색깔의 물건에는 어떤 것이 있는지 찾아라.
② 눈을 감아라.
③ 방 안에 흰색 물건이 무엇이 있었는지 생각해보라.

방안에 있는 검은 색깔의 물건을 찾는 동안 우리의 뇌는 흰색 물건에 대해서는 전혀 신경을 쓰지 못한다. 따라서 검은색 물건을 찾던 뇌에게 눈을 감고 흰색 물건을 생각해 내라고 하면 흰색 물건이 잘 기억나지 않는다. 이것은 뇌가 관심이 있는 것만 신경을 쓰고 기억할 뿐 관심 없는 것은 모두 생략, 삭제하기 때문이다.

우리의 뇌에게 행복했던 순간에 대한 질문을 하면 뇌는 행복했던 순간만 찾을 뿐 불행했던 순간은 모두 날려버리고 만다. 만일 불행했던 순간에 대한 질문을 한다면 우리의 뇌는 불행했던 순간을 기억하고 행복했던 순간은 모두 날려버릴 것이다. 이와 같이 우리가 불행하다고 느끼는 이유는 행복한 이유를 모두 생략했기 때문이다.

## 질문으로 물밑생각을 찾다

모든 코칭 질문은 다음 2개의 질문에서 시작된다.

"네가 원하는 것이 무엇이니(What do you want?)?"
"무엇이 그것을 막고 있니(What stops you?)?"

한 번의 질문으로는 진정으로 원하는 것이 무엇인지 알아낼 수가 없다. 계속적인 질문을 해야지만 목표에 대한 물밑생각을 얻어낼 수 있다.

중학교 3학년인 ○○이는 공부와 담을 쌓은 아이였는데, 고등학교에 가면 열심히 공부할 것이라고 했다. ○○이의 물밑생각을 얻어내기 위해 질문을 한번 해보자.

"네가 들어가고 싶은 대학이 어디니?"
"서울대학교에 들어가고 싶어요."
"서울대학교에 들어가는 게 목표구나. 서울대학에 들어가서 하고 싶은 게 뭐지?"
"열심히 공부해야지요."
"서울대학교에 들어가서 열심히 공부해서 무엇을 얻고 싶니?"
"은행에 취직할 거예요."
"대학 졸업하고 은행에 취직하고 싶구나. 네가 은행원이 되면 무엇을 얻을 수 있겠니?"
"일찍 퇴근을 할 수 있잖아요."

"일찍 퇴근하면 무엇을 하고 싶은데?"
"기타 배우러 음악학원에 다닐 거예요."

은행이 문을 일찍 닫는 것을 본 ○○이는 은행 문을 닫으면 은행원이 퇴근하는 줄 알았던 모양이었다. ○○이는 결국 실용음악과에 진학했고, 행복한 대학 생활을 하고 있다. 질문해보지 않았다면 ○○이는 가야 할 길을 잃고 계속 방황을 했을 것이다.

## 아침 질문과 저녁 질문

### 행복한 아침 질문

하루를 어떻게 시작하는가? 여러분의 아이들은 하루를 어떻게 시작하는가?

행복한 생각으로 하루를 시작할 수 있다면 누구나 행복한 하루를 만들 수 있다. 행복한 생각으로 하루를 시작하는 방법은 질문을 하는 것이다. 질문으로 행복에 생각의 초점을 맞춰보자. 아침에 일어나 다음과 같은 다섯 가지의 질문을 던지고 스스로 해답을 찾아보라.

오늘 나를 행복하게 하는 일은 무엇인가?
오늘 나를 가슴 설레게 하는 일은 무엇인가?
오늘 내가 자랑스러워해야 할 것은 무엇인가?
오늘 내가 감사할 것은 무엇인가?
오늘 내가 결단해야 할 것은 무엇인가?

**행복한 저녁 질문**

잠자리에 들면 뇌는 하루 종일 있었던 일을 되새김질하여 필요한 것은 뇌 깊숙이 저장하고, 필요 없는 것들은 삭제한다. 특히 기억하고 싶은 것들, 행복하고 아름다운 것들을 잠자리에 들기 전에 정리해두면 밤새 뇌가 차곡차곡 정리하게 된다.

오늘 내가 배운 것은 무엇인가?
오늘 내가 반성해야 할 일은 무엇인가?
오늘 내가 감사해야 할 사람은 누구인가?
오늘 내가 행복했던 일은 무엇인가?
오늘 내가 용서해야 할 사람은 누구인가?

## 문제 해결을 위한 질문

아무런 문제없이 살아가는 사람은 없다. 다만 어떤 사람은 문제를 잘 해결하고, 어떤 사람은 문제를 해결하지 못해 힘들어 하면서 살아갈 뿐이다.

- 이 문제가 발생해서 유익한 점은 무엇인가?
- 이 문제가 불완전한 점은 어떤 것인가?
- 이 문제를 해결하기 위해서 기꺼이 무엇을 할 수 있는가?
- 이 문제를 해결하기 위해서 기꺼이 무엇을 포기할 수 있는가?
- 이 문제를 해결하는 과정을 즐길 수 있는 방법은 무엇인가?

# Chapter 4

# 부모교육은 인성교육이다

"
우리는 누구나 다른 사람에게 존중받고 싶어 한다. 다른 사람보다 나아지면 존중받게 되는 줄 알고 열심히 공부하고 일하며 노력한다. 그러나 잘난 사람 또는 부자나 권력 있는 사람치고 존중받는 사람이 많지 않다. 인간은 나보다 나은 사람을 존중하는 것이 아니라 나를 존중해주는 사람을 존중하기 때문이다. 존중받고 싶으면 존중하라. 다른 사람을 존중하는 것이 습관화되어 있는 사람은 늘 다른 사람으로부터 존중을 받는다. 존중받는 일은 그리 어려운 일이 아니다.
"

# 인성교육이란 무엇인가

## 인성교육진흥법에 대한 이해

**인성교육**

2014년 12월 29일, 국회는 여야 의원 102명이 공동 발의한 '인성교육진흥법'을 199명 만장일치로 통과시켰다. 법이 시행되는 2015년 7월부터는 국가와 지방자치 단체, 학교에 인성교육 의무가 부여된다.

인성교육진흥법은 인성교육의 틀을 '가정·학교·사회가 협력하는 구조'로 개편하여야 함을 강조하고 있다. 또한 오늘날 고도의 과학기술 및 정보화시대에 강조되는 정보기술의 발전과 활용의 원천은 인간에게 있고, 인간의 건전하고 올바른 인성(人性) 여하에 따라 그 의미와 가치가 달라진다는 점에서 보다 장기적이고 진정한 경쟁력은 인성에 달려있다고 보았다.

인성교육진흥법은 인성교육의 핵심가치 혹은 덕목을 예(禮)와

효(孝), 정직, 책임, 존중, 배려, 소통, 협동에 두었다. 그리고 인성교육이란 내면을 바르고 건전하게 가꾸며 타인, 공동체, 자연과 더불어 사는데 필요한 인간다운 성품과 역량을 기르는 교육이라고 정의를 내렸다.

인성교육진흥법은 홍익인간(弘益人間)이라는 대한민국 교육의 기본이념에 걸맞은 훌륭한 법임에 틀림없다. 대한민국의 탄생과 함께 강조된 인성교육은 최근 3~5세의 유아교육에서부터 그 중요성이 강조되고 있어 서로 일맥상통하는 법이라고 할 수 있겠다. 그럼에도 불구하고 국민의 인성을 높이기 위하여 법까지 만들어가며 모든 학교에서 의무적으로 인성교육을 실시하라고 했는데 박수를 치기보다 걱정이 앞선다.

대학이 인성교육을 학생 선발의 기준에 포함시키고, 회사가 인성을 입사시험의 기준으로 삼고, 정부가 인성회복을 국가의 최우선 과제로 삼으면 인성이 회복되리라는 것은 참으로 순진한 생각이 아닐까?

인성을 대학 입시와 연결시키면 과목이 하나 더 늘어나는 것밖에 달라질 것이 없을 것이다. 틀림없이 인성교육 간판을 내건 학원이 하나 더 생길 것이고, 인성교육을 대학입시와 관계없는 과목으로 지정한다면 인성이 찬밥 신세를 면하기 어려울 것이다. 시간표만 짜놓고 그 시간에 '국영수'를 가르칠 것이 뻔하다. 이렇게 하든 저렇게 하든 인성교육의 성공은 쉬운 일이 아니다. 그렇다면 어떻게 해야 인성교육을 제대로 실시할 수 있을까?

인성교육진흥법의 제안 이유에서도 밝혔듯이 어쨌든 인성교육의 출발점은 가정이다. 인간의 두뇌는 대부분 초등학교에 들어가기 전에 완성된다. 인성 또한 대부분 그 때 틀을 갖추게 되므로 학교에서 이미 형성된 아이들의 인성을 교정하고 보완하는 데는 한계가 있다. 그렇다면 학교의 인성교육보다 가정에서의 인성교육에 관한 준비가 앞서야 할 것이다. 따라서 진정한 인성교육의 성패는 세상에 갓 태어난 아이들의 인성을 책임지는 부모지능의 자질과 능력에 달려있다. 적어도 무면허 부모는 없어져야 하지 않겠는가? 청소년들에게 부모교육을 시켜야 하는 이유가 바로 여기에 있는 것이다.

교육은 백년지대계(百年之大計)라고 했다. 당장 효과를 보기 위해서 너무 서두르지 말고 참고 기다려야 할 것이다. 정상적으로 전 국민의 부모지능이 회복되고 훌륭한 가정교육이 삼대 쯤 이어져 내려가면 대한민국 국민이 세계를 이끌어갈 수 있는 인간다운 인성을 갖게 될 것이다.

## 홍익인간

하늘에서 환인(桓因)의 아들 환웅(桓雄)이 땅으로 내려와 낳은 아들이 단군왕검이다. 단군왕검은 홍익인간(弘益人間), 즉 널리 인간세계를 이롭게 하기 위해 이 땅에 첫 나라를 세웠다. 그 홍익인간이 대한민국의 교육 이념이다. 그 각론으로 인격도야, 자주적 생활능력, 민주시민의 자질을 갖추도록 하는 것이고, 최종 목적으로는 인간다운 삶, 민주 국가의 발전과 인류 공영에 이바지하는 것이다. 누가 봐도 참으로 훌륭한 교육 이념이지만 요즘 와서는 말이 그렇다는 말이 되어버렸다. 홍익인간을 추구하는 학교교육과 가정교육을 찾아보기 힘들다. 차라리 '좋은 대학 보내기'가 교육목표라고 하는 것이 솔직하지 않을까?

대한민국이 현대적 교육 시스템을 갖추기 시작한 이래 지금까지 수많은 교육학자가 배출되었고, 교육제도가 수도 없이 바뀌었지만 한시도 바람 잘 날이 없다. 한국의 교육방법 및 교육제도는 교육적 문제뿐만 아니라 인류학적, 사회적, 문화적, 경제적인 문제에다가 정치적 문제까지 대단히 복잡하게 얽혀 있다. 그런 탓에 그 누구도 어디서부터 풀어나가야 할지 모르는 것이 현실이다. 옛날 인성교육은 훈장 선생님 혼자서도 모두 감당이 되었다. 이제 국가가 나섰으니 모든 국민이 함께 부모지능을 회복시키고 실종된 인성교육과 함께 홍익인간의 뜻을 되찾기 위해 나서야 할 것이다.

## 사람의 뇌에는 인성이 들어 있다

인간이 지구별의 주인이 된 것은 머리가 크기 때문일까?

그건 아니다. 뇌의 크기로 말하면 인간의 뇌는 대략 1.5kg 정도이고, 코끼리의 뇌는 5kg, 고래의 뇌는 8kg이나 된다.

그렇다면 체중에 비해 뇌가 차지하는 비율이 크기 때문일까?

그것도 아니다. 쥐는 뇌의 무게가 몸무게의 5%인데 인간의 뇌는 몸무게의 2% 정도밖에 되지 않는다.

인간이 지구별의 주인이 된 까닭은 인간의 뇌에 신경세포가 많기 때문이다. 동물의 밋밋한 뇌와는 달리 인간의 뇌는 주름으로 표면적을 최대한 넓혀 최대 150억 개의 신경세포를 갖고 있다. 이 뇌세포가 인간의 능력을 무한하게 만들어주고 있는 비밀병기다.

미국의 철도 노동자였던 피네아스 게이지는 주변 사람들에게 존경받는 인간성 좋은 책임자였다. 1848년 어느 날 그에게 끔찍한 사고가 발생했다. 화약을 압축할 때 쓰던 쇠막대기가 그의 두개골을 뚫고 지나가버린 것이다. 어려운 수술 끝에 그는 기적적으로 목숨을 건졌다. 문제는 그 이후 사람이 달라진 것이다. 사려 깊고 공손하고 양심적이었던 그가 분별없고 예의도 없으며 무책임한 사람으로 변해버렸는데, 결국 게이지의 인간성이 변화한 까닭은 뇌 손상과 관련이 있는 것으로 판명되었고, 오늘날 인간의 인간성을 결정하는 곳이 뇌의 전두엽 부분이라는 것이 밝혀졌다.

신피질의 일부인 전두엽 피질은 인간에게만 특별히 잘 발달되어 있는 부분으로, 신피질이 발달된 이유는 집단생활, 사회생활과 밀접한 관계가 있다. 신피질은 사회적 상황을 고려한 행동의 선택과 의지의 조정을 담당하고 있으며, 상황에 알맞게 자신의 감정을 조절하는 역할도 한다. 이러한 여러 가지 정보와 기능이 모여 사회적으로 용인되는 행동을 결정하는 것이 바로 인성이다.

인간의 뇌에는 도덕적 기능도 함께 들어 있으며, 정상인이라면 옳고 그름에 대한 본능적인 감각을 갖고 있다. 물론 뇌의 도덕적 판단은 반드시 이성적이거나 공정한 것이 아닐 수도 있다. 왜냐하면 사회적 유대를 증진시키기 위해서 혹은 자신의 생존을 위해서 도덕성이 변질될 수도 있기 때문이다. 도덕적 의사 결정은 학습에 의존하는 부분도 있지만 일부는 감정의 영향을 받기도 한다.

도덕적 판단을 내릴 때 뇌에서는 서로 다른 두 개의 신경 회로가 작동한다. 하나는 이성적인 판단 회로로 객관적인 평가를 하는 곳이고, 또 하나는 감정이다. 감정은 무엇이 옳고 무엇이 그른지 빠르고 본능적인 감각을 만든다. 그런데 이 두 가지 회로를 거쳐 나온 결과가 항상 일치하는 것은 아니다. 왜냐하면 자신의 생존이나 자신과 관련된 사람의 보호를 위해 편견이 개입할 수 있기 때문이다.

## 남을 이해하는 이타주의

**왼손이 모르게**

"너는 구제할 때에 오른손이 하는 것을 왼손이 모르게 하여 네 구제함을 은밀하게 하라. 은밀한 중에 보시는 너의 아버지께서 갚으시리라." (마태복음 6장 2절~4절)

오른손이 하는 일을 왼손이 모르게 하라는 예수님의 말씀은 부처님의 가르침이기도 하다. 보살의 실천 덕목인 육바라밀(六波羅蜜)의 첫 번째 덕목인 보시(報施)는 역시 자비의 마음으로 다른 이에게 아무런 조건 없이 베풀라는 것이다.

그렇다면 정말 아무런 조건 없이 이타주의가 성립할 수 있을까?

인간의 뇌에는 보상 영역이라는 곳이 있다. 무엇인가 주거나 받는 경우 활성화되는 부분이 있는데, 뇌를 영상으로 촬영해 보니 무엇인가를 남에게 베풀 때 보상 영역이 활성화되는 것이 발견되었다. 이타주의에 의해 보상 영역이 활성화되어 즐거움을 느끼는 경험을 많이 할수록 인성이 발달되는 것이다. 뇌의 보상영역 활성화로 즐거움을 느끼는 일이 반복되면 다른 사람이 알아주지 않더라도 이타주의를 실행할 수 있게 된다.

### 잠재의식

"짜장면 먹을래? 짬뽕 먹을래?"

이럴 때 아이들은 무얼 먹을지 어떻게 결정할까? 과학적이고 합리적이고 이성적으로 결정하는 아이는 없다. 정답은 '먹고 싶은 대로' 결정하는 것이다. 그럼 어느 것이 더 먹고 싶은가는 어떻게 결정될까? 그걸 결정하는 임무를 맡은 곳이 잠재의식(潛在意識)이다. 잠재의식은 의식과 무의식의 중간 과정을 말하며, 어떤 경험을 한 후 그 경험과 관련된 사물, 사건, 사람, 동기 등을 일시적으로 의식하지 못하지만, 그것이 필요할 때 다시 의식할 수 있는 상태를 말한다. 심리학에서는 잠재의식을 서브리미널(Subliminal)이라고 하는데, 서브리미널이란 서브(Sub)와 리멘(Limen)이라는 말이 합쳐진 것이다. 서브라는 말은 아래라는 뜻이고, 리멘은 식역(識閾) 혹은 의식역(意識閾)이라는 뜻으로, 서브리미널을 굳이 우리말로 번역하면 식역하(識閾下)이다.

뇌의 작용을 빙산에 비유하면, 의식은 물 위로 보이는 곳이고, 무의식은 물속에 잠겨 보이지 않는 곳이다. 이 때 물 위로 보였다 안 보였다 하는 경계선에 있는 의식도 있을 것으로, 그곳을 잠재의식이라고 이해하면 좋을 것이다.

우리가 뭔가를 결정할 때는 잠재의식이 95%를 결정하고, 심사숙고하여 이성적, 합리적으로 결정하는 일은 겨우 5%밖에 되지 않는다는 것이 하버드대학 제럴드 잘트먼 교수의 이론이다. 이러한 잠재의식을 가장 많이 활용하는 분야가 광고다. 광고는 어떻게 인간의 잠재의식을 불러오는가 하는 기술에 따라 그 성과가 나타난다.

아이들에게 '예'란 이런 것이고, '효'란 저런 것이라고 아무리 설명해도 소용이 없다. 인성교육은 자녀의 잠재의식을 활용해서 알 듯 모를 듯 해야 효과가 있으며, 모든 일은 물이 흘러가듯 자연스럽게 이루어져야 한다. 부모지능으로 자녀의 잠재의식을 자유롭게 활용할 수 있는 많은 기법을 이용할 때 조용하고 화목한 가정교육이 이루어지게 된다.


## 가정과 사회를 바로잡는 부모 인성교육

가출 청소년이 20만에 이른다고 한다. 가출 이유를 분석해보니 가정 해체가 44%, 가정 불화가 21%로, 가출 책임의 65%가 가정에 있었다. 결국 그 가정의 책임은 어른들에게 있는 것인데, 지금 어른들의 인성 회복이 급한가, 아니면 가출 청소년들의 인성 회복이 급한가?

공자는 인간의 본질을 선하다고 보았으며, 인간은 착한데 세상이 어지럽게 된 이유는 규범이 제대로 되어 있지 않았기 때문이라고 했다. 공자는 인간의 선한 인성(人性)을 회복하기 위해서는 제대로 된 사회규범이 필요하다고 했는데, 즉 제대로 된 사회규범이 바로 '예(禮)'고, 그 '예'를 잘 가르치면 '인(仁)'이 회복되어 세상이 바르게 될 것이라고 했다. 그래서 "예가 아니면 보지도 말고, 예가 아니면 듣지도 말며, 예가 아니면 말하지도 말고, 예가 아니면 행하지도 말라(非禮勿視 非禮勿聽 非禮勿言 非禮勿動)"고 한 것이다. 그리고 예기(禮記)에 말하기를 "예란 다름을 분별하는 것(禮辨異)"이라고 했다. 요즘 말로 하면 나와 상대방을 인정하는 것이 '예'라는 말이다.

반면 순자는 인간의 본질을 욕망을 추구하는 존재로 보았다. 그리고 그 욕망을 악한 것으로 보았다. 그래서 인간의 악한 욕망 때문에 세상이 어지러워진 것이라고 했다. 인간의 악한 욕망을 다스리기 위해서는 도덕규범이 필요하다는 것이 순자의 주장이다. '예'를 잘 가르치면 인간의 악한 본성을 통제할 수 있어 세상이 바르게 될 것이라고 한 순자는 예론(禮論)에서 "예란 잘 가르치는 것(禮者 養也)"이라고 했다.

출발점은 다르지만 공자나 순자 모두 어지러운 세상을 바로잡는 것이 '예(禮)'라고 한 것이다.

예(禮)의 현대적 정의를 논할 때 프로이트를 빼놓을 수 없다. 그는 인간의 정신세계를 이드(Id)와 에고(Ego), 그리고 슈퍼에고(Super-Ego)로 나누었다. 이드는 식욕, 수면욕, 성욕 등을 가진 가장 기본적인 인간의 욕구를 말하며, 슈퍼에고는 양심의 목소리이니 공자나 순자가 말하는 예에 비견할 수 있는 것이다. 반면 에고는 이드와 슈퍼에고 사이를 중재하는 합리적인 역할을 한다.

공자의 '예', 순자의 '예', 프로이트의 '슈퍼에고'의 가장 근본을 이루는 것이 부모와 자식이 지켜야 할 도리와 규범이다. 유가에서 중요시하는 주나라 왕실의 예법이란 것 역시 가족주의적 종법제도에서 출발한 것이다. 주나라 왕실이 생각한 정치는 천하를 가족으로 묶는 것이었는데, 가정의 예법은 바뀔 수 없는 불변의 진리라고 생각했기 때문이다.

대한민국이 인성교육에 발 벗고 나섰다. 인성의 회복만이 이 사회를 행복하게 만들 수 있다. 인성의 회복은 가정에서부터 시작되어야 하고, 가정교육은 부모의 본능, 즉 부모지능의 회복에서 시작되어야 한다.

# 인성교육의 핵심가치와 덕목

## 예(禮)로써 악한 성품을 다스린다

### 옛날의 예

예(禮)에는 신(神)을 뜻하는 시(示)가 들어 있다. 예에 들어 있는 또 하나의 글자는 풍(豊)으로, 풍은 풍년 혹은 곡식을 넘치게 담은 그릇을 뜻한다. 예라는 글자가 시(示) + 풍(豊)이라는 글자에서 유래된 것을 보면 예란 높고 높은 곳에 존재하는 신에게 드리는 제사에서 시작되었음이 틀림없다.

"예는 아직 잘못을 범하기 이전에 금하는 것이고, 법은 이미 범한 후에 적용하는 것이다."
(사마천의 사기, 태사공자서(太史公自序)

유교에서의 예는 근원적으로 형이상학적인 근본 개념이며, 실제 적용에 있어서 다른 어떤 개념보다 더욱 구체적으로 현실에 관여한다. 즉 예는 하늘의 이치인 동시에 인간 삶의 근본이 되는 것이다. 뒤집어 말하면 인간의 근본이 바로 하늘의 이치인 것이다.

예는 국가의 통치 수단임과 동시에 교화의 방법으로 정치제도로부터 사회적 도덕규범, 수신(修身)에 이르기까지 그 쓰임이 광범위하다. 우리나라에는 삼국시대 초기에 이미 전해져 통일신라 이후로는 관리 등용시험의 필수과목이 되기도 했는데, 실제로 우리나라의 예는 관혼상제(冠婚喪祭)는 물론 이웃과의 일상적 교제, 음식, 의복 등과 들고나는 일상생활의 전반에 걸쳐 핵심적 기능을 수행해왔다. 또한 도덕규범으로서의 예는 의(義)와 결합해 예의(禮義)라는 또 하나의 통합 영역 역할을 해왔다.

예는 사실상 다양한 양상으로 전개되므로, 몇 가지 중요한 분류 형식에 대해 알아보자.

① 영역별 분류: 예의 적용 범위에 따라 국가 의례인 왕조례(王朝禮), 지역 사회의 의례인 향례(鄕禮), 학교 의례인 학교례(學校禮), 가정 의례인 가례(家禮) 등이 있다.
② 가례의 분류: 성년식인 관례(冠禮), 혼인 의례인 혼례(婚禮), 장사의 의례인 상례(喪禮), 제사 의례인 제례(祭禮)가 있다.
③ 조례의 분류: 제사 의례인 길례(吉禮), 상례인 흉례(凶禮), 공물을 바치고 조회하는 빈례(賓禮), 군사의 중대사에서 드리는 군례(軍禮), 노인 공경, 혼인, 책봉(冊封) 등의 의례인 가례(嘉禮)가 있다.

## 공자, 맹자, 순자의 예

공자는 춘추전국시대의 혼란한 상황에서 도덕적인 인간성 회복에 중점을 두고 '극기복례위인(克己復禮爲仁)'이라고 하여 사람됨의 방법으로서 사사로운 자기를 극복하여 예로 돌아가야 함을 강조했다. 복례는 본래 인간성을 회복하는 것이다. 그 방법으로 "예가 아니면 보지도 말고, 듣지도 말며, 말하지도 말며, 행하지도 말라."고 했다. 아들에게 "예법을 배우지 않으면 설 수가 없다."고 하며, 인격적인 실천의 자율적 독립성을 예에서 확인하고 있다. 공자의 예 사상은 맹자와 순자에 의해 전승되었다.

"공경하는 마음이 예이다." (맹자, 고자 상)
맹자는 예를 인간 성품의 도덕적 기본 요소의 하나로 파악해, '사양(辭讓)하는 마음'이라는 선한 감정으로 나타나는 것이라고 했다. 맹자는 성선설적 입장에서 내면적 윤리규범으로서의 예를 강조했으며, 예의 내용을 중시했다.

순자(荀子)는 예를 인간의 악한 성품을 다스리는 역할을 하는 것으로 이해했다. 순자는 외면적 사회질서라는 의미를 강조하여 예의 형식을 중시한 것이다. 특히 순자는 성악설적 입장에서 인간은 예로써 규제하고 교육함으로써 인간다운 인간이 될 수 있다고 했다. 나아가서 순자는 예를 강제성을 띤 규범으로 설명하고 있다.

## 동방예의지국(東方禮儀之國)

중국에서 보면 대한민국은 동쪽의 해 뜨는 나라다. 공자의 평생 소원 중 하나가 뗏목이라도 타고 동방의 해 뜨는 나라, 조선에 가서 예의를 배우는 것이었다는데, 동방예의지국이라는 말은 공자가 우리나라를 가리켜 처음 사용한 말로 지금까지 줄곧 쓰이고 있다. 우리의 민족성은 공자의 말처럼 어질며 사양하기를 좋아한다. 서로 도둑질하지 않아 문을 잠그는 법이 없으며, 여자들은 정숙하고 믿음이 두터우며 음란하지 않다는 칭찬을 받았다.

　고려시대에는 국가 의례가 정비되었으며, 고려 말에는 '가례(家禮)'의 보급이 시작되었다. 조선 초기에는 가례가 널리 지켜졌고, 후기에 이르면 가례가 백성들에게 확대되었다. 1897년 대한제국의 성립과 함께 의례의 변혁이 일어나면서 '대한예전(大韓禮典)'이 편찬되었지만, 1910년 국권을 상실하고 서양 문물이 들어오기 시작하면서 국가 의례 및 가정의례까지 붕괴되기 시작했다. 더욱이 6·25전쟁으로 인해 모든 전통문화의 원형을 찾기 어렵게 되었다.

　1969년 정부가 허례허식의 폐단을 없애기 위해 '가정의례준칙'을 제정하면서 국민들의 가정의례는 유교적 전통에서 점점 멀어지기 시작했다.

## 현대의 예

사람들은 오감을 통하여 끊임없이 즐거움을 추구한다. 눈으로는 아름다운 것을 보고 싶어 하고, 귀로는 아름다운 소리를 듣고 싶어 하며, 입으로는 맛있는 것을 먹고, 몸으로는 편한 것을 즐기고 싶어 한다. 그러면서 마음은 권력을 쥐고 명예를 얻어 뭇사람들에게 자랑하고 싶어 한다. 이러한 욕구로 가득 찬 사람들을 통제할 수 있는 방법이 바로 예다.

예를 가르치려다 보면 우리나라의 예가 우여곡절을 겪으면서 너무도 많은 변화를 해왔다는 것을 알게 되는데, 시간과 환경에 따라 변화하면서 예(禮)의 매뉴얼이 없어졌다.

그렇다면 어떻게 해야 매뉴얼조차 없는 예를 가르칠 수 있을까? 지난 연말 국회에서 통과된 '인성교육진흥법'이 있으니 가능할까?

가장 좋은 방법은 부모들이 나서서 어릴 때부터 하나하나 마음으로 다스리는 것이며, 차선책은 국민들에게 예가 본인에게 이익이 됨을 보여주고 이끄는 것이다. 세 번째 방법은 반복해서 예를 가르치는 것이며, 네 번째 방법은 예가 아닌 것을 법으로 규제하는 것이다. 마지막으로 가장 나쁜 방법은 국민들과 다투는 것이다.

현대에 이르러서는 진심으로 국민을 이끌어갈 지도자가 보이지 않고 있으며, 가장 나쁜 방법으로 예를 가르치려고 안간힘을 쓰고 있다. 그렇다면 두 번째 방법으로 예와 돈을 엮는 방법이라도 써야 하지 않을까?

사마천의 사기열전 중 화식열전(貨殖列傳)에 이런 얘기가 있다.

'대개 백성들은 상대의 재산이 자신의 열 배가 넘으면 그를 무시하고 헐뜯지만, 백 배가 넘어가면 오히려 그를 두려워한다. 천 배가 넘으면 그를 위해 기꺼이 심부름을 하고, 만 배가 넘으면 그의 밑에서 하인 노릇을 하니 이것이 만물의 이치다.'

예나 지금이나 돈을 싫어하는 사람은 없다. 예와 돈을 엮어 예가 곧 돈이 되는 것을 보여줘야 하며, 예가 모자라는 사람은 부자가 될 수 없도록 막아야 할 것이다. '예가 없는 부자는 3대를 못 간다.'는 현실을 확실히 보여 준다면 예가 넘쳐나지 않을까 하는 기대를 해본다.

## 러시아의 예와 대한제국의 예

공자, 맹자, 순자도 예를 충분히 설명하지는 못했다. 그것은 예란 것이 워낙 변화무쌍하여 매뉴얼이 없기 때문이다. 그래서 예는 교실에서 가르칠 수 없으며, 그때그때 상황에 따라 보여줘야 한다.

1896년에 러시아의 마지막 황제 니콜라이 2세의 대관식이 있었다. 고종황제는 대관식에 참석할 특명 전권공사로 민영환을 파견했으며, 민영환은 중국, 일본, 캐나다, 미국, 영국, 네덜란드, 독일, 폴란드를 거쳐 장장 56일 만에 모스크바에 도착했다. 그러나 특사 민영환은 대관식장에 직접 참석하지 못했다. 당시 대한제국의 예복은 관복에 모자(갓)를 쓰는 것이었으나 러시아의 예는 황제의 대관식에 모자를 쓰고 들어가서는 안 되는 것이었다. 결국 관복을 입은 민영환은 모자를 벗을 수가 없어서 대관식을 직접 볼 수가 없었다. 당시 민영환은 자신이 맨머리를 하고 서 있는 모습을 상상조차 할 수 없었을 것이다.

그렇다면 지금은 실내에서 모자를 벗어야 할까 써야 할까? 모자를 쓰고 강의를 받겠다고 하는 학생은 조선 양반이고, 모자를 벗으라고 호통 치는 교수는 과연 러시아 상놈일까?

정말 예에는 매뉴얼이 없을까? 제(祭)의 의식은 드리는 대상이 누구냐에 따라 달라진다. 종교의 신일 때 다르고, 자연물일 때 다르며, 조상일 때 다르다. 지역에 따라서도 달라지고, 시대에 따라서도 달라진다. 예의 매뉴얼이 없는 이유는 예의 본질 역시 '다름'이기 때문으로, 인간과 인간 간의 예는 신에게 드리는 제(祭)보다 더욱 복잡하다.

세상에서 제일 복잡한 것이 식탁 예절로, 그 중에서도 와인 예절은 TV 드라마에서 보는 것이 전부인 경우가 많다. 드라마에서 보니 따르는 사람은 한 손, 받는 사람은 두 손이고, 와인을 받은 사람은 와인 잔을 마구 돌린다. 마실 때는 살짝 냄새를 맡고는 입을 벌려 공기와 함께 마신다. 그런데 알고 보니 그건 와인 예절이 아니란다. 와인의 본고장 사람들은 와인을 아무렇지도 않게 그냥 마시는데, 와인 잔을 받쳐 두 손으로 받지도 않고, 와인 잔을 흔들지도 않으며, 와인을 소리 내어 호르르륵 마시지도 않는다. 우리가 TV에서 본 장면은 와인을 테스팅 할 때나 하는 모습이란다. 물어보았더니 와인 예절이라는 것이 따로 있는 것이 아니라고 한다.

역시 예의 본질은 무조건 '따름'이 아니라 '다름'을 제대로 알아야 하는 것이다. 로마에 가면 로마법을 따르되 다름을 제대로 알고 따라야 진정한 예가 된다.

# 효는 인성을 갖춰야 행할 수 있다

### 효의 뿌리

효(孝)는 부모의 장례와 제사에서 시작되었다. 죽은 뒤의 제사를 산 제사로 바꿔 놓은 사람은 공자였다. 공자는 부모에 대한 추모의 마음을 살아 있는 부모에 대한 효도로 발전시켰으며, 효를 인(仁)의 근본으로 삼았다. 효는 세상에서 오로지 변하지 않는 진리였다. 효는 원초적인 본성이었고, 가정교육의 근본을 이루는 철학이었으며, 사회의 기본 윤리였다. 부모를 공경하는 효가 발전하면 임금을 받드는 충(忠)이 되었다. 중국은 오랫동안 충을 국가의 통치 이념으로 삼고 효를 사회의 보편적 윤리로 삼았는데, 우리나라도 그것을 그대로 받아들였다.

군군신신(君君臣臣), 즉 임금이 임금다우면 나라가 번성하고, 부부자자(父父子子), 즉 아버지가 아버지답고 아들이 아들다우면 집안이 일어선다. 신하에게 임금이 하늘인 것처럼 아들에게 아버지는 하늘이었다.

그런데 아들이 아들다우려면 어떻게 해야 했을까?

효경(孝經)에 이르기를 '신체발부(身體髮膚) 수지부모(受之父母) 불감훼상(不敢毀傷) 효지시야(孝之始也) 입신행도(立身行道) 양명어후세(揚名於後世) 이현부모(以顯父母) 효지종야(孝之終也)'라고 했다.

효의 시작은 부모에게서 물려받은 몸을 건강하게 잘 관리하는 것이다. 불효 중의 불효는 신체를 소중히 다루지 못하고 부모보다 먼저 세상을 뜨는 것으로, 효의 완성은 후세에 이름을 남기는 것이었다. 형설의 공을 쌓아 과거에 급제하여 높은 직급에 올라 가문의 영광을 가져오는 것이야말로 효도 중의 효도였다.

## 공자의 효

공자는 천하에 바뀌지 않는 진리를 효라고 했다. 세상의 진리인 효를 바탕으로 충(忠)을 만들었고, 충으로 나라의 근간을 삼았다. 진리는 사람이 만드는 것이 아니라 원래 있는 것이라고 했으니 효자는 인간이 만드는 것이 아니라 하늘이 내는 것이 아닐까? 그러나 착각하면 안 된다. 효는 원래 있는 것이지만 효자는 만들어지는 것이다. 효자는 학교에서 만들어지는 것이 아니라 가정에서 만들어진다.

공자의 첫 번째 효는 마음이었다. 제자 자유(子遊)가 효란 마음도 중요하지만 물질이 더 중요한 것 아니냐며 효에 대해 물었다. 그때 공자는 다음과 같이 대답했다.

"요즘은 효를 봉양을 잘하는 것이라고 한다. 그것은 개나 말에게도 할 수 있는 것이다. 공경하는 마음이 없으면 개, 돼지를 먹이는 것과 부모님 봉양하는 것이 무슨 차이가 있겠느냐(今之孝者 是謂能養 至於犬馬 皆能有養 不敬 何以別乎)?"

공자의 두 번째 효는 건강이었다. 맹무백(孟武伯)이 공자에게 효에 대해 물었더니 이렇게 답했다.

"부모에게는 자식 아픈 것이 큰 근심이다(父母唯其疾之憂)."

이 말은 앞서 설명한 '신체발부(身體髮膚) 수지부모(受之父母) 불감훼상(不敢毁傷) 효지시야(孝之始也)'와 일맥상통하는 것이다.

공자의 세 번째 효는 온화한 얼굴이었다.

자하(子夏)가 자식의 도리를 물어보자 공자는 이렇게 대답했다.

"어렵지만 부모님을 대할 때는 항상 온화한 얼굴로 대해야 한다. 일이 있을 때 부모님의 고생을 대신하고, 술과 음식을 드리는 것이 진정한 효는 아니다(色難. 有事, 弟子服其勞; 有酒食, 先生饌, 曾是以爲孝乎)."

효는 오로지 인성을 갖춘 인간만이 하는 행위다. 반포지효(反哺之孝)라는 말로 까마귀의 효를 본받을 것을 시사했으나 앞서 설명한 것처럼 새끼 까마귀가 어미 까마귀를 먹이는 것이 아니지 않은가. 인간만이 할 수 있는 효를 행하지 않는 사람은 인간이기를 포기한 사람이라고 해도 과언이 아니다.

효는 부모를 사랑하고 공경하는 것이다. 효는 생명에 대한 감사이고, 자손을 잘 이어가겠다는 다짐이다. 그렇게 하기 위해 부모의 큰 뜻과 교훈을 잘 계승하고, 부모의 사업을 더욱 발전시키겠다는 행동이 필요하다.

효는 가정에서만 끝나는 것이 아니다. 인성교육이 가정에서 끝나는 일이라면 국가와 사회가 이를 권장하고 교육할 필요가 없다. 효는 인간의 변하지 않는 바탕이고 이웃과 국가와 인류와 세계라는 공동체에 대한 보편적 사랑이다. 옆집 어르신도 공경하고, 이웃집 아이도 사랑할 줄 알아야 한다. 나라 사랑은 물론 인류에 이바지할 줄도 알아야 진정한 효를 실행하는 것이다.

## 평생 행복하고 싶다면 정직하라

정직은 하나의 가치가 아니라 모든 가치의 주춧돌이 되는 덕목이다. 그러나 그런 주춧돌을 찾는 일이 쉬운 것만은 아니다.

영국 속담에 '하루 행복하려면 이발을 하라. 일주일 행복하려면 결혼을 하라. 한 달을 행복하려면 말을 사고, 일 년을 행복하려면 집을 지어라. 그러나 평생을 행복하게 지내고 싶다면 정직하라.'는 말이 있지만, 3백여 년 전에 살았던 셰익스피어는 만 명 중에 한 사람이 정직하다고 말했다. 정직한 사람이 그처럼 드물기 때문에 정직을 보물처럼 귀하게 여기는 것이다.

○○ 씨는 그 날도 12시를 채워 귀가했다. 고등학교 다니는 큰 아이가 안 보였다. 아내의 말에 의하면 아들이 학교 기숙사에 있는 친구의 방에서 함께 자고 온다고 했다. 새벽 2시에 전화가 울렸다. 아들이 다니는 학교의 경비원이었다. 아들이 교정에서 술을 마시다가 적발되었으니 지금 와서 데려가라는 것이었다. 부부가 놀라서 학교로 달려갔다. 칠순은 되었을 것 같은 경비원이 인자한 표정으로 부부를 맞이했다.

"세 녀석이 뒷동산에서 술을 마시기에 붙잡아 놓았습니다."
"네, 죄송합니다."
"잡아 놓았다가 아침에 선생님께 인계할까 생각했는데 그러면 정학감이거든요."

"아, 네."
"애들 장래를 생각하니 정학 맞으면 아무래도 안 좋을 것 같아서 전화를 드렸습니다."
"네. 감사합니다."
"학교에는 얘기하지 않을 것이니 그냥 넘어 가십시오. 한창 말썽 피울 때가 아닙니까?"
"네. 감사합니다."

○○ 씨에게는 아들이 호기심에 친구들과 맥주 좀 마신 것이나 정학이 문제가 아니었다. ○○ 씨는 이 사실을 담임선생님께 정직하게 말씀드리고 용서를 빌어야 하는 것이 옳은 태도라고 생각했다. 정학이 무서워 고교시절의 잘못을 평생 지고 가야 하는 것이 결코 아들을 위한 일이 아니라는 결론을 내린 것이다. ○○ 씨의 아들은 담임선생님께 자초지종을 말씀드리고 용서를 받았다. ○○ 씨 아들은 원하는 대학을 마치고 현재 군복무 중이다.

아이들이 정직하지 자라지 못하는 원인은 자라면서 양심이 무디어지는 일을 경험하기 때문이다. 양심이란 처음에는 많은 가책을 받지만 몇 번 경험하면 아예 가책을 받지 않는다. 정직해야 잘 사는 것도 아니고, 정직해야 출세하는 것도 아니며, 정직해야 돈을 많이 버는 것도 아니다. 결국 정직은 인간으로 태어난 우리의 사명인 것이다.

## 책임은 키우는 것이다

책임(責任)이란 내가 한 일의 결과에 대한 이익 또는 불이익을 감당하는 것이다. 내가 한 일이 아니라 명령에 의해서 어쩔 수 없이 한 일은 명령권자가 책임을 진다. 책임감 있는 자녀를 만들기 위해서는 자녀가 자발적이고 독립적으로 살아가도록 여건을 마련해줘야 한다.

아이들이 바르게 커야 한다는 강박이 심한 ○○ 씨는 딸아이가 태어날 때부터 세심하게 정성을 다해 아이를 보살폈다. 작은 행동 하나하나까지 지도를 아끼지 않았고, 혹시 잘못을 저지르는 경우 눈물이 쏙 빠지도록 혼쭐을 냈다. 그 결과 딸아이는 분노로 가득 찬 아이로 변해 버렸다. 그때서야 ○○ 씨는 넘어지지 않고 걸음마를 배우는 아이가 없다는 것을 깨달았다.

○○ 씨는 결국 딸아이에게 자신의 생각대로 자신의 삶을 살도록 자유를 주었다. 공부도 하고 싶으면 하고, 하기 싫으면 하지 않아도 된다고 했으며, 사귀고 싶은 친구가 있으면 언제라도 만나 사귀라고 했다. 그러자 아이는 아빠의 지시에 의해 학교를 다닐 때와 완전히 다른 아이가 되었다. 책임감이 생긴 것이다. 스스로 해야 할 일과 하지 않아야 할 일을 구분할 능력이 생긴 것이다.

아이들은 홀로서기를 즐긴다. 홀로서기는 저절로 책임감을 불러오게 되는 것으로, ○○ 씨는 자녀가 부모로부터 독립하는 것이 아니라, 부모가 자녀로부터 독립을 해야 자녀의 책임감을 키워줄 수 있다는 사실을 깨달았다.

## 존중은 순서를 아는 것에서 비롯된다

우리는 누구나 다른 사람에게 존중받고 싶어 한다. 다른 사람보다 나아지면 존중받게 되는 줄 알고 열심히 공부하고 일하며 노력한다. 그러나 잘난 사람 또는 부자나 권력 있는 사람치고 존중받는 사람이 많지 않다. 인간은 나보다 나은 사람을 존중하는 것이 아니라 나를 존중해주는 사람을 존중하기 때문이다.

존중받고 싶으면 존중하라. 다른 사람을 존중하는 것이 습관화되어 있는 사람은 늘 다른 사람으로부터 존중을 받는다. 존중받는 일은 그리 어려운 일이 아니다.

그런데 어떻게 하면 다른 사람을 존중하는 일이 몸에 밸 수 있을까? 사람들은 어떤 기준을 가지고 나은 사람 혹은 못한 사람을 정한다. 때때로 그 기준을 바꾸면 간단하게 우열의 순서가 바뀐다. 상대가 나만 못할 때는 모든 면에서 못한 것이 아니라 어떤 분야에서 나만 못한 것이다. 다른 말로 하면 나보다 못한 사람이 아니라 나와 다른 사람이라는 것이다. 나와 다르다는 사실만 인정하면 누구라도 존중할 수가 있다. 존중이란 사람이나 사물의 존재에 대하여 나와 다른 그 나름대로의 가치를 소중히 여겨 받드는 것이다.

자공이 공자에게 물었다.
"죽을 때까지 평생 지켜야 할 것이 무엇입니까?"
그 때 공자 이렇게 대답했다.
"기소불욕 물시어인(己所不欲 勿施於人)"

이 말을 풀이하면 '내가 하고 싶지 않은 일을 남에게도 시키지 말라.'이다.

## 배려는 사랑에서 나온다

배려(配慮)의 배(配)는 짝이다. 세상에서 가장 가까운 짝은 부부로, 부부가 서로 도와주고 보살펴 주는 것이 배려의 첫걸음이다.

아이들에게 배려를 어떻게 설명하고 어떻게 가르칠 것인가를 걱정할 필요는 없다. 엄마와 아빠가 서로 사랑하며 잘 지내는 모습을 보여주는 것이 배려에 대한 가장 훌륭한 교육이다. 이혼이 급증하여 가정이 파괴되는 이유는 부부싸움의 내용에 있는 것이 아니라 배려할 줄 모르는 대화에 있다. 아이들에게 사이좋은 부모의 모습을 보여주는 지름길이 있다. 부부가 서로 듣고 싶은 말을 해주는 것이다.

○○○ 씨는 과장으로 진급하면서 회사 일이 부쩍 늘어났다. 늦은 시간에 집에 돌아오면 파김치가 되어 아무 말도 하기 싫었는데, 아내의 불만이 점점 커지더니 불똥이 사춘기 아이들에게로 튀기 시작했다. 나는 ○○○ 씨 부부에게 서로 상대방에게 듣고 싶은 말을 적어 보라고 했다.

다음은 남편이 아내에게 듣고 싶은 말이다.
"오늘도 수고했어요!"
"많이 힘들었죠?"

"얼른 씻고 푹 쉬어요."
"당신은 못 하는 게 없네요."
"최고예요."

다음은 아내가 남편에게 듣고 싶은 말이다.
"이 찌개 참 맛있네."
"집안 일 힘들지?"
"어디 아픈데 없어?"
"머리 스타일이 예쁜데!"
"당신 얘기가 참 재미있어!"

내가 ○○○ 씨 부부에게 내린 처방은 메모를 서로 바꿔들고 외운 후 매일 잊지 말고 상대방에게 들려주라는 것이었다. 부부는 옆구리 찔러 절 받기라고 쑥스러워 했지만, 일주일 후에 만난 ○○○ 씨 부부의 얼굴에는 생기가 돌고 있었는데, 서로 듣고 싶은 말을 들을 때마다 스트레스가 봄눈 녹듯 녹더라고 했다. 부부의 금슬을 좋게 하면 배려에 관한 아이들 교육 역시 따로 할 이유가 없다. 아이들과도 서로 듣고 싶은 말을 적어 나눠보라. 듣고 싶은 말을 들려주는 것이 바로 배려의 시작이요 배려의 끝이다.

## 소통을 원한다면 거울신경세포를 활성화하라

인간의 뇌에는 따뜻한 사회생활을 하기 위한 거울신경세포가 있다. 이 세포는 짧은 꼬리 원숭이가 먹이를 잡기 위해 손을 내밀 때 어느 뇌세포가 움직이는지 알아보는 실험에서 발견된 세포다. 연구원이 원숭이 앞에서 먹이를 잡는 행동을 하자, 원숭이의 뇌에서 원숭이 자신이 먹이를 집을 때와 똑같은 부위가 활성화되었다.

　인간은 원숭이보다 훨씬 발전된 거울신경세포를 갖고 있다. 내가 커피를 마시려고 커피 잔을 들 때 움직이는 신경세포와 어떤 사람이 커피를 마시기 위해 커피 잔을 들 때 움직이는 신경세포가 동일하다. 그러나 어떤 사람이 설거지를 하려고 커피 잔을 들 때는 전혀 다른 상황임을 알아채고 거울신경세포가 활성화되지 않는다. 인간의 거울신경세포는 의도까지 파악을 하고 있는 것이다.

　공포영화에서 무서운 장면을 보면 누구나 공포를 느낀다. 그런데 무서운 영화를 보고 있는 사람만 보아도 공포를 느끼는 것이 사람이다.

  소통의 기본적인 상태는 거울신경세포 활성화로 이루어지는 감정이입이다. 이것은 아주 자연스러운 현상이자 본능적인 현상으로, 우리는 어려움에 처해 있는 사람을 보면 동정심이 일어난다. 맹자는 그것을 측은지심(惻隱之心)이라고 했으며, 홉스는 어려운 사람의 고통을 해결해주면 내 안에서 기쁨이 생긴다고 했다. 오늘날 신경과학의 발달은 인간의 뇌가 다른 사람에게 친절하도록 설계되어 있다는 사실을 뒷받침해 주고 있다.

  그런데 소통이 안 되는 이유는 무엇일까? 사회심리학에서 이루어진 수많은 실험에 의하면 현대의 도시생활이 쉽게 다른 사람을 도와주지 못하도록 방해한다고 한다. 사람과 사람의 거리가 멀어진 것인데, 인간과 인간의 연결은 TV로, 전화로, 컴퓨터로, 인터넷으로 연결되어 버렸고, 가정은 오직 잠자리로 변해버린 환경 때문이라고 한다. 멀어진 거리가 거울신경세포의 작용을 불가능하게 만든다는 것이다. 따라서 따뜻한 소통을 원한다면 인간과 인간의 거리를 줄이는 노력이 있어야 할 것이다.

## 작은 협동을 반복하라

"백짓장도 맞들면 낫다."
속담에서 보듯 종이 한 장을 협동해서 들 정도로 우리 조상들은 협동정신이 특별했다. 큰일을 대비하기 위한 계, 농사일을 서로 도와가며 하는 두레나 품앗이, 농촌의 통제조직이었던 향약 등에서 그 편린(片鱗)을 찾아볼 수 있는데, 두레나 품앗이는 최근까지도 전해 내려오던 아름다운 미풍양속이다.

특히 품앗이는 베푸는 쪽이 있고 보답하는 쪽이 있어 품에 대해 보답하는 것을 전제로 하지만 반드시 바로 갚지 않아도 되었다. 가래질, 모내기, 물대기, 김매기, 추수, 풀베기, 이엉 엮기, 퇴비 만들기, 길쌈 등에 품앗이를 이용했으므로 어느 것 하나 힘들게 혼자 해내지 않아도 좋았다. 최근에는 농사일도 임금 노동이 되어버려 품앗이가 사라져 버렸지만 관혼상제 때는 아직도 서로 돕는 미풍이 그대로 남아 있다.

우리의 사회적, 문화적 유전자에는 이미 협동 유전자가 넉넉하게 들어 있다. 아이들에게 협동정신을 길러주기 위해 크게 설명하고 교육할 것도 없으며, 어렸을 때부터 아무리 사소한 집안일이라도 집안일은 가족이 함께 해야 한다는 버릇을 들이면 된다. 아장아장 걸음을 걷는 아기가 비질하는 엄마 옆에서 쓰레받기를 들고 서 있는 모습을 상상해보라. 또 엄마가 밥상을 차릴 때 숟가락을 놓는 아이의 모습은 얼마나 대견한가? 아빠가 못을 박을 때 못통을 들고 아빠 옆에 서 있는 아들이 얼마나 듬직한가?

집안에서 작은 협동을 반복하는 동안 아이들은 자신도 모르는 사이에 협동해야 한다는 마음이 자라게 되는 것이다.

# 빠르고 효과적인 인성교육 방법

## 함께 먹어라

**모든 관계의 첫걸음**

부모보다 자식을 더 잘 아는 사람은 없다. 그래서 부모의 잔소리는 아이들에게 약이 되는 것이다. 그렇지만 약이 입에 쓴 것처럼 엄마의 잔소리는 아이들 귀에 쓰다. 하지만 엄마의 쓴 소리가 아이들에게 먹혀 들어가게 하는 것이 가정교육의 첫걸음인 것을 어떻게 하겠는가. 아이들이 엄마의 잔소리를 약으로 받아들이게 하려면 아이들과 성공적인 라포(Rapport)를 형성해야 한다. 소통을 방해하는 담을 헐어 버려야 하는 것이다.

 부모자식 사이뿐만 아니라 인간과 인간의 라포 형성 지름길은 함께 밥을 먹는 것이다. 누구나 "밥 한 번 먹읍시다."의 의미를 잘 알 것이다. 모든 관계의 첫걸음은 '함께 먹기'에 있다. 하루 한 번만이라도 아이들과 둘러앉아 밥을 먹는 일이 가정교육의 첫걸음이고, 인성교육의 첫걸음이다. 함께 밥 먹는 일이 없다면 식구(食

口)가 되지 못하는 것이니 헛 교육이나 다름없다.

　신경전달물질의 하나인 세로토닌의 별명은 행복 호르몬이다. 세로토닌이 분비되면 온화하고 긍정적이 마음이 솔솔 피어난다. 이러한 세로토닌은 밥 먹을 때 많이 분비되는데, 함께 밥을 먹으면 쉽게 서로의 벽을 허물 수 있는 이유가 바로 거기에 있다.

　밥상머리 교육은 아이들을 가르치는 것이 아니다. 인성교육은 가르치는 것이 아니라 보여주는 것으로, 욕심 부릴 것이 없다. 부모가 아이들과 함께 밥을 먹는 행복한 시간만으로도 저절로 인성교육이 이루어진다.

## 식시오관

유태인의 밥상머리 교육이 유명하다지만 우리나라의 사대부들도 밥상머리 교육을 매우 중요하게 생각했다. 조선 후기의 여류 실학자, 빙허각 이씨(憑虛閣 李氏, 1759~1824))가 쓴 '빙허각전서'에는 생활 경제 백과사전이라고 부를 만한 '규합총서(閨閤叢書)' 편이 들어있다. '빙허각전서'는 한글로 집필한 집안생활의 지침서로, 술과 음식, 바느질과 길쌈, 농사와 가축 기르기, 병 다스리기 등 다양한 생활의 지혜가 들어 있다. 다음은 규합총서에 들어 있는 사대부 가의 식탁 예절인 식시오관(食時五觀)이다.

　첫째, 감사하라.

"힘들음(功夫)의 다소를 헤아리고, 저것이 어디서 왔는가를 생각해 보라. 갈고, 심고, 거두고, 찧고, 까불고, 지지는 공이 많이 드는 것이 음식이다. 하물며 산짐승을 잡아 살을 베어내어 맛있게 하려니, 한 사람이 먹는 것은 열 사람이 애쓴 결과이다. 집에서 먹어도 부조(父祖)의 심력(心力)으로 경영한 바요, 비록 재물

이 아니나 여경(餘慶)을 이어 벼슬하여 백성의 고혈을 먹는 것이니 말할 필요도 없다."

둘째, 맛 치레하지 말라.
"대덕(大德)을 헤아려 섬기기를 다하라. 처음에는 어버이를 섬기고, 다음으로 임금을 섬기고, 나중에 입신(立身)하는 것, 이 세 가지가 온전한 섬김이며, 섬기는 것이 응당하고, 만일 이 세 가지를 이루지 못했다면 마땅히 부끄러울 줄 알아 맛을 너무 치레 말아야 할 것이다."

셋째, 배불리 먹지 말라.
"마음에 과(過)하고 탐(貪)내는 것을 막아 법을 삼아라. 마음을 다스리고 성(性)을 길러야 하니, 먼저 세 가지와 또 한 가지를 막을 것이다. 좋은 음식은 탐내고, 맛없는 음식을 보면 찡그리고, 종일 먹어도 그 음식이 생겨난 바를 알지 못하면 어리석으니, 덕 있는 선비는 배불리 먹을 타령을 말고 허물없게 하라."

넷째, 밥이 약이다.
"좋은 약으로 알아 형상의 괴로운 것을 고치게 하라. 다섯 가지 곡식과 다섯 가지 나물이 사람을 기르니 어육(魚肉)으로는 늙은 어버이를 받들라. 얼굴이 비쩍 마른 사람은 기갈(饑渴) 병이 든 것이다. 오장의 갖가지 병은 각벽(各癖)이 된 까닭이니 음식으로 의약을 삼아 나날이 좀 부치는 듯 먹어야 한다. 이러므로 족한 줄을 아는 자는 저(箸)를 들면 늘 약을 먹는 것으로 생각하라."

다섯째, 어진 마음으로 먹어라.

"도업(道業)을 이루어 놓고서야 음식을 받아먹을 것이다. '군자는 음식을 먹는 사이에도 어진 마음을 잃는 일이 없으니 군자는 아무 공덕도 없이 나라의 녹을 먹지 않는다.'고 한 것은 이를 가리키는 것이다."

## 먼저 보여주어라

인성교육의 두 번째 방법은 '보여주기'다. 이해를 돕기 위해 어느 맥주 회사의 판촉 광고를 한번 살펴보자.

① 맥주는 우유보다 열량이 낮습니다!
② 우유 200cc 열량이 150칼로리, 맥주 200cc 열량이 100칼로리!
③ 맥주 마시면 살이 찐다는 것은 속설입니다!

①도 맞는 말, ②도 맞는 말, ③도 맞는 말이다. 우유보다도 칼로리가 낮으니 살찔 걱정 말고 맥주를 마시라는 것이다.
그런데 치맥(치킨 + 맥주)을 좋아하는 ○○이 아버지가 뚱뚱한 이유는 뭘까? ③이 맞는 말이 되려면 맥주를 마시되 200cc만 마셔야 한다. 생맥주는 기본 한 잔이 500cc다. 게다가 맥주와 함께 먹는 치킨은 어떻게 할 것인가? 광고 문안에서 보듯이 언제나 진실은 언어 속에 있는 것이 아니라 언어 밖에서 서성거리고 있다.
효의 대미(大尾)는 부모님의 무덤가에 초막을 짓고 사는 시묘살이다. 자공(子貢)은 공자가 돌아가시자 스승의 묘 옆에서 3년씩 두 번, 모두 6년 동안 시묘살이를 했다. 자공은 스스로 공자에게 고백하기를 안회는 하나를 들으면 열을 아는데 자신은 하나를 들으면 겨우 둘을 안다고 했다. 그런 자공이 6년씩 시묘살이를 하면서도 제자 중에서 제일 부자였다는 것은 무엇을 말하는가.

메라비언 교수는 인간이 언어로 진실을 표현할 수 있는 분량은 겨우 7%밖에 되지 않는다고 했다(메라비언의 법칙). 인성교육은 자식에게 말로 가르치는 것이 아니라, 자식이 부모를 보고, 듣고, 느끼며 배우는 것이다.


## 무엇이든 기뻐하라

'함께 먹기'와 '보여주기'에 이어 인성교육의 세 번째 방법은 '기뻐하기'다. 사위 본 지 10년이 넘은 선배가 그동안 사위에게 선물 하나 받아본 적이 없다고 했다. 나쁜 사위라고 맞장구를 치고 나서 설마 하며 그 연유를 물어보았다.

"처음에는 선물을 가져왔지."
"어떤 선물이었어요?"
"결혼 후 첫 번째 맞은 내 생일에 사위가 그 때 돈으로 100만원이 넘는 오리털 잠바를 선물했어."
"그런데요?"
"그 비싼 걸 내가 입을 수 있었겠나?"
"명품이었나 봐요."
"그러니까 그렇게 비쌌지. 그래서 내가 혼쭐을 내고 선물을 돌려보냈어. 다시는 선물 같은 거 할 생각 말고 돈 모아서 빨리 집 사라고 했지."

"그 다음엔 정말 선물을 하지 않던가요?"
"그 후로는 한 번도 선물을 받아 본 적이 없어."
"서운하시겠어요."
"처음에는 그러려니 했는데 이젠 좀 서운하지 뭐야."

옛날 얘기에도 있다. 주인집 아들이 효자로 소문이 났다기에 머슴도 효자가 되고 싶었다. 머슴이 가만히 들여다보았더니 주인집 아들이 아침에 일어나 아버지 옷을 입고 있다가 아버지가 일어나시자 얼른 벗어 드리는 것이었다. 머슴은 효자가 되기 쉽다는 생각을 하며 똑같이 흉내를 냈다. 다음 날, 머슴 아버지는 아들이 자기 옷을 입고 있다가 황급히 벗는 것을 보고 애비 옷까지 뺏어 입는 나쁜 놈이라고 화를 냈다고 한다. 옛날이나 지금이나 부모가 기뻐해야 자식에게서 효도를 받을 수 있다는 얘기다.

## 끝까지 기다려라

부모의 사랑은 선택적인 것이 아니다. 부모의 사랑은 자식의 모든 것을 다 받아들이는 사랑으로, 아이들은 부모의 사랑을 먹고 자란다. 그리고 부모는 사랑을 먹고 자라는 자식이 다 클 때까지 참고 기다려야 한다. 즉 인성교육의 처음은 '사랑'이요, 끝은 '기다림'인 것이다.

우리 민족은 옛날부터 평화를 상징하는 백의민족(白衣民族)으로, 예를 하늘처럼 받드는 동방예의지국(東方禮儀之國)이라고 불렸다. 가정마다 부모는 자식을 사랑하고, 자식은 부모에게 효도하는 것이 미덕이었던 나라지만, 근세에 들어서면서 수많은 전쟁 통에 가정이 파괴되었다. 전쟁을 겪은 부모들은 살아남기 위해 치열한 삶을 살아야만 했고, 그걸 보고 자라나는 자식들 역시 치열함에 익숙해져 버렸다. 전쟁은 '함께 사는 법'을 '약육강식의 법'으로 바꾸어 놓았는데, 약육강식은 동물의 생존법이지 인간의 생존법이 아니다.

옛날 중국 송나라 때 어리석은 농부가 살고 있었다. 어느 날 농부가 논에 나가 보니 자기 논의 벼가 옆집 논의 벼보다 덜 자란 것 같아 보였다. 농부는 궁리 끝에 벼의 순을 잡고 조금 잡아당겨 보았다. 옆집 벼보다 커 보였다. 농부는 하루 종일 자기 논의 벼를 하나씩 하나씩 잡아당겨 놓았다. 그리고는 집에 돌아와 식구들에게 그날 한 일을 자랑했는데, 아들이 걱정되어 다음날 논에 나가 보니 벼가 모두 말라죽어 있었다. 맹자의 공손추 편에 나오는 '알묘조장(揠苗助長)'의 이야기다.

벼는 모두 말라 죽었더라도 얼른 다시 모내기를 할 수도 있고, 다음 해를 기약할 수도 있다. 그러나 자식 농사는 살아생전에 한 번 짓는 농사로, 농사는 농사인데 추수를 하는 농사가 아니다. 평생 기다리며 돌보아야 하는 것이다. 자식농사란 그냥 기르기만 하고 열매는 먹을 수 없는 농사지만, 자식을 기르면서 자신의 이익을 고대하는 부모가 있는가 하면, 어리석은 농부처럼 알묘조장의 잘못을 범하는 부모도 많다. 부모만 그런 것이 아니라 학교에서도 알묘조장을 저지른다.

어느 집 아이나 사춘기에 접어들면 쾅하고 문 닫고 들어가 뭘 하는지 밥 먹을 때 아니면 나오는 일이 없다. 갑자기 소통이 뚝 끊기게 되니 부모들은 걱정이 되어 끊임없이 자녀와 소통하려고 애를 쓰지만 별로 성과가 없다. 사춘기란 성년으로 진입하기 위해 탈바꿈을 하는 청소년들이 자아에 눈을 뜨기 시작하는 시기로, 모든 생각이 자아중심으로 돌아가는 시기다. 성년이 된다는 것은 새로운 생명을 탄생시킬 수 있는 어른이 된다는 것인데, 신체의 변화와 생명에 대한 생각, 즉 삶과 죽음에 대해 생각이 교차되기 시작하는 시기이니 얼마나 많은 감정들이 콩죽 끓듯 하겠는가?

사춘기 전에 부모들이 하는 일은 아이를 보살피는 것이었다. 그러나 사춘기에 접어든 자녀를 둔 부모들이 할 일은 자녀가 어른이 되어 가는 과정을 지켜보며 기다리는 것이다. 다만 주의할 것은 아이들을 방임하면 안 된다. 아이들이 내팽겨쳤다는 느낌이 들지 않도록 주의하며 지켜봐야 한다는 것이다. 시간이 지나 아이들 스스로 완전히 자립하였다고 생각될 때 다시 자녀와의 소통을 하면 된다. 아이들과 소통이 안 된다고 너무 걱정할 것 없다. 인성교육의 마지막은 기다림이다.

# PQ 테스트

# PQ 테스트

줄자를 들고 인간의 도덕성을 잰다는 것이 얼마나 어리석은 일인 줄 알고 있다. 인간의 머리를 숫자로 나타낸다는 것 또한 부질없는 노릇임을 우리는 잘 알고 있다. 그러면서도 IQ를 숫자로 매겨 보는 것이 인간이다. 그러나 EQ에 이르러서는 아예 숫자로 매겨 볼 생각을 하지 않았다. 부모지능 역시 비인지적 특성을 갖고 있기 때문에 점수로 나타내는 것은 어리석은 일임에 틀림없다. 그러면서도 PQ 테스트에 대한 장을 마련한 것은 자신의 부모지능에 대한 경향을 짐작해보도록 하기 위해서다.

  다음 각 문항 중 자신의 생각과 일치하는 것은 5점, 어느 정도 일치하는 것은 4점, 그저 그러한 것은 3점, 그렇지 않은 것은 2점, 전혀 그렇지 않은 것은 1점을 표시하여 더한다. 점수를 모두 더하면 200을 기준으로 했을 때 자신의 PQ가 얼마나 되는지 참고 점수를 알 수 있다.

**01** 나는 내 아이에게 사랑한다는 말을 자주 한다.
　　매우 그렇다(5점)　　그렇다(4점)　　보통이다(3점)　　그렇지 않다(2점)　　매우 그렇지 않다(1점)

**02** 나는 내 아이를 보면 언제나 즐겁고 행복하다.
　　매우 그렇다(5점)　　그렇다(4점)　　보통이다(3점)　　그렇지 않다(2점)　　매우 그렇지 않다(1점)

**03** 나는 내 아이와 항상 자연스럽게 스킨십을 한다.
　　매우 그렇다(5점)　　그렇다(4점)　　보통이다(3점)　　그렇지 않다(2점)　　매우 그렇지 않다(1점)

**04** 나는 내 아이와 매일 10분 이상 즐거운 대화를 나누고 있다.
　　매우 그렇다(5점)　　그렇다(4점)　　보통이다(3점)　　그렇지 않다(2점)　　매우 그렇지 않다(1점)

**05** 나는 내 아이의 말이 끝날 때까지 자르지 않고 듣는다.
　　매우 그렇다(5점)　　그렇다(4점)　　보통이다(3점)　　그렇지 않다(2점)　　매우 그렇지 않다(1점)

**06** 나는 내 아이의 친한 친구 이름을 3명 이상 알고 있다.
　　매우 그렇다(5점)　　그렇다(4점)　　보통이다(3점)　　그렇지 않다(2점)　　매우 그렇지 않다(1점)

**07** 나는 내 아이가 제일 좋아하는 과목과 제일 싫어하는 과목을 알고 있다.
　　매우 그렇다(5점)　　그렇다(4점)　　보통이다(3점)　　그렇지 않다(2점)　　매우 그렇지 않다(1점)

**08** 나는 내 아이가 학원에서 무엇을 배우고 있는지 알고 있다.
　　매우 그렇다(5점)　　그렇다(4점)　　보통이다(3점)　　그렇지 않다(2점)　　매우 그렇지 않다(1점)

**09** 나는 내 아이가 언제 가장 행복해 하는지 알고 있다.
　　매우 그렇다(5점)　　그렇다(4점)　　보통이다(3점)　　그렇지 않다(2점)　　매우 그렇지 않다(1점)

**10** 나는 내 아이가 언제 짜증을 잘 내는지 알고 있다.
　　매우 그렇다(5점)　　그렇다(4점)　　보통이다(3점)　　그렇지 않다(2점)　　매우 그렇지 않다(1점)

**11** 나는 내 아이 앞에서 화를 내는 일이 없다.
　　매우 그렇다(5점)　　그렇다(4점)　　보통이다(3점)　　그렇지 않다(2점)　　매우 그렇지 않다(1점)

**12** 나는 때때로 내 아이에게 훌륭한 가문에 태어났다는 자긍심을 심어 준다.
　　매우 그렇다(5점)　　그렇다(4점)　　보통이다(3점)　　그렇지 않다(2점)　　매우 그렇지 않다(1점)

PQ 테스트

**13** 나는 자주 내 아이에게 한국인의 자긍심에 대한 얘기를 해준다.
매우 그렇다(5점)   그렇다(4점)   보통이다(3점)   그렇지 않다(2점)   매우 그렇지 않다(1점)

**14** 나는 내 아이와 인류의 미래에 대한 얘기를 자주 나눈다.
매우 그렇다(5점)   그렇다(4점)   보통이다(3점)   그렇지 않다(2점)   매우 그렇지 않다(1점)

**15** 나는 항상 내 아이의 정체성을 확립하여 주기 위해 노력한다.
매우 그렇다(5점)   그렇다(4점)   보통이다(3점)   그렇지 않다(2점)   매우 그렇지 않다(1점)

**16** 나는 내 아이에게 매일 책 읽는 모습을 보여주고 있다.
매우 그렇다(5점)   그렇다(4점)   보통이다(3점)   그렇지 않다(2점)   매우 그렇지 않다(1점)

**17** 나는 내 아이와 함께 일주일에 한 번 이상 운동을 즐긴다.
매우 그렇다(5점)   그렇다(4점)   보통이다(3점)   그렇지 않다(2점)   매우 그렇지 않다(1점)

**18** 나는 내 아이와 함께 여행하는 것을 즐긴다.
매우 그렇다(5점)   그렇다(4점)   보통이다(3점)   그렇지 않다(2점)   매우 그렇지 않다(1점)

**19** 나는 나의 꿈과 내 아이의 꿈이 다른 것이 당연하다고 생각한다.
매우 그렇다(5점)   그렇다(4점)   보통이다(3점)   그렇지 않다(2점)   매우 그렇지 않다(1점)

**20** 나는 최소한 한 학기에 1~2번 이상 내 아이를 위해 선생님과 상담을 한다.
매우 그렇다(5점)   그렇다(4점)   보통이다(3점)   그렇지 않다(2점)   매우 그렇지 않다(1점)

**21** 나는 학교 성적이 인생의 성공과 비례하지 않는다고 생각한다.
매우 그렇다(5점)   그렇다(4점)   보통이다(3점)   그렇지 않다(2점)   매우 그렇지 않다(1점)

**22** 나는 유태인이 노벨상을 많이 탄 것은 가정교육 때문이라고 생각한다.
매우 그렇다(5점)   그렇다(4점)   보통이다(3점)   그렇지 않다(2점)   매우 그렇지 않다(1점)

**23** 나는 아이의 진로 적성 검사를 받아 검토해 본 적이 있다.
매우 그렇다(5점)   그렇다(4점)   보통이다(3점)   그렇지 않다(2점)   매우 그렇지 않다(1점)

**24** 나는 자녀에 관하여 매일 배우자와 이야기를 나눈다.
매우 그렇다(5점)   그렇다(4점)   보통이다(3점)   그렇지 않다(2점)   매우 그렇지 않다(1점)

**25** 나는 자녀교육도 중요하지만 부모교육이 더 중요하다고 생각한다.
   매우 그렇다(5점)   그렇다(4점)   보통이다(3점)   그렇지 않다(2점)   매우 그렇지 않다(1점)

**26** 내 아이는 나에게 사랑한다는 말을 자주한다.
   매우 그렇다(5점)   그렇다(4점)   보통이다(3점)   그렇지 않다(2점)   매우 그렇지 않다(1점)

**27** 내 아이는 나와 스킨십 하는 것을 좋아한다.
   매우 그렇다(5점)   그렇다(4점)   보통이다(3점)   그렇지 않다(2점)   매우 그렇지 않다(1점)

**28** 내 아이는 친구들과 지낸 이야기를 자주 한다.
   매우 그렇다(5점)   그렇다(4점)   보통이다(3점)   그렇지 않다(2점)   매우 그렇지 않다(1점)

**29** 내 아이는 내 말을 중간에서 자르는 일이 없이 끝까지 잘 듣는다.
   매우 그렇다(5점)   그렇다(4점)   보통이다(3점)   그렇지 않다(2점)   매우 그렇지 않다(1점)

**30** 내 아이는 어른들에게 존댓말을 사용한다.
   매우 그렇다(5점)   그렇다(4점)   보통이다(3점)   그렇지 않다(2점)   매우 그렇지 않다(1점)

**31** 내 아이는 내가 언제 가장 행복해 하는지 알고 있다.
   매우 그렇다(5점)   그렇다(4점)   보통이다(3점)   그렇지 않다(2점)   매우 그렇지 않다(1점)

**32** 내 아이는 내가 언제 짜증을 잘 내는지 알고 있다.
   매우 그렇다(5점)   그렇다(4점)   보통이다(3점)   그렇지 않다(2점)   매우 그렇지 않다(1점)

**33** 내 아이는 내 앞에서 화를 내는 일이 없다.
   매우 그렇다(5점)   그렇다(4점)   보통이다(3점)   그렇지 않다(2점)   매우 그렇지 않다(1점)

**34** 내 아이는 나와 함께 운동하는 것을 즐긴다.
   매우 그렇다(5점)   그렇다(4점)   보통이다(3점)   그렇지 않다(2점)   매우 그렇지 않다(1점)

**35** 내 아이는 내가 제일 싫어하는 일이 무엇인지 알고 있다.
   매우 그렇다(5점)   그렇다(4점)   보통이다(3점)   그렇지 않다(2점)   매우 그렇지 않다(1점)

**36** 내 아이는 인류의 미래에 대해 관심이 많다.
   매우 그렇다(5점)   그렇다(4섬)   보통이다(3점)   그렇지 않다(2점)   매우 그렇지 않다(1점)

**37** 내 아이는 자신의 정체성이 흔들리는 일이 없다.
　　매우 그렇다(5점)　그렇다(4점)　보통이다(3점)　그렇지 않다(2점)　매우 그렇지 않다(1점)

**38** 내 아이는 나와 함께 여행하는 것을 즐긴다.
　　매우 그렇다(5점)　그렇다(4점)　보통이다(3점)　그렇지 않다(2점)　매우 그렇지 않다(1점)

**39** 내 아이는 훌륭한 가문에 태어난 것을 자랑스럽게 생각한다.
　　매우 그렇다(5점)　그렇다(4점)　보통이다(3점)　그렇지 않다(2점)　매우 그렇지 않다(1점)

**40** 내 아이는 한국인으로 태어난 것을 자랑스럽게 생각한다.
　　매우 그렇다(5점)　그렇다(4점)　보통이다(3점)　그렇지 않다(2점)　매우 그렇지 않다(1점)

　위 40문항에 체크된 점수를 모두 합한 것이 자신의 PQ 점수로, 160점 이상의 점수가 나왔다면 매우 이상적이고 만족스러운 방법으로 자녀를 양육하고 있는 것이다. 다만 높은 PQ를 가진 부모의 경우 자녀의 문제에 지나치게 관여를 하다보면 자신의 문제를 소홀히 하기 쉽다는 점에 주의해야 한다.

　120~160점이 나왔다면 자녀나 부모 모두에게 큰 문제가 없다. 다만 어떤 경우에도 과신과 욕심은 금물이라는 점을 명심해야 할 것으로, 자녀에 대한 욕심을 확실히 내려놓으면 PQ가 높아지게 될 것이다.

　80~120점이라면 자녀 교육을 위해 부모로서 좀 더 노력해야 할 필요가 있다. 다른 부모들을 따라서 하기보다는 자신의 철학과 양육관을 확립하는 것이 필요하다.

　80 이하의 점수는 부모가 자신의 문제를 해결하지 못하고 있어, 자녀 교육에 전혀 신경을 쓰지 못하고 있다는 것을 나타내는 것이므로 자녀는 부모의 등을 보고 자란다는 것을 기억하고 자녀 교육에 앞서 부모 자신의 문제를 빨리 해결하도록 해야 한다.